Anime sind anders

Produktanalytischer Vergleich
amerikanischer und japanischer Zeichentrickserien

von

Michelle Bichler

Tectum Verlag
Marburg 2004

Bichler, Michelle:
Anime sind anders.
Produktanalytischer Vergleich amerikanischer und japanischer Zeichentrickserien.
/ von Michelle Bichler
- Marburg : Tectum Verlag, 2004
ISBN 978-3-8288-8761-9

© Tectum Verlag

Tectum Verlag
Marburg 2004

| 1 | EINLEITUNG | 7 |

| 2 | ZEICHENTRICK | 10 |

2.1	WAS IST ANIMATION?	10
2.2	ANIMATIONSARTEN	11
2.3	DIE GESCHICHTE DER ANIMATION	13
2.4	DIE GESCHICHTE DES ZEICHENTRICKS	17
2.5	TECHNIK UND ARBEITSCHRITTE BEI DER ZEICHENTRICKPRODUKTION	26
2.5.1	Die Geschichte, das Storyboard und der Sound	27
2.5.2	Stil, Farbe und Licht	29
2.5.3	Von den „Line Tests" bzw. „Pencil Tests" zum fertigen Film	30
2.5.4	Die Computeranimation bzw. computerunterstützte Animation	32

3	DER AMERIKANISCHE ZEICHENTRICK	34 |//
3.1	AMERIKA ALS PIONIER IN SACHEN ZEICHENTRICKENTWICKLUNG	34
3.2	WALT DISNEY – DER KÖNIG DES ZEICHENTRICKS	36
3.2.1	Eine Maus ebnet den Weg an die Spitze	38
3.2.2	Der erste abendfüllende Zeichentrickfilm	41
3.2.3	Disney ohne Walt	45
3.2.4	Das „Disney-Schema"	48
3.3	DIE FLEISCHER STUDIOS	51
3.4	WARNER BROTHERS UND MGM	54
3.4.1	Warner Brothers	55
3.4.2	MGM – Studios	57

4	DER JAPANISCHE ZEICHENTRICK - ANIME UND MANGA	60
4.1	WAS SIND ANIME UND MANGA? – EINE DEFINITION	60
4.2	JAPAN – EIN LAND UND SEINE KULTUR	62
4.2.1	Das Land und seine Einwohner	63
4.2.2	Ein kurzer Einblick in die Geschichte Japans	65
4.2.3	Die Kultur Japans – seine Sitten, Gebräuche, Werte und Normen	69
4.3	HISTORISCHE ENTWICKLUNG DER MANGA UND ANIME	73
4.3.1	Der Manga wird geboren	74
4.3.2	Die Geschichte der Anime	75
4.4	WIE ARBEITEN ANIME? – FORM UND INHALT	77
4.4.1	Die Technik	78
4.4.2	Personen und Gegenstände in Anime	80
4.4.3	Die Art der Erzählung	84
4.4.4	Gängige Themen und ihre Verarbeitung in Anime	85
4.5	ANIME EROBERN DEN WESTEN	88

5	DIE METHODEN UND DAS MATERIAL		94
5.1	FORSCHUNGSFRAGEN UND ZIELE		94
5.2	DIE THEORETISCHE BASIS UND DIE ANALYSEINSTRUMENTE		102
5.2.1		Das Serienprotokoll und der Untersuchungsleitfaden	104
5.2.2		Der Analyseleitfaden, seine Anwendung und Begriffsdefinitionen	107
5.3	DIE ZU ANALYSIERENDEN SERIEN		108
5.3.1		"Sailor Moon" – Mit der Macht des Mondes	110
5.3.2		„DragonBall" – Son Goku und seine Freunde	113
5.3.3		„Arielle, die Meerjungfrau"	117
5.3.4		„Aladdin"	118

6	US CARTOONS VS JAPANISCHE ANIME – EINE PRODUKTANALYSE		119
6.1	EINZELANALYSEN DER ZU VERGLEICHENDEN SERIEN		119
6.1.1		„Sailor Moon – Für Liebe und Gerechtigkeit"	120
6.1.2		„DragonBall"	146
6.1.3		„Arielle, die Meerjungfrau"	166
6.1.4.		„Aladdin"	182
6.2	DER VERGLEICH ZWISCHEN DEN SERIEN		204
6.2.1		Shoujo- vs. Shonen-Anime	204
6.2.2		Disney für Mädchen vs. Disney für Jungen	215
6.2.3		Anime vs. US Cartoon	225
6.3	FAZIT		233

7	ANHANG	238

8	LITERATURVERZEICHNIS	239

1 Einleitung

Zeichentrickanimationen gibt es seit Anbeginn des laufenden Bildes, und sie haben sich im Laufe der Zeit zu einem eigenen Medium entwickelt (vgl. Ward 2000). Abhängig von den verschiedenen Ländern und deren Kulturen verlief diese Entwicklung auf unterschiedliche Art und Weise, und ihr Stellenwert in den jeweiligen Medienindustrien ist heute aus diesem Grund auch nicht überall derselbe. In dieser Arbeit soll im speziellen auf die amerikanische und die japanische Trickfilmbranche und ihre Erzeugnisse näher eingegangen werden. Diese Gegenüberstellung ist vor allem deshalb von Interesse, da in den letzten drei Jahrzehnten eine stetige Globalisierung am Mediensektor dazu geführt hat, dass es zwischen verschiedenen Ländern, Völkern und Kulturen vermehrt zu einem Austausch an Medienprodukten gekommen ist (vgl. Furniss 2001a). So werden dem Zuseher von Filmstudios und Vertriebsfirmen heute neben den selbst produzierten Filmen, Serien und Shows auch fremdländische Beiträge zur Rezeption angeboten. Außerdem stoßen mit dem Vergleich von Amerika und Japan, also dem ewigen Kampf zwischen West und Ost, auch zwei Kulturen aufeinander, die unterschiedlicher nicht sein könnten, was sich natürlich auch in den jeweiligen Popkulturgütern widerspiegelt.

Im theoretischen Teil wird das für die Analyse nötige Hintergrundwissen erläutert. Neben einer kurzen Einführung in die Entwicklung des animierten Bildes gibt die Geschichte des Zeichentricks und seine Abspaltung vom Realfilm einen ersten Einblick in die Materie, welche erstmals deutlich macht, welchen Stellenwert die beiden Länder global betrachtet auf dem Gebiet des Trickfilms inne haben, und in welchem Verhältnis man sie betrachten muss. Gewisse Kenntnisse zum Herstellungsverfahren, angefangen von den ersten Konzepten und Zeichnungen über die technischen Hilfsmittel und dem Einsatz von Computern bis hin zum fertigen Film sind ebenfalls unumgänglich, wenn die Trickserien später untersucht werden wollen, da sie beispielsweise zeigen, worauf während der Produktion besonderen Wert gelegt wird oder mit welchen Effekten und Mitteln beim Publikum Wirkungen erzielt werden (sollen).

Nachdem ein allgemeiner Einblick in die Zeichentrickentwicklung gegeben wurde, ist es an der Zeit, den Status der Trickanimation in den Ländern aufzuzeigen, deren Serien miteinander verglichen werden. Beginnend bei Amerika, das in dieser Hinsicht, ohne etwas vorweg nehmen zu wollen, eine gewisse Vormachtstellung genießt, wird im speziellen auf das Phänomen Walt Disney eingegangen[1], da der Trickfilm in Amerika und auch im Rest der Welt ohne ihn nicht das wäre, was er heute ist. Neben der kommunikationsgeschichtlichen Aufarbeitung von Disney im Kontext von Konkurrenz, Gesellschaft und zeitlichen Gegebenheiten, soll geklärt werden, wie Disney-Werke arbeiten, warum sie groß und klein faszinieren und weshalb sie so zeitlos geblieben sind, sprich es soll versucht werden, das perfekt durchdachte, familientaugliche Disney-Schema zu durchleuchten.

Dem gegenüber steht der japanische Trickfilm, der Anime. Da der Westen in den letzten zwanzig Jahren diese etwas anderen Medienprodukte für den heimischen Unterhaltungsmarkt entdeckt hat (vgl. Balzer 2001), können wir heute einen kleinen, keineswegs für das gesamte Medium repräsentativen Blick in die Welt dieser etwas anderen Zeichentricks werfen. Serien wie „Heidi", „Biene Maja" oder „Wickie und die starken Männer" sind wohl jedem ein Begriff, doch dass diese Kinderklassiker ihren Ursprung in Japan haben, wissen die wenigsten. Aber auch Kenntnisse über Japan selbst, über seine Bewohner und vor allem der dort vorherrschenden eigentümlichen Kultur sind beim Großteil der westlichen Bevölkerung spärlich oder gar nicht vorhanden (vgl. Hammond 1999, S. 312). Doch um Anime, ihre Geschichten und deren Moral, auch verstehen zu können, ist es unumgänglich das Mysterium Japan in Augenschein zu nehmen. Neben einem kurzen Rückblick über die Geschichte des Landes, werden Sitten, Gebräuche, Werte und Normen der japanischen Gesellschaft erörtert. Beides ist für das Verstehen von Handlungen in Anime, für die Motive der Personen und Figuren von großer Bedeutung, da bestehende kulturelle Eigenheiten und Regeln dem Zuseher die nötigen Erklärungen für die Taten von Film- und Fernsehhelden liefern (vgl. Gros 1997), und diese Wertvorstellungen vor allem aus historischen Gegebenheiten abgeleitet werden können.

Diese allgemeine Einführung in die Welt Japans zeigt bereits, dass dieses Land in vielerlei Hinsicht anders ist, sich vom Westen, sei es nun

---

[1] Da die zu untersuchenden amerikanischen Zeichentrickserien allesamt Disney-Produktionen sind.

wirtschaftlich, gesellschaftlich oder kulturell, abgrenzt. So ist es wenig verwunderlich, dass auch japanische Zeichentrickfilme und -serien anders arbeiten. Überblicksmässig soll in einem weiteren Kapitel dieser Arbeit nun versucht werden, die grundsätzlichen, auf alle Anime zutreffenden, formalen und inhaltlichen Merkmale und Kennzeichen darzustellen. Dies soll die Analysearbeit und spätere Interpretation erleichtern. Ebenfalls erwähnt werden muss, dass sich die amerikanische und japanische Trickfilmbranche trotz aller Unterschiede durch ihre gemeinsame Geschichte und der heute in sämtlichen Bereichen präsenten Globalisierung, auch gegenseitig beeinflusst und voneinander gelernt haben (vgl. Kothenschulte 1997).

Mit dem steten Export der eigenen Produktionen und dem immer größer werdenden Import an fremdländischen (vor allem japanischen) Zeichentrickfilmen und Zeichentrickserien wird sich dieses Verhältnis noch verstärken, da man sich vom anderen inspirieren lassen und effizienter arbeiten kann.

Anschließend soll im praktischen Teil der Arbeit versucht werden Unterschiede und Gemeinsamkeiten amerikanischer und japanischer Zeichentrickserien aufzuzeigen. Mit Hilfe der Ergebnisse der produktanalytischen Untersuchungen bezüglich Stil, Technik und Inhalt der jeweiligen Cartoons werden in einem letzten Schritt die Forschungsfragen beantwortet.

2 Zeichentrick

Um den Stellenwert des Zeichentrickfilms in der heutigen Zeit verstehen und nachvollziehen zu können, ist es unabdingbar, einen kurzen Blick auf die allgemeine Entwicklung der Animation zu werfen.

Man muss sich nicht sehr intensiv mit der Welt des Films und des Fernsehens beschäftigen, um festzustellen, dass es der „Realfilm" ist, der dieses Medium beherrscht. Dem gegenüber erscheint die Marktpräsenz des Trickfilms verschwindend klein, was nicht zuletzt mit seinem heutigen Status als „Kindermetier oder Kindergenre" zu tun hat, zumindest in unserer westlichen Gesellschaft. Doch wie ist es zu dieser Zuschreibung, dieser Identifikation des Genres mit dem kindlichen Zuschauer gekommen? Wann begann sich der „Realfilm", als vom Zuseher beliebtester Genretyp von den restlichen Animationsarten abzuspalten? Und welche allgemeinen Produktionsschritte sind zu durchlaufen, welche Techniken anzuwenden, um einen Zeichentrickfilm zu schaffen?

2.1 Was ist Animation?

Animation kommt vom Lateinischen „animare" und bedeutet „Belebung, Beseelung". Im herkömmlichen Sinn wird darunter die „Erzeugung des Eindrucks von Bewegung durch das Zeigen einer Folge schnell wechselnder Bilder" (Lorenz 2001) verstanden. Als klassisches Beispiel dafür gilt der Zeichentrickfilm. Der Begriff lässt sich jedoch verallgemeinern. Nicht nur die Veränderung der Position eines Objekts (Bewegung), sondern auch die Umstrukturierung von Farbe, Form, Orientierung und Oberflächenstruktur kann als Animation bezeichnet werden. Wird dies mitberücksichtigt, dann kann als allgemeine Definition von Animation folgende Beschreibung herangezogen werden: „Animation ist die zeitkontinuierliche Veränderung einer oder mehrerer Attribute eines Objekts" (Kölling 1996).

Mit dieser Verallgemeinerung wird deutlich, dass Animation nicht nur im Unterhaltungsbereich[2] angesiedelt ist, wie dies vielleicht manchmal irrtümlicherweise angenommen wird. Es gibt viele Verwendungsgebiete.

---

[2] Zeichentrick, Computerspiele, etc.

Dazu zählen unter anderem das Internet[3], die Werbebranche und vor allem militärische oder wissenschaftliche Simulationen, die bei realer Durchführungen zu kostenaufwendig, wenn nicht sogar unmöglich wären (vgl. Jarvis 2001).

2.2 Animationsarten

Der Unterschied zwischen dem Schauspiel- und dem Animationsfilm besteht nun darin, dass bei ersterem reale Bewegungen in einer Reihe von Bildern aufgenommen werden, und bei der Animation einzelne Fotos erst später zu einem Film verbunden werden. Damit lassen sich Bewegungen erstellen, die nie in der Realität stattgefunden haben (vgl. Kölling 1996).

Im Laufe der Jahre wurden etliche Animationsarten entwickelt, von denen sich die einen mehr, die anderen weniger durchsetzen konnten. Die zahlreichen Möglichkeiten und Techniken den Anschein von Bewegung zu erzeugen, hängen vom verwendeten Material ab[4].

- *Der Legetrick*: Graphische Vorlagen wie z.B. Fotos oder Papierschablonen werden durch schrittweise Verschiebung und Abfilmung animiert. Legetrick-Figuren erinnern an die bekannten „Hampelmänner", weil nur die beweglichen Gliedmaßen ausgetauscht werden (Eßer 1995, S. 315). Diese Animationsform ist schnell und einfach zu handhaben und gehört zu den preiswerteren Tricktechniken.
- *Der Puppentrick*: Bewegliche, vollplastische Puppen werden dreidimensional hergestellt und abgefilmt. Die Materialien für die Figuren reichen von Plastilin über Lehm bis hin zu Holz – letztlich kann alles verwendet werden, das in eine andere Gestalt oder Positur gebracht werden kann. Für die Animation werden die Puppen in sich stetig verändernden Positionen abgefilmt. Mit Verknüpfung dieser

---

[3] Ton und Bilder müssen animiert werden, um sie durch Telefonleitungen schicken zu können.
[4] Es muss beachtet werden, ob zweidimensionales oder dreidimensionales Material verwendet wird. Auf jeden Fall muss der Animator das Prinzip der Animation kennen, d.h. er muss wissen wie viele Bilder pro Sekunde für die Erstellung eines Films nötig sind. Dafür haben sich 24 Bilder pro Sekunde als Standard eingebürgert. Ein zeitsparendes Verfahren ist jenes der doppelten oder dreifachen Nutzung einzelner Bilder (vgl. Furniss 2001a).

Kurzaufnahmen entsteht die Illusion einer durchgehend flüssigen Bewegung (vgl. Jarvis 2001).

- *Der Sachtrick und die „Pixilation":* Beim Sachtrick werden reale Gegenstände wie Töpfe, Möbel, Blumen etc. nach jeweils kleinen Veränderungen abgelichtet (vgl. Eßer 1995, S. 315f). Mit dieser Technik ist es möglich den Anschein zu erwecken, dass starre Gegenstände ohne Fremdeinwirkung ein gewisses Eigenleben entwickeln[5]. Bei der „Pixilation" werden Lebewesen (Mensch oder Tier) in verschiedenen, starren Posituren abgefilmt. Dies hat den Effekt, das sich die animierten Personen unnatürlich und unwirklich bewegen (vgl. Furniss 2001a).

- *Der Zeichentrick:* Der Zeichentrick ist die heute bekannteste und beliebteste Form der Animation und besteht kurz und vereinfacht ausgedrückt aus verschiedenen, aufeinander aufbauenden Zeichnungen oder Illustrationen, die auf Folien (Cells) gezeichnet und Bild für Bild abfotografiert werden. Diese letzlich zusammengesetzte Bilderfolge wird animiert und zweidimensional statische Zeichnungen vermitteln phantasievolle filmische Bilder[6] (vgl. Dirks 2000).

- *Die Computeranimation* oder *computerunterstützte Animation*[7]*:* Bei der Computeranimation werden dreidimensional gezeichnete oder aus verschiedensten Materialien angefertigte Modelle entweder über eine Digitalkamera in den Computer eingescannt oder direkt am Computer erstellt. Danach werden Farbe und Konstruktion des Modells zum endgültigen Produkt hin überarbeitet und in einem letzten Schritt wird alles auf Film aufgezeichnet (vgl. Jarvis 2001). Mittels Computeranimation erlebte der Zeichentrick in den letzten Jahren einen enormen Aufschwung, da viele Produktionsabläufe nun vom „technischen Helfer" schneller und wirkungsvoller durchgeführt werden können. So werden Aufgaben wie das Generieren von Zwischenbildern (In-Betweens) zwischen handgezeichneten Schlüsselbildern (Key-Frames) oder das Füllen gezeichneter Flächen mit Farben oder Mustern (vgl. Lorenz 2001) heute in der Regel vom Computer übernommen. Mit der sich kontinuierlich verbessernden Technik verschwimmen die Grenzen zwischen Zeichentrickfilm und realem Kinofilm immer mehr[8],

---

[5] und beispielsweise Stühle und Tische wie durch Geisterhand im Raum herum wandern
[6] Das Thema „Zeichentrickproduktion" wird in Kapitel 2.5. näher erläutert.
[7] auch CGI (computer-generated imagery) genannt
[8] So etwa in Filmen wie *„Falsches Spiel mit Roger Rabbit"* (1988) oder *„Space Jam"* (1997), in denen Menschen mit Zeichentrickfiguren interagieren.

und mit der Schaffung von „Toy Story" (1995) wurde die Filmwelt um die Animationsform des rein computeranimierten Films erweitert.

2.3 Die Geschichte der Animation

Seit Anbeginn der Zeit versucht der Mensch seinen Bildern und Skulpturen Bewegung einzuhauchen. Betrachtet man den achtbeinigen Eber in den Altamira-Höhlen in Nordspanien oder die Zeichnungen in alten ägyptischen Pyramiden, so ziehen sich die Versuche und Bemühungen Bewegung einzufangen, unabhängig von Kultur und Religion durch die Geschichte der Menschheit (vgl. James 1997).

Die Technik mehrere Zeichnungen nebeneinander anzuordnen, um so einen zeitlichen Verlauf eines Ereignisses nachzuempfinden, ist schon in japanischen Bildrollen aus dem 13. Jahrhundert und auf ägyptischen Wanddekorationen[9] zu finden. Der Wechsel zwischen verschiedenen Darstellungsarten, wie Totale oder Großaufnahme, gehörte schon damals zum Repertoire (vgl. Kölling 1996). Diese frühen Werke können als direkte Vorgänger der Comic-Strips betrachtet werden, die heute noch die Technik der Mehrfachzeichnung[10] verwenden, die der Comicleser intuitiv als Bewegung interpretiert.

Es gab schon früh Ansätze, aus diesen Einzelbildern dem Menschen eine fließende Bewegung zu übermitteln. Das Daumenkino stellt eine einfache und effektvolle Technik dar. Doch die tatsächliche Illusion von Bewegung kann ohne dem fundamentalen Verstehen des menschlichen Sehapparats nicht erreicht werden: Der Trägheit des Auges.

---

[9] In aufeinander folgenden Bildern werden jeweils zwei Männer, die in verschiedenen Kampfpositionen miteinander ringen, gezeigt.
[10] beispielsweise für Gliedmaßen

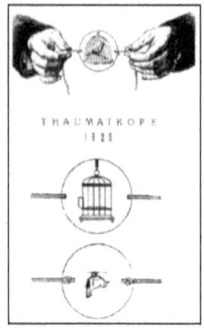

Abb. 1: „Thaumatrope"

Aus diesem Grund kann der Ausgangspunkt der Animationsentwicklung im 19. Jahrhundert, genauer im Jahr 1826, als das „Thaumatrope" erfunden wurde, gesehen werden[11]. Das Thaumatrope ist eine Scheibe mit zwei unterschiedlichen Zeichnungen auf beiden Seiten (Vogel, leerer Vogelkäfig), die mittels Schnüren miteinander verbunden sind. Durch Ziehen an den Schnüren beginnt die Scheibe zu rotieren, und die Bilder scheinen sich zu überlagern (Vogel sitzt im Käfig). Diese Erfindung bewies die Trägheit des Auges[12] (vgl. Furniss 2001a).

Zwei Jahre später entwickelten Joseph Plateau und Simon Rittrer das sogenannte „Phenakistoskope", auch Fantoskop genannt. Mit dieser innovativen Erfindung konnte im Gegensatz zum Thaumatrope, das genau genommen nur ein einfacher visueller Trick war, wirkliche Animation produziert werden (vgl. Thomas 1991, S. 23). Das Phenakistoskope besteht aus einer runden Scheibe mit kleinen sorgsam im Kreis platzierten Löchern. Auf der Rückseite der Scheibe werden verschiedene Bilder aufgezeichnet. Die Bildseite der Scheibe zeigt in Richtung eines Spiegels. Mit Drehen der Scheibe und Blicken durch deren Löcher scheinen die einzelnen Zeichnungen sich zu verbinden und lebendig zu werden (vgl. MacIntire 2001).

---

[11] Es ist heute nicht mehr genau zu erläutern, wer der Initiator dieser Erfindung war. Sie könnte verschiedenen Personen zugesprochen werden; unter anderem John Ayrton Paris, Paul Roget, Sir John Herschel, Dr. William Fitton, Charles Babbage und Dr. William Wollaston.

[12] Die Theorie zur Trägheit des Auges besagt, dass sich bewegende Bilder vom Auge Sekundenbruchteile länger wahrgenommen werden, als sie sich tatsächlich vor ihm befinden. Wenn der Bilderwechsel schnell genug erfolgt, verschmelzen die Bilder, und es entsteht der Eindruck einer flüssigen Bewegung.

So wurde ein weiteres wichtiges Prinzip der Animation entdeckt: Die Abstände zwischen den Löchern erledigten die Arbeit, welche heute von der Kamerablende verrichtet wird. Dieselbe Technik liegt der Erfindung von Pierre Desvignes aus dem Jahr 1860, dem „*Zoetrope*" zugrunde[13].

Das „*Praxinoskope*" wurde 1877 von Émile Reynaud patentiert. Diese Erfindung besteht aus einem Zylinder, welcher einen Papierstreifen mit zu animierenden Bildern enthält. Anders als beim Zoetrope werden hier anstelle der Löcher Spiegelstücke rund um die Mitte des Zylinders platziert, die bei dessen Rotation die innen befindlichen Bilder reflektieren und somit Bewegung simulieren (vgl. Thomas 1991, S. 24). Reynauds Praxinoskope kann als das höchst Entwickeltste und Durchdachteste der vorcineastischen Animationsgeräte betrachtet werden. 1882 verband er seine Erfindung mit einem Projektor, und so konnten die Menschen seine Animationen über einen Bildschirm sehen. Er begann animierte Geschichten zu produzieren, die zuerst auf lange Papierstreifen, später auf Celluloid gezeichnet wurden (vgl. Saul 2000a).

1887 begann Thomas Edison seine Forschungen zum Thema „Film" und bereits zwei Jahre später präsentierte er der Öffentlichkeit sein „*Kinetoscope*", welches einen Film(streifen) von umgerechnet etwa sechzehn Meter Länge in damals nur dreizehn Sekunden abspielte (vgl. Cybulski/Valentine 2000).

Und im Jahr 1895 war es dann letztlich soweit: Die Brüder Lumière[14] meldeten eine ihrer Erfindungen, ein Gerät zur Projektion von bewegten Bildern, als Patent an: der „*Cinematograph*" war geboren.

---

[13] Anstelle der rotierenden Scheibe verwendet Desvignes einen sich drehenden trommelähnlichen Zylinder, in welchem auf Papier gezeichnete Bilder befestigt sind. In die Trommel werden Löcher gemacht und bei anschließender Rotation, werden die durch die Löcher betrachteten Bilder animiert (vgl. James 1997, S. 1).
[14] Louis und Auguste Lumière gelten allgemein als die Erfinder des (Real)Films.

Abb. 2: Werbeplakat für den „Cinematograph" der Brüder Lumière

Am 28. Dezember 1895 führten sie ihren ersten sechsunddreißig Sekunden dauernden Film „Leaving the Factory" vor, der Arbeiter beim Verlassen einer Fabrik zeigt[15]. Die nächsten zwei Jahre experimentierten die Brüder mit ihrer Kamera und versuchten erneute Verbesserungen der Qualität zu erzielen. Weiters sandten sie über tausend Mitarbeiter aus, um in allen Teilen der Welt kurze Momentaufnahmen verschiedenster Szenen einzufangen und diese dann ihrem begeisterten Publikum vorzuführen (vgl. Saul 2000a).

Thomas Armat war es, der 1896 das „Vitascope" entwickelte, welches die Filme des Thomas Edison projizierte. Es war das erste Vorführgerät, bei dem periodisch auftretende Bewegungen eingesetzt wurden, und sein Einfluss auf alle späteren Projektoren war groß (vgl. Cybulski/Valentine 2000).

Nachdem es nun also geschafft war, reale Bewegungen, wenn auch in nicht allzu guter Qualität, aufzuzeichnen und wiederzugeben, schwand das Interesse des Publikums an gezeichneter oder auf andere Weise handwerklich hergestellter Animation langsam. 1895 bis etwa 1907 wurde noch jedes bewegte Bild, ob nun gezeichnet oder „real", als Animation bezeichnet (vgl. Ward 2000). Dies änderte sich aber in den darauf folgenden Jahren, und es entwickelten sich verschiedene Genres mit unterschiedlicher Wichtigkeit und Marktpräsenz. Aus dieser Abspaltung ging der Realfilm, im Besonderen der Spielfilm, als Sieger hervor und besitzt heute wie damals noch dieselbe Vormachtstellung. Gründe dafür

---

[15] die Fabrik der Familie Lumière.

sind in den jeweiligen Unterschieden in Produktion, Vertrieb und Vorführung zu finden.

In den ersten Jahren des Kinos waren die Filme kurz, einfach und dienten beinahe ausschließlich dazu, das Interesse der Zuseher am neuen Medium, an den Geräten, zu wecken. Mit der Zeit wurden bestimmte Filme vermehrt vorgeführt (z.b. Nachrichten, Unterhaltungsspielfilme) und andere in den Hintergrund gedrängt (z.B. Zeichentrick). Man wanderte nicht mehr mit den Vorführapparaten von Stadt zu Stadt, oder Ort zu Ort. Es wurden spezielle Räumlichkeiten zur Ausstrahlung der Filme gebaut (Kinos). Der Verkauf von Filmen reduzierte sich, und das zu projizierende Material wurde nur mehr verliehen (vgl. Ward 2000). Die Produktion und der Vertrieb von Spielfilmen wurden von Sponsoren und profithaschenden Werbefirmen gefördert, als ersichtlich wurde, dass sie vom Publikum verstärkt konsumiert wurden und die Nachfrage stieg.

All dies trug dazu bei, dass der Zeichentrickfilm, dem ich mich hier eingehender widmen möchte, in das Kindergenre abgedrängt wurde, und aufgrund dieser Einengung und den daraus resultierenden Vorurteilen und Stereotypisierungen bis heute stark um Marktanteile zu kämpfen hat. Weiters können die teuren Produktionskosten für Zeichentrickfilme als Ursache dafür geltend gemacht werden, dass sie gegenüber dem „Realfilm" an Tragweite verloren haben (vgl. Price 2001).

2.4 Die Geschichte des Zeichentricks

Der Zeichentrick ist seit dem späten 19. Jahrhundert, also seit der Entwicklung des bewegten Bildes, ein Teil der Kinogeschichte[16]. Ihr Ursprung als eigenständiges und von anderen Animationsarten abzukapselndes Genre, kann im Jahre 1906 festgemacht werden, als der amerikanische Zeitungscartoonist J. Stuart Blackton, der allgemein als Begründer des Zeichentrickfilms gehandhabt wird, den ersten dreiminütigen Trickfilm mit dem Titel „Humorous Phases of Funny Faces" produzierte. Blackton zeichnete einzelne Gesichter mit unterschiedlicher Mimik auf eine Tafel,

---

[16] Frühe Filme wurden hauptsächlich von bekannten Zeitungs-Cartoonisten bebildert (vgl. N.N. (2000): The History of Animation. In: http://www.bbc.co.uk/h2g2 /guide/A414730).

fotografierte sie und setzte die einzelnen Bilder anschließend zusammen[17] (vgl. James 1997); es wurde also noch mit der Technik der Vollanimation gearbeitet.

Zwei Jahre später entwickelte der Franzose Emile Cohl den zweiminütigen Zeichentrickfilm „Fantasmagoric", in welchem er weiße Figuren auf schwarzen Hintergründen animierte.

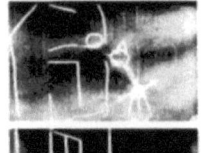

In etwa 2000 Zeichnungen zeigte sein Werk erstaunliche Perspektivänderungen, flüssige Bewegungen und überzeugende Bewegungsillusionen in räumlicher Tiefe (vgl. Saul 2000a). Er war es auch, der erstmals die sogenannte „Cutout"-Technik verwendete, bei welcher nicht jedes Bild neu gezeichnet werden musste, sondern aus fertigen und bereits abfotografierten Zeichnungen bestimmte Teile herausgeschnitten, auf das nächste Papier gelegt und

Abb. 3: Cohls „Fantasmagoric"

weiter bearbeitet wurden (vgl. „History" 1999)[18]. Cohls Trickfilme verkauften sich gut, und auch in Amerika war man auf ihn aufmerksam geworden.

Höchstwahrscheinlich hatte seine Arbeit auch Einfluss auf dortige Pioniere wie J. Stuart Blackton oder Winsor McCay (vgl. Saul 2000a).

Winsor McCay war wie Blackton und Cohl Cartoonist und für eine Zeitung tätig. Er verwendete seinen Comic-Strip-Charakter „Little Nemo" als Vorlage für seinen ersten animierten Trickfilm. Von 1909 bis 1911 dauerten die Zeichenarbeiten für 4000, mit Tusche auf durchsichtigem Reispapier gemalte Bilder. McCay war es auch, der als erste Person den Zeichentrick zu einer neuen Kunstform erklärte, die die traditionelle Zeichenkunst ersetzte:

> „There will be a time when people gaze at it [a painting] and ask why the objects remain rigid and stiff. They will demand action.
> And to meet this demand the artists of the time will look to motion

---

[17] „Humorous Phases of Funny Faces" war eine interessante Neuheit, aber nicht mehr. Es entstand dadurch keine florierende Trickfilmindustrie (vgl. Price 2001).

picture people for help and the artists, working hand in hand with science, will evolve a new school of art which will revolutionise the entire field" (Saul 2000a).

Doch keiner vermochte es bis dahin, den Trickfilm massenmedial zu verwerten, und einen Fuß in die Filmindustrie zu setzen, die sie geholfen - haben aufzubauen. Die Faszination des Neuen war vorbei, und die Ansprüche, um die Massen für die Filme zu begeistern, wurden immer höher geschraubt. Der Zeichentrickfilm war für das Publikum nicht sonderlich interessant, da er die Zuschauer nicht fesseln, nicht unterhalten konnte.

Abb. 4: McCays „Gertie, the Trained Dinosaur"

McCay erkannte, was den Figuren fehlte: Charakter. 1914 erfand er *„Gertie, the Trained Dinosaur"*. In 10 000 Zeichnungen erweckte er seine eigenwillige Tierdame zum Leben. Bei der Vorführung seines Films interagierte er scheinbar mit dem gezeichneten Dinosaurierweibchen, indem er ihr beispielsweise Dinge befahl, die sie sich aber weigerte auszuführen. Der Animator hatte seiner Figur eine eigene Persönlichkeit gegeben. Das Publikum war begeistert, McCays Cartoon war ein Erfolg und *„Gertie, the Trained Dinosaur"* avancierte zum ersten Trickfilmstar. Die Charakteranimation war geboren (vgl. Price 2001).

Doch das Problem der langwierigen und zeitlich aufwendigen Produktion der Filmstreifen war noch immer nicht gelöst. So musste sich die formierende Zeichentrickindustrie etwas einfallen lassen, um die Rezipienten schneller mit Zeichentrickmaterial zu versorgen. Der animierte Cartoon sollte nicht mehr die Arbeit eines einzelnen Zeichners sein, sondern das Werk einer kooperierenden Gruppe, eines Teams[19]. Aus diesem Grund entstanden dann Trickfilm-Studios (vgl. Crandol 1999).

---

[18] N.N. (1999): History. Learn about the events that led to today's animation. Timeline. In: http://library.thinkquest.org/28234/no-frames/history/timeline.html

[19] Manchmal dauerte es über ein Jahr, bis ein nicht einmal fünfminütiger Film fertig produziert war.

Dieser erste Schritt in die Verwirtschaftlichung des Trickfilmgenres wurde durch die Erfindung der „Cell", der ersten bahnbrechenden Animationstechnologie, von Earl Hurd im Jahre 1914 begleitet und gefördert[20]. „Cells" sind dünne Zelluloidblätter, auf welche die Zeichnungen mit Tinte oder Tusche aufgetragen werden. Diese transparenten Folien können mehrfach übereinander gelegt werden (vgl. „The History of Animation" 2000)[21]. So können beispielsweise Figuren über einen immer gleichbleibenden Hintergrund bewegt werden, der nur ein einziges Mal gezeichnet werden muss. Mit Hilfe dieser neuen Produktionstechnik und dem Zusammenwirken mehrerer Personen konnten nun Zeichentrickfilme bedeutend schneller hergestellt und der Öffentlichkeit vorgeführt werden.

Bis zur steten und allgemeinen Nutzung der „Cells" von allen Trickfilmstudios sollte es jedoch bis ins Jahr 1922 dauern[22]. Zeichentrickfilme hatten sich zu dieser Zeit auch endlich im Kinoprogramm etabliert (vgl. Price 2001) und die Trickfilmindustrie florierte.

1914 ist auch das Jahr in dem *„Felix the Cat"* erstmals in Serie ging. Sein Schöpfer, Otto Messmer, war für das Pat Sullivan Studio tätig. Ähnlich wie bei Earl Hurd wurde Messmer hinsichtlich seiner Arbeit öffentlich und finanziell nicht entsprechend gewürdigt, da andere die Lorbeeren für seine Mühen ernteten. In Messmers Fall war dies Pat Sullivan, der sich als Schöpfer von *„Felix the Cat"* ausgab und im Laufe der Jahre Millionen dafür kassierte (vgl. Crandol 1999).

„Felix" wurde mit einer Vielzahl an Charaktereigenschaften und Macken ausgestattet. Anders als bei *„Gertie, the Trained Dinosaur"* durfte sich das Publikum auf ein ständiges Wiedersehen mit dem Cartoonkater freuen, da man im Studio an einer ganzen Serie von „Felix-Kurzfilmen" arbeitete.

---

[20] Earl Hurd war Angestellter der John Bray Studios (erfolgreichstes und einflussreichstes Studio der damaligen Zeit) und lieh sein Patent seinem Boss, John Bray. Dieser hob von den konkurrierenden Studios Gebühren zur Benützung der „Cell" ein; ein geschäftlich gesehen verständlicher Schritt. Doch von einem künstlerischen Standpunkt aus betrachtet wäre es etwa vergleichbar damit, wenn Picasso Exklusivrechte am Kubismus verlangt hätte (vgl. Crandol 1999).

[21] N.N. (2000): The History of Animation. In: http://www.bbc.co.uk/h2g2/guide/A414730

[22] Dies hatte unter anderem auch damit zu tun, dass die Benutzung der „Cells" sich als sehr kostspielig herausstellte, da die Patentgebühren, die von John Bray verlangt wurden, äußerst hoch waren.

Im Jahr 1923 gründete jener Mann, der weltweit Einfluss und Größe erreichen sollte[23] und innovative Technologien in die Trickfilmbranche brachte, sein erstes Studio in Los Angeles: Walter Elias Disney (vgl. „History" 1999)[24]. Disney

Abb. 5: Mickey Maus in „Steamboat Willie"

und seine Mitarbeiter waren die ersten, die 1928 im Kurzfilm *„Steamboat Willie"* Ton, Farbe und Effekte harmonisch miteinander verknüpften (vgl. Dirks 2000) und somit Zeichentrickanimation auf ein neues Level hoben (vgl. Myers 1999). Es war die Geburtsstunde der berühmtesten Maus, wenn nicht sogar der berühmtesten Zeichentrickfigur der Welt: Mickey Maus. Mit dieser Schöpfung gelang Disney der Durchbruch, obwohl er sich schon fünf Jahre zuvor, mit der Verknüpfung von Real- und Zeichentrickfilm in *„Alice and Cartoonland"* einen Namen gemacht hatte (vgl. Cybulski/Valentine 2000).

In den Jahren nach der Erschaffung, aber auch kontinuierlichen Weiterentwicklung von Mickey Maus, experimentierte Disney mit einer Bandbreite an Technologien, um die Qualität seiner Zeichentrickfilme verbessern zu können[25]. Zu diesem Zweck hatte er die *„Silly Symphony"*-Serie ins Leben gerufen (vgl. Furniss 2001a). Sie bestand aus Skeletten, die aus Gräbern stiegen und lustig anzusehende Tänze vollführten. Es wurde keine Geschichte erzählt, sondern nur eine „Geisterszene" an die nächste gereiht (vgl. Thomas 1991, S. 41).

Die Zeit, da Zeichentrickfilme kurze, pausenfüllende Streifen waren, änderte sich erstmals im Jahre 1926, als die deutsche Lotte Reininger der Öffentlichkeit den ersten Zeichentrick in Spielfilmlänge präsentierte: *„Die Abenteuer des Prinzen Achmed"*. Reininger arbeitete mit der Schattentricktechnik, und verarbeitete viele Hintergrundeffekte[26], um dem ganzen Spannung und Tiefe zu verleihen.

---

[23] Vom künstlerischen als auch vom kommerziellen Standpunkt her
[24] N.N. (1999): History. Learn about the events that led to today's animation. Timeline. In: http://library.thinkquest.org/28234/no-frames/history/timeline.html
[25] z.B. Technicolor, das erste Farbfilmsystem
[26] Für diese Hintergrundeffekte verwendete Lotte Reininger und ihre Assistenten mehrere Glasscheiben, auf welchen Zeichnungen oder anderes Material befestigt

Disneys (und auch Amerikas) erster abendfüllender Zeichentrickfilm flimmerte 1937 über die Leinwände. In „Snow White and the Seven Dwarfs" verschmolzen exzellente Detailaufnahmen, flüssige Bewegungen, prächtige und satte Farbgebungen, bezaubernde Charaktere, nette Musicalmelodien und eine bekannte Geschichte mit magischer und mythologischer Handlung (vgl. Dirks 2000) zu einem Meisterwerk, das Groß und Klein, Kritiker und selbst die Konkurrenz begeisterte[27].

Doch nicht nur in den Vereinigten Staaten florierte das Geschäft mit der Animation. In Frankreich arbeiteten Experimentalkünstler wie Marcel Duchamp (in „Anémic Cinéma" von 1927) und Fernand Léger (in „Ballet Mécanique" von 1924) mit Animationstechniken, in England lebte und gründete der gebürtige Ungar John Halas zusammen mit dem Briten Joy Batchelor ein Studio, das wichtige Filme wie beispielsweise „Animal - Farm" (1954) herausbrachte und nicht zu vergessen, die bereits erwähnte Lotte Reiniger, die mit ihren animierten Schattentrickfilmen einen wichtigen Teil Trickfilmgeschichte schrieb (vgl. Furniss 2001a).

Doch obwohl in der langjährigen Trickfilmgeschichte sehr viele verschiedene Animationstechniken, mit mehr oder weniger kritischem und kommerziellem Erfolg, verwendet wurden, hatte der Disney-Stil, also die Vollanimation mit Hilfe der Cell, den größten weltweiten Einfluss.

So wie manche Studios nun daran gingen die Animationstechnik der Disneyfilme zu imitieren, setzten andere Konkurrenzfirmen auf gänzlich gegensätzliche Stilmittel. Im Warner Brothers Studio entdeckte man die Slapstick Comedy (vgl. Crandol 1999). Vor allem ein Mann prägte den Zeichenstil dieser Firma: Tex Avery, der kreative Kopf hinter den Cartoonfiguren Bugs Bunny und Duffy Duck. Im Gegensatz zur rigiden Studiopolitik der Disney Studios, bot Warner seinen Zeichnern eine Experimentierbühne für ihr Talent. Anstatt Heile-Welt-Kulissen und - Geschichten wurde hier gnadenlos gemetzelt, der Gegner mit Dynamitstangen malträtiert (vgl. TV-Spielfilm Online-Special[28]), in die

---

werden konnten, die in unterschiedlichen Geschwindigkeiten bewegt wurden (vgl. Saul 2000a).

[27] In drei Jahren Zeichenarbeit, mit 1,5 Millionen Dollar Produktionskosten war „Snow White and the Seven Dwarfs" das bis dahin teuerste Trickfilmprojekt der Geschichte (vgl. Thomas 1991, S. 66).

[28] Vgl. TV-Spielfilm Online-Special (o.J.): Geschichte und Technik 1-7. In: http://www.tvspielfilm.de/specials/zeichentrick/geschichte/

Länge gezogen oder gar zersägt, ohne dass den Figuren letztlich auch nur ein Haar gekrümmt wurde. Die cartoonesken und aktionsreichen Elemente wurden durch Avery also in den Vordergrund des Trickgeschehens gerückt (vgl. Becker et al. 1992, S. 153).

Neben Warner Brothers gab es noch eine zweite Firma, die als ernsthafte Konkurrenz für Disney angesehen werden konnte; diese lief unter dem Namen MGM und wurde von William Hannah und Joseph Barbera geführt. Die beiden erschufen 1937 das sich ewig jagende und doch nicht ohne einander auszukommen scheinende Paar „Tom und Jerry" (vgl. TV-Spielfilm Online-Special[29]). Hannah und Barbera dominierten den Zeichentrick-Fernsehmarkt bis in die 70er Jahre und sahnten Preise um Preise ab[30], die von Walt Disney scheinbar schon gepachtet schienen.

Doch unabhängig von Land und Studio hatte sich der Zeichentrick als Kindergenre etabliert, was natürlich auch in nicht unerheblichen Maße von Walt Disney beeinflusst worden war. Disney befasste sich bereits in seinen Kurzfilmen beinahe ausschließlich mit Märchen und märchenartigen Stoffen, er beschrieb die Idylle heiler Welten, ohne elementare Probleme der Realität anzusprechen. Auch in seinen späteren Werken blieb er dieser Linie treu und hatte Erfolg damit. Seine Trickfilme wirkten zeitlos, und es war nicht schwer, der Handlung der Geschichten zu folgen, was dem jüngeren Publikum den Zugang erleichterte (vgl. Heidtmann 1998, S. 24ff).

Natürlich gibt es, wie in jedem Genre, Ausnahmen oder Ausreißer, welche dem allgemeinen Trend entgegen steuern. So wurde der Trickfilm neben der Kommerzschiene auch in eine gänzlich andere Richtung verarbeitet. Leute wie der Amerikaner Ralph Bakshi entdeckten beispielsweise den Zeichentrick für die Erwachsenenwelt. Er war es, der 1971 den Underground-Erfolg von dem versauten, ständig bekifften Kater „Fritz The Cat" erschuf (vgl. Jöckel 1998), und in Japan entwickelte sich nach dem Zweiten Weltkrieg eine Trickfilmbranche, die denen anderer Länder in Vielfalt und Größe weitgehend überlegen, und genau genommen mit der westlichen Zeichentrickindustrie gar nicht mehr vergleichbar war[31]. Wie

---

[29] Vgl. TV-Spielfilm Online-Special (o.J.): Geschichte und Technik 1-7. In: http://www.tvspielfilm.de/specials/zeichentrick/geschichte/
[30] Vor allem den Zeichentrick-Oscar; den wichtigsten und wertvollsten Trickfilmpreis.
[31] Dies hat vielleicht auch damit zu tun, dass sich in Japan die Zeichentrickindustrie erst 50 Jahre später als beispielsweise in Amerika entwickelt hat. Zeichentrick wurde also mit Ton und auch schon für das Fernsehen geboren (vgl. Raffaelli 1998, S. 12).

auch im Realfilm sind hier beinahe alle Erzählebenen abgedeckt. Ob nun die Komödie, der Actionstreifen oder das Drama – es lässt sich beinahe alles im japanischen Zeichentrick finden. Daher werden im Gegensatz zu den meisten westlichen Ländern die Filme nicht hauptsächlich für Kinder, sondern für sämtliche Altersklassen hergestellt (vgl. Murray 2000). Dies zum Vorbild nehmend, entdeckte nun auch der westliche Markt in den letzten Jahren eine Lücke, die produktiv und wirtschaftlich einträchtig genutzt werden konnte.

Von den 70er Jahren aufwärts hatte die Etablierung des Fernsehers zu einem Massenmedium einen weitreichenden Einfluss auf die Trickfilmbranche. Etliche Zeichentrickserien entstanden, und es wurde immer weniger auf die Qualität der Produkte geachtet, als auf die Schnelligkeit, mit der sie den Zusehern präsentiert werden konnten. Der wirtschaftliche Aspekt der Vermarktung hatte also den künstlerischen und qualitativen an Wichtigkeit verdrängt. Sollten sich die Worte eines Winsor McCay nun bewahrheiten, der bereits zu Beginn des 20. Jahrhunderts festgestellt und vorausgeahnt hatte, dass die Kunst der Animation von der diesbezüglichen Industrialisierung abgelöst werden wird: „Animation should be an art...what you fellows have done with it is making it into a trade...not an art, but a trade....bad luck" (Crandol 1999).

Für die enorme Verwirtschaftlichung von Zeichentrickfilmen, und dies aber in die Richtung klassisches Kindergenre, gibt es mehrere Gründe. Zunächst sind Zeichentrickfilme international einsetzbar, da gemalte Kulissen und Charaktere regional und kulturell nicht so stark geprägt sind wie real aufgenommene, wodurch die Filme auch zeitlos und über Jahrzehnte populär bleiben (Eßer 1995, S. 316). Der wichtigste Grund liegt jedoch darin, dass sich Trickfiguren hervorragend zur Weiterverarbeitung im Produkt- und Medienverbund eignen (Eßer 1995, S. 316), was allgemein mit dem Begriff „Merchandising" verbunden wird. Darunter versteht man, grob gesagt, die Vermarktung von Ideen und Personen, die in den Medien *en vogue* sind (Fuchs 1991, S. 207). Das berühmteste Beispiel der gesamten Trickwelt ist Disneys Mickey Maus. Abgesehen von einer breiten Produktpalette mit Bettvorlegern, Buntstiften, T-Shirts, etc., und den gigantischen Vergnügungsparks, ist der Kopf der Mickey Maus zu einem weltweiten Markenzeichen geworden (Jöckel 1998).

Neben dem Fernsehen kann die Computertechnologie als zweitwichtigste Einflussgröße auf die neusten Stilentwicklungen in der Animation gesehen werden. Bereits in den 30er Jahren wurden erstmals Experimente mit elektronischer Animation durchgeführt, doch wirklich realisierbar wurden Computeranimationen erst in den späten 70er Jahren[32] (vgl. Furniss 2001a). Hier waren es wiederum einmal die Disney Studios, die hinsichtlich neuer innovativer Technologieeinsätze die Nase vorn hatten. 1981 lief der erste abendfüllende computergenerierte Film „Tron" in den Kinos an[33], der jedoch keinen kommerziellen Erfolg brachte.

Als Amerika nach diesem offensichtlichen Rückschlag die Zeichentrickproduktion mit Hilfe von Computern einschränkte, war es Japan, das die Vorreiterrolle in Sachen computerunterstützte Trickanimation übernahm (vgl. Vockrodt 2000). Sie gingen nicht sofort aufs Ganze, sprich zur Produktion vollständig computeranimierter Trickfilme, sondern beschränkten sich anfangs ausschließlich darauf, die neue Technologie nur in bestimmten Gebieten einzusetzen, beispielsweise zur Erschaffung der Hintergrundlandschaften[34], zum Entwerfen von Massensequenzen oder zum automatischen Erzeugen von Zwischenbildern bei der Vorgabe von Schlüsselszenen (vgl. Kölling 1996). Dies immer weiter perfektionierend wurde 1997 mit „Prinzessin Mononoke" (von Hayao Miyazaki) der erste Trickfilm produziert, in dem klassische Animation und Computergrafik einander virtuell einzigartig ergänzten. Der Film schöpfte nicht nur die möglichen Vorteile des Computers zur Erzeugung von räumlicher Tiefe und wirkungsvollen Lichteffekten voll aus, sondern die Bewegungen erschienen durch diese symbiotische Technikverschmelzung flüssiger und realistischer als in vielen klassischen Cartoons (vgl. Vockrodt 2000).

---

[32] Für wissenschaftliche und Regierungsprojekte, als auch für die UnterhaltungsindustrieFür wissenschaftliche und Regierungsprojekte, als auch für die Unterhaltungsindustrie.
tilentwicklung der Animation ligkeit, mit Für wissenschaftliche und Regierungsprojekte, als auch für die Unterhaltungsindustrie.

[33] In „Tron" wurde computergenerierte mit Live-Animation verknüpft. Zum ersten Mal wurde Computeranimation als wesentlicher Teil des Films genutzt, obwohl der Film in vielerlei Hinsicht die Kinoentwicklung der sogenannten „computer-generated imagery" (cgi) verlangsamte (vgl. Saul 2000b).

[34] wie dies in Katsuhiro Otomos legenderem Trickfilmereignis „Akira" (1986) zu bewundern ist.

Inzwischen schreiben wir das Computer-Zeitalter. Es gibt fast nichts mehr, was nicht machbar wäre. Begann in seinen frühen Jahren die Arbeit des Computers noch dort, wo die Kunst der Zeichner am Ende war, so ist er heute nicht länger nur mehr eine bloße Alternative, sondern ein nicht mehr wegzudenkendes, eigenständiges Werkzeug (vgl. Höhl 1998). Nichtsdestotrotz wäre es falsch zu behaupten, dass die Arbeit der Trickzeichner durch die neue Technik überflüssig geworden ist. Es sind noch immer die Ideen von Menschen, deren Kreativität, die einen Cartoon oder einen Zeichentrickfilm schaffen; der Computer ist und wird nie mehr als ein wundervolles, zeitsparendes und effektives Hilfsmittel sein.

Durch die Fortschritte in der Technikentwicklung wurden neue Wege und Themen eröffnet, und die Trickfilme der letzten Jahre zeigen, dass sich bereits jetzt ein gewisser Wandel zu vollziehen begonnen hat. Die uralte Formel einer kindertauglichen Story mit musikalischen Zwischenspielen, wie sie seit Jahrzehnten angewandt wurde, scheint endgültig der Vergangenheit anzugehören, und es wird versucht gewohnte Klischees zum alten Eisen zu werfen (vgl. Everschor 2000), wie dies bei Filmen wie *„Chicken Run"* oder *„Titan A.E."* zu sehen ist. Bleibt nur abzuwarten, ob das Publikum diesen Schritt der Trickfilmindustrie in Richtung „Entnaivizierung" und Zielgruppenerweiterung mitmacht.

2.5 Technik und Arbeitsschritte bei der Zeichentrickproduktion

Bevor ein Trickfilm aufgezeichnet werden kann, bedarf es exakter Planung und Vorarbeit. Der Macher eines „gewöhnlichen" Spielfilms hat, im Gegensatz zum Trickfilmproduzenten, die Möglichkeit noch am Set, also während der Dreharbeiten zu improvisieren (vgl. Furniss 2001a). Bei Arbeiten zu animierten Cartoons sind solche kurzfristigen Änderungen zwar auch möglich, jedoch mit der Nebenerscheinung exponential steigender Produktionskosten (vgl. Banz 1999) und einem erheblichen Arbeitsmehraufwand, da wohl durchdachte Pläne neu gestaltet werden müssen.

2.5.1 Die Geschichte, das Storyboard und der Sound

Da die in der Videotechnik vorgegebene Anzahl von 24 Bildern pro Sekunde auch im Trickfilm als Richtlinie für die Planung und Berechnung der einzelnen Bewegungsabläufe dient (vgl. Kölling 1996), und somit eine nicht unbedeutende Menge an Zeichnungen zu produzieren ist, muss alles bis ins kleinste Detail ausgearbeitet sein, bevor überhaupt nur ein einziges Bild abgefilmt werden kann. Je nachdem wie der budgetäre Rahmen einer solchen Zeichentrickfilm-Produktion aussieht, gruppiert sich auch das diesbezügliche Arbeitsteam von Charakterdesignern, Hintergrundzeichnern, etc. (vgl. Furniss 2001a), die, jeder für sich, in welcher Form auch immer, einen Teil ihrer Persönlichkeit in das Gemeinschaftswerk miteinbringen, und so „das Gesicht" des Films (the look of the work) beeinflussen.

Den Beginn dieser schrittweisen Prozedur macht das Finden einer Geschichte, welche in ein Drehbuch, ein sogenanntes „Script" (vgl. Banz 1999) verarbeitet werden kann. Das Drehbuch umfasst jedoch nur einen rein textuellen Abriss der Handlung (vgl. Kölling 1996), was bei Benötigung eines Ablaufplans mit visuellen Elementen zu wenig ist. Basierend auf dem Script wird aus diesem Grund ein „Storyboard" produziert (vgl. Banz 1999), das die Handlung der Geschichte grafisch darstellt (vgl. „The Art Market"[35]). Es fungiert demnach als visuelles Drehbuch der Animation (vgl. Kölling 1996).

Im Storyboard werden entlang einer Zeitleiste die Handlungsführung, die Szenenwechsel und Kamerabewegungen beschrieben, um anschließend genau berechnen zu können, wie viele Phasen für eine Bewegung gezeichnet werden müssen (vgl. Kölling 1996). Das Storyboard besteht aus tausenden Frames (Einzelbildern), die aneinandergereiht den Inhalt des Scripts wiedergeben (vgl. McIntire 1997), was ihm auch immer wieder den Vergleich mit Comic-Strips einbringt (vgl. „The Art Market")[36], und ist

---

[35] Vgl. The Art Market (o.J.): Animation Dictionary.
In: http://www.artmarketplace.com/dicitonary.html
[36] Vgl. The Art Market (o.J.): Animation Dictionary.
In: http://www.artmarketplace.com/dicitonary.html

sowohl für die Regie als auch für den Kameramann wichtig. Aus diesem Grund wird es in *Layout*[37] und *Fahrplan*[38] unterteilt (vgl. Kölling 1996). Das Layout enthält die Unterteilung der Szenen in ständig bewegte, zeitweise bewegte und unbewegte Objekte, wobei für die bewegten Objekte sogenannten „Schlüsselzeichnungen" erstellt werden (vgl. Saul 2000c). Damit sind wichtige Aktionen innerhalb einer Animation, beispielsweise das Auftreten von Charakteren, Bewegungsänderungen in Geschwindigkeit und Richtung oder Änderungen der Perspektive, gemeint. Zusätzlich werden Hintergründe und Landschaften sowie Audioeinlagen[39] in der Layoutgestaltung skizziert (vgl. Kölling 1996). Der Fahrplan liefert dem Kameramann typische Anweisungen wie Fahrt, Zoom, Schnitte, Auf-, Ab- und Überblendungen und Details zur Beleuchtung der jeweiligen Szenen (vgl. Kölling 1996).

Das Storyboard bringt ein bestimmtes Vorwissen über das zukünftige Produkt. Dazu gehören Erkenntnisse über die Flüssigkeit der Bewegungen, eine klare Vorstellung davon, worum es in diesem Trickfilm geht und wie der fertige Zeichentrick letztendlich aussehen sollte (Saul 2000c). Das Hauptaugenmerk eines Storyboards liegt also im Aufführen und Ordnen der wichtigsten Handlungsschwerpunkte der zu animierenden Geschichte wie sie das Publikum zu sehen bekommen wird (vgl. McIntire 1997), und manchmal wird es dazu genutzt, Geldgeber zu überzeugen in das Projekt zu investieren (vgl. Sheppard 2000), es hat einen gewissen Präsentation- und Verkaufscharakter.

Wenn der „rote Faden" fertig ausgearbeitet wurde, besteht der nächste Schritt im Aufnehmen der Dialoge und wichtigen Musikstücke. Dies ist notwendig, da, ohne das Tonmaterial präsent zu haben, eine perfekte Synchronisation von Bild und Ton nicht möglich ist (vgl. Banz 1999). Der Sound wird auf eine speziell dafür vorgesehene Zeitleiste (time sheet) gespielt (vgl. Furniss 2001a), welche sekundengetreu die Länge der einzelnen Dialogszenen anzeigt, und parallel dazu, müssen Bild- und Tonleiste aufeinander abgestimmt werden (vgl. Thomas 1991, S. 129). Dabei muss jedoch darauf geachtet werden, eine Balance, eine gewisse Ausgewogenheit zwischen diesen beiden Medien zu schaffen. Da bei

---

[37] für den Zeichner
[38] für den Kameramann
[39] Text, Musik oder Geräusche

gleichzeitigem Auftreten von Audio- und Videosignalen dem Visuellen vom Publikum mehr Aufmerksamkeit geschenkt wird, ist bei der Verknüpfung darauf zu achten, dass das Bild vom Ton unterstützt wird und nicht umgekehrt.

Die Meinungen über die Verwendung von Ton im Film sind gespalten. Einerseits wird deklariert, dass akustische Untermalungen wie Hintergrundgeräusche und -musik, wenn sie kaum wahrgenommen werden, am effektivsten und besten wirken (vgl. McIntire 1997), andererseits ist der Musikeinsatz in Filmen jedoch kein bloßer Lückenfüller, sondern erfüllt Aufgaben wie Spannungssteigerungen bei Actionszenen oder dient zur Erhöhung oder Intensivierung des emotionalen Ausdrucks (vgl. „Animation Production Tour"[40]). Es liegt sicherlich in beiden Annahmen ein Körnchen Wahrheit, somit ist es stark situationsabhängig, in welcher Art und Weise die Tonverarbeitung besser wirkt.

2.5.2 Stil, Farbe und Licht

Nachdem das Storyboard fertig ist, man Dialoge und Musikeinlagen aufgenommen hat und die parallel dazu laufenden Charakterdesigns der Hauptfiguren[41] abgeschlossen sind (vgl. Banz 1999), geht man daran Stil, Farbe und Lichteffekte für die einzelnen Szenen aufeinander abzustimmen (vgl. „Animation Production Tour"[42]). In sogenannten *„Conceptual Drawings"* werden Elemente wie Atmosphäre, Stimmung und allgemeines Design der Zeichnungen ausgearbeitet (vgl. „The Art Market"[43]); dazu gehört unter anderem auch die Gestaltung der Hintergründe.

---

[40] Vgl. N.N. (o.J.):„Animation Production Tour"
In: http://www.art.uiuk.edu/local/anle/ANIMATION/ANIMATIONTGAL.html
[41] Im Charakterdesign werden von jeder Figur Musterzeichnungen gefertigt, welche die einzelnen Charaktere in verschiedenen, ihnen typischen, Posituren und Expressionen zeigt, und welches angibt wie sie in den unterschiedlichsten Situationen und Stimmungen auszusehen haben (vgl. The Art Market" (o.J.): Animation Dictionary.
In: http://www.artmarketplace.com/dictionary.html).
[42] Vgl. N.N. (o.J.) :„Animation Production Tour"
In: http://www.art.uiuk.edu/local/anle/ANIMATION/ANIMATIONTGAL.html
[43] Vgl. The Art Market (o.J.): Animation Dictionary.
In: http://www.artmarketplace.com/dictionary.html

Nicht selten dienen Realaufnahmen als Vorlagen für Zeichentrickszenen, um die Bewegungsabläufe realitätsnäher zu gestalten[44] (vgl. Thomas 1991, S. 129). Doch nicht nur für die Verbesserung des Bewegungsflusses gibt es bestimmte Tricks, auch für die Schaffung von Stimmung und Atmosphäre kennt der Zeichner Mittel und Wege. Meist geschieht dies durch Positionierung verschiedener Farben und dem gezielten Einsatz von Licht. Doch die Coloristen müssen genau über die Handlungen, Dialoge und Umstände der einzelnen Szenen Bescheid wissen, um die richtigen Farben auswählen und dadurch die passende Stimmung vermitteln zu können (vgl. Thomas 1991, S. 126).

Für die Lichteffekte gelten ähnliche Regeln. Die Beleuchtung spielt eine bedeutende Rolle bei der Konzeptualisierung der Szenen (vgl. McIntire 1997), da sie sehr ausdrucksstark wirken kann. Bei der Ausleuchtung von Gesichtern werden je nachdem, ob das Licht von vorne, von der Seite oder von hinten kommt, andere Eindrücke vermittelt. Das von hinten kommende Licht lässt beispielsweise die Gesichtsmitte im Dunkeln liegen, und eignet sich daher besonders für die Darstellung „unheimlicher" Figuren, da diese dann bedrohlicher und geheimnisvoll wirken (vgl. Wenner 1999).

2.5.3 Von den „Line Tests" bzw. „Pencil Tests" zum fertigen Film

Sind die vorangegangenen Schritte zu jedermanns Zufriedenheit abgeschlossen, wird in sogenannten „Line- oder Pencil-Tests" der Bewegungs- und Zeichenfluss des bisherigen Konzepts einer genauen Prüfung unterzogen (vgl. „The Art Market"[45]). Dafür gehen nun die Hauptanimatoren (master animators) daran die wichtigen, im Storyboard bereits festgehaltenen, Schlüsselszenen mit Bleistift (vgl. Banz 1999) in späterer Originalgröße zu zeichnen[46]. Die fehlenden (In between-) Frames werden später von speziell dafür angestellten Zeichenassistenten gefertigt (vgl. Saul 2000d). Die fertigen Zeichnungen werden exakt nach dem im

---

[44] Im Fachjargon wird dies als „*Rotascoping*" bezeichnet (Saul 2000d). Mit dem sogenannten „*Rotoskop*" können Laufbilder Kader für Kader auf einen Zeichentisch projiziert werden, wodurch der Animator die Bewegungsabläufe einer originalen Aufnahme analysieren und kopieren kann (vgl. Langer 1993).

[45] Vgl. The Art Market (o.J.): Animation Dictionary.
In: http://www.artmarketplace.com/dictionary.html

[46] In professionell hergestellten Zeichentrickfilmen haben die verwendeten Zeichnungen üblicherweise das Format von 18 x 24 cm (vgl. de Marchi/Amiot 1974, S. 31).

Storyboard festgehaltenen Timing gefilmt (vgl. Banz 1999), und allerletzte Änderungen sollten in dieser Phase der Trickfilmproduktion gemacht werden, da danach jegliche Umstellung sehr zeitaufwendig und teuer wird. Die sogenannten „Pencil-Tests" zeigen also, in schlechter Bildqualität, aber dennoch den gesamten Film (vgl. Saul 2000c), und entscheiden darüber, ob die Szenen in Richtung Weiterverarbeitung gehen, oder wieder zurück auf den Zeichentisch wandern (vgl. „Animation Production Tour"[47]).

Aus diesem qualitativ schlechten Erstmaterial entwickelt sich nun nach und nach, der dem Publikum letztlich vorgeführte Zeichentrickfilm (vgl. Thomas 1991, S. 135). Wird eine Szene im „Pencil-Test" vom Produktionsteam für gut befunden, so treten die „Cleanup Artists" in Aktion. Wie ihr Name schon sagt, säubern sie die einzelnen Animationszeichnungen (Banz 1999), um ihnen einen konsistenten visuellen Eindruck zu geben (vgl. „Animation Production Tour"[48]). Diese werden schlussendlich Frame für Frame auf „Cells" übertragen, die in einem letzten handwerklichen Schritt coloriert und zusammen mit den fertigen „Backgrounds", nach einer erneuten Prüfung (vgl Banz 1999), abgefilmt werden (vgl. Saul 2000c). Als „Cells" werden transparente, dünne Zelluloidfolien bezeichnet (vgl. Saul 2000d), die im Zeichentrickfilm als Bildelemente dienen (vgl. Hammann 1999a), und die zu animierenden Bilder enthalten. Bis in die 50er Jahre wurden sie aus Zellulosenitrat hergestellt, doch dann fand man heraus, dass Zelluloseazetat effektiver, weil beständiger war und änderte das Herstellungsverfahren[49] (vgl. „The Art Market"[50]).

Ein Bild besteht in der Regel aus mehrlagigen „Cells"[51], und eine Sequenz aus mehreren „Cells" (vgl. Hammann 1999a). Die Zeichnungen werden auf die Vorderseite der „Cell" fotokopiert, anschließend wird auf der Rückseite

---

[47] Vgl. N.N. (o.J.): Animation Production Tour.
In: http://www.art.uiuk.edu/local/anle/ANIMATION/ANIMATIOTGAL.html
[48] Vgl. N.N. (o.J.): Animation Production Tour.
In: http://www.art.uiuk.edu/local/anle/ANIMATION/ANIMATIOTGAL.html
[49] Auch heute verwendet man in der Zeichentrickproduktion „Cells" aus Zelluloseazetat (vgl. The Art Market (o.J.): Animation Dictionary.
In: http://www.artmarketplace.com/dictionary.html).
[50] Vgl. The Art Market (o.J.): Animation Dictionary.
In: http://www.artmarketplace.com/dictionary.html
[51] etwa aus einem Hintergrund, darüber die Figur ohne Mund und darauf eine weitere Lage mit dem Mund separat

die Farbe aufgetragen (vgl. Banz 1999), und in Verbindung mit speziellen Kameraeffekten wie Zooms, Überblendungen oder Schwenks, können sie schließlich abgefilmt werden (vgl. „The Art Market"[52]).

Wenn der visuelle Teil des Trickfilms in seiner endgültigen Form existiert, widmet man sich noch dem Ton. Dialogspur, Musik und Toneffekte werden zu einem Soundtrack zusammengemischt und im sogenannten „Answer Print" auf einer Filmrolle mit dem Bild kombiniert (vgl. Banz 1999). Damit ist der Zeichentrickfilm nun endgültig fertig und kann vorgeführt werden.

2.5.4 Die Computeranimation bzw. computerunterstützte Animation

Mit der fortschreitenden Technisierung begann der Einsatz von Computern in der Animationsbranche eine immer wichtigere Rolle zu spielen, und seit den ersten, Ende der 60er Jahre zu datierenden, Versuchen, Computer in den Prozess der Filmherstellung mit einzubeziehen (vgl. Saul 2000b), hat er sich bis heute nicht nur zu einer nunmehr unabkömmlichen Unterstützung bei Animationsproduktionen, ob nun im Trickfilm- oder im Realfilmbereich, sondern weiters zu einem eigenständigen Genre entwickelt.

Computer finden im Bereich der klassischen Trickfilmanimation ein weites Tätigungsfeld, das sich von der Erstellung von Schlüsselszenen samt Hintergründen, über das Auscolorieren der einzelnen Zeichnungen, um die Szenen realistischer wirken zu lassen, und dem Verbinden von Ton und Bild, bis hin zur Kontrolle der Kameras und der Nachbearbeitung des fertigen Produkts erstreckt (vgl. Saul 2000d). Einige Techniken haben sich dafür im Laufe der Jahre bewährt, und werden heute bereits bei so manchen Trickfilmproduktionen verwendet. Dazu zählen unter anderem das „Morphing", das „Texture Mapping" und die Arbeit mit dem „Shader", um nur einige Beispiele zu nennen.

Für gewöhnlich werden bei der Zeichentrickherstellung alle Frames einzeln gezeichnet (vgl. Banz 1999), was einen sehr hohen Zeitaufwand bedeutet. Dem wird mit dem „Morphing" entgegen gewirkt, da hier bei extrem

---

[52] Vgl. The Art Market (o.J.): Animation Dictionary.
In: http://www.artmarketplace.com/dictionary.html

komplexen Übergängen die Zwischenschritte (Inbetweens) stattdessen per Computer berechnet werden (vgl. Kölling 1996).

Beeindruckend ist auch die Anwendung der Computergrafik im Bereich der Kulissen-, der Hintergrunderstellung. Mittels des „Texture Mapping" wird eine der größten Schwachstellen des traditionellen Zeichentricks ausgemerzt, nämlich die, der Erzeugung bewegter Hintergründe. Dafür wird der Boden als 3D-Modell erstellt und mit Texturen überzogen, was beispielsweise eine „realistische" Kamerabewegung auf den, hinter der Computerlandschaft erscheinenden Horizont ermöglicht (vgl. Banz 1999).

So stellt die Computeranimation, sei es als eigenständiges Genre oder als Hilfswerkzeug für den klassischen, großteils mit Hand geschaffenen, Trickfilm eine bedeutende Weiterentwicklung am Mediensektor dar. Seit „Toy Story" (1995) setzten die einzelnen Trickfilm-Studios viel daran, die Technik und somit die Wirkung von computeranimierten Filmen zu verbessern, was Werke wie „Antz" (1998), „Das grosse Krabbeln" (1998), „Shrek" (2001), „Final Fantasy" (2001) oder „Moster AG" (2002) eindrucksvoll beweisen. Doch obwohl diese neue Form des Trickfilms boomt, verdrängt sie (noch nicht) die Arbeit des Zeichners (vgl. Vockrodt 2000) oder gar jene des Schauspielers. Ein möglicher Grund dafür ist, dass computeranimierte Charaktere nicht sonderlich naturgetreu aussehen, jedoch versuchen, möglichst realistisch zu wirken. Es wird somit eine neue Dimension zwischen Realfilm und Zeichentrick geschaffen, die Merkmale beider Bereiche aufweist, aber in keine davon wirklich einzuordnen ist.

Die Entwicklung verfolgend dominieren computeranimierte Spezialeffekte und Techniken die heutige Filmlandschaft (Furniss 2001a) und ein Ende der Weiterentwicklung ist noch nicht in Sicht. Auf den Punkt bringt es Jeffrey Katzenberg, der Direktor bei DreamWorks, indem er das Hier und Jetzt als „eine aufregende Zeit für Animation" bezeichnet, und erklärt, dass es „in den letzten 18 Monaten eine größere Vielfalt an Stilen, Techniken und Storys gegeben hat als in den 75 Jahren zuvor" und er voraussagt, dass es „wahrscheinlich in den nächsten 18 Monaten so weitergehen wird" (Everschor 2000). Die Zukunft wird zeigen, was die neuen Techniken der Animation noch alles zu bieten haben.

3 Der amerikanische Zeichentrick

Schon in den Geburtsjahren des Trickfilms etablierte sich Amerika als innovativer Vorreiter, als dem Rest der Welt immer einen Schritt voraus, und der internationale Markt begann sich schon bald am amerikanischen „Ideal" zu orientieren.

Oft wird der amerikanische Trickfilm jedoch allein mit einem Namen gleichgesetzt: Walt Disney. Natürlich gibt es keinen Zweifel daran, dass die Disney-Werke in ihrer einzigartigen Machart das Publikum begeisterten, doch darf darüber hinaus die Vielzahl an anderen Studios und Zeichnern nicht vergessen werden, die diesem Genre ebenfalls ihren Stempel aufgedrückt, und somit auch in entscheidendem Maße die Entwicklung des (amerikanischen) Zeichentrickfilms beeinflusst haben (vgl. Tschiedert 2001). Das spezielle Eingehen auf den amerikanischen Trickfilm und die Auseinandersetzung mit den zahlreichen Heldenfiguren sollen im Folgenden verdeutlichen, wer sich auf welche Art und Weise eingebracht hat.

3.1 Amerika als Pionier in Sachen Zeichentrickentwicklung

Bei genauerer Betrachtung der Trickfilmentwicklung, wird man bemerken, dass die innovativsten Erfindungen und bekanntesten Figuren beinahe allesamt aus Amerika stammen. Egal ob es sich nun um technische Errungenschaften wie beispielsweise die Cell-Produktion (vgl. Furniss 2001a) oder die ersten Tontrickfilme handelte, oder um kreative Leistungen wie das Schaffen von Figuren mit wohl durchdachten Charaktereigenschaften und Eigenheiten[53] – Amerika hatte immer die Nase vorn.

Schon in den ersten Jahren, in denen sich der Zeichentrick zu einem eigenen Filmgenre hin entwickelte, also etwa zu Beginn des 20. Jahrhunderts, waren es amerikanische Zeichner und Animatoren, die sich ernsthaft mit der Materie auseinander setzten, da sie das Potential dieser Animationstechnik erkannten. Es waren Pioniere wie Winsor McCay oder

---

[53] Trickfilmhelden wie Mickey Maus, Bugs Bunny oder Tom und Jerry waren und sind auch heute noch jedermann ein Begriff

J. Stuart Blackton, die die Aufmerksamkeit der Bevölkerung auf die animierte Zeichenwelt lenkten, und eine eigene Trickfilm-Industrie ins Leben riefen (vgl. Price 2001), doch entscheidenden Einfluß auf den Werdegang des amerikanischen Trickfilms sollten erst Studios und Zeichner ab Anfang bzw. Mitte der 20er Jahre haben (vgl. Furniss 2001a). Denn die neuen Technologien und Innovationen halfen zwar der entstehenden Industrie sich während des ersten Weltkriegs und die Jahre danach zu etablieren[54], doch das Fehlen des Tons, einem heute unabdingbaren Instrument, um den Figuren Charakter zu verleihen, stellte in den ersten beiden Jahrzehnten ein großes Handicap dar (vgl. Thomas 1991, S. 27f), und die Attraktivität von animierten Cartoons lief in den frühen 20er Jahren Gefahr ins bodenlose zu sinken (vgl. James 1997).

Die meisten Animationen basierten auf primitiven Gags und Gewalt[55], Charakterzuschreibungen wurden kaum gemacht[56], und Vorarbeiten wie das Ausarbeiten eines Storyboards schienen den Animatoren unnötig (vgl. Price 2001). Animationsfilme dienten meist nur als Pausenfüller im Theaterprogramm (vgl. Furniss 2001c), und als das Publikum nun begann sich vom animierten Zeichentrick abzuwenden, musste die Industrie schleunigst reagieren; und das tat sie auch.

Der große Umschwung fand Mitte der 20er Jahre statt und lag ganz unter dem Motto Kommerzialisierung. Große Studios eröffneten überall im Land Tochterfilialen, übernahmen kleinere Werke und setzten Standards für die Trickfilmproduktion (vgl. James 1997). Animatoren hatten einen vorbestimmten Tagessatz an Zeichnungen zu produzieren, und Cartoons wurden nun also mit dem Hauptaugenmerk auf Quantität und Kostensenkung hergestellt (vgl. James 1997).

---

[54] 1913 eröffnete Raoul Barré das erste Trickfilmstudio in New York, und innerhalb einer Zeitspanne von nur fünf Jahren war durch die Gründungen einer Reihe von Studios rund um die Metropole New Yorks, eine neue Industrie geboren. Das erfolgreichste und einflussreichste Studio der damaligen Zeit war das John Bray Studio, wo spätere Größen wie Max Fleischer oder Walter Lantz ihr Handwerk lernten (vgl. Crandol 1999).
[55] Was natürlich heute auch noch sehr oft der Fall ist
[56] Abgesehen von Winsor McCays „Gertie, the Trained Dinosaur" oder Otto Messmers „Felix the Cat", die sich jedoch nicht weiterentwickelten, und dem Publikum die fortwährend gleichen Tricks und Gags vorführten (vgl. James 1997).

3.2 Walt Disney – Der König des Zeichentricks

Diese Zeit der Umstrukturierung der Medienlandschaft nutzte jener Mann, der die Trickfilmwelt wie kein zweiter beeinflussen sollte, um erstmals auf sich aufmerksam zu machen. Die Rede ist von Walter Elias Disney. Während Disneys Karriere als „Werbegrafiker", die 1919 in Kansas City seinen Anfang nahm, kam er erstmals mit dem Zeichentrickfilm in Berührung (vgl. Fuchs 1998, S. 219) und begann erste eigene animierte Cartoons, sogenannte *„Laugh-O-Grams"*[57] (vgl. Furniss 2001c) herzustellen[58], und Methoden zu entwickeln, um die Kombination von Real- und Zeichentrickaufnahmen zu perfektionieren (vgl. Buch 2000). Zu dieser Zeit lernte er auch seinen späteren Freund und Geschäftspartner Ubbe Iwwerks[59] kennen (vgl. Bryman 1995, S. 5), mit dem er 1922 eine kleine Produktionsgesellschaft, die *Laugh-O-Gram Films*, gründete (vgl. Fuchs 1998, S. 219). Dort begannen die Arbeiten zur *„Alice Comedies"*-Serie[60], was die Firma aber auch nicht vor dem Bankrott retten konnte, da Disney keine Sponsoren für seinen Zeichentrick fand (vgl. Thomas 1991, S. 34).

1923 verließ er schließlich Kansas City, um in Los Angeles, wo sein Bruder Roy wohnte, neu Fuß zu fassen (vgl. Furniss 2001a), und gemeinsam mit ihm ein eigenes Trickfilmstudio, das *Disney Brothers Studio*[61], zu gründen (vgl. Buch 2000). Mit diesem Umzug nach Hollywood markierte Disney einen wichtigen Wendepunkt in der Animationsgeschichte. Los Angeles war in den letzten Jahren zum Mekka des Spielfilms avanciert, obwohl die Animationsindustrie noch immer in New York ihren Hauptsitz hatte. Doch als es Disney nach Kalifornien zog,

---

[57] Seine Experimente mit animierten Trickzeichnungen bauten auf den *„Newman Laugh-O-Grams"*, kurzen Cartoons mit einfachen Gags, die für das Newman Theater gefertigt wurden, auf (vgl. Bryman 1995, S. 5).
[58] Disney befasste sich bereits zu Beginn seiner Animationskarriere vorrangig mit Märchen und märchenartigen Stoffen (vgl. Heidtmann 1998, S. 24).
[59] Später verkürzte er seinen Namen auf Ub Iwerks (Bryman 1995, S. 5)
[60] Hier wurden Real- und Trickfilmaufnahmen dahingehend kombiniert, dass die von einer realen Schauspielerin dargestellte Mädchenfigur Alice im Wunderland der gezeichneten Cartoonfiguren komische und märchenhafte Abenteuer erlebt (vgl. Heidtmann 1998, S. 23).
[61] Als offizielles Gründungsdatum wird der 16. Oktober 1923 angeführt (vgl. Fuchs 1998, S. 219).

folgten ihm Hugh Harman und Rudy Ising, die späteren Begründer der Warner Brothers und MGM Studios, welche zu den drei führenden Studios in der Animationsindustrie werden sollten (vgl. Crandol 1999).

Hier wurde Disneys „Alice Comedies" endlich das Interesse und die finanziellen Mittel entgegengebracht, die er benötigte, um in Produktion zu gehen[62] (vgl. Thomas 1991, S. 37), und nachdem er seinen Freund Ub Iwerks und andere ehemalige Mitarbeiter aus Kansas City (vgl. Heinemann 2000) an Bord geholt hatte, begannen die Arbeiten zu „Alice's Day at Sea" (vgl. Bryman 1995, S. 6), das dem Studio den ersten Erfolg bescheren sollte. Bis Ende 1926 entstanden nahezu sechzig Alice-Filme (vgl. Fuchs 1998, S. 219).

Abb. 6: „Oswald, the Lucky Rabbit"

Mit dem Ende der Alice-Serie erschuf Disney 1927 dann auf Wunsch von Universal Pictures eine neue Zeichentrickserie, die auf einen Hasen basieren sollte: „Oswald, the Lucky Rabbit" (vgl. Bryman 1995, S. 6). Walt Disneys Fähigkeit, den Trickfilmgeschichten sowohl dramatische als auch humoristische Struktur zu verleihen (vgl. Heinemann 2000), und sein unentwegtes Streben nach neuen künstlerischen Methoden, um die Qualität der Filme zu heben, waren mit ein Grund dafür, dass die Oswald-Serie (und viele seiner späteren Werke) ein voller Erfolg wurde. Durch Walts Bestreben, Oswald zu verkaufen, übersah er jedoch, dass die Namens- und Verwertungsrechte für Oswald von Walter Mintz[63] aufgekauft worden waren (vgl. Thomas 1991, S. 38), und somit die Disneys keine Anteile an den Merchandising-Profiten erhielten (vgl. Bryman 1995, S. 6). Als ihnen im Frühjahr 1928, nach Ablauf des alten Vertrages, dann ein neuer nur unter der Bedingung angeboten wurde, für weniger Geld, aber mit der selben Qualität zu arbeiten (vgl. Fuchs 1998, S. 219f), lösten sich die Brüder von ihrer alten Vertriebsfirma und verloren, abgesehen vom loyalen Ub Iwerks, beinahe alle Mitarbeiter an Mintz (vgl. Bryman 1995, S. 6).

---

[62] Seine Filme wurden von Margaret J. Winkler (Universal Pictures) vertrieben, die in der frühen Filmindustrie eine wichtige Rolle spielte und auch für den Verleih der berühmten „Felix, The Cat"-Serie verantwortlich war (vgl. Furniss 2001a).

[63] dem Ehemann und Nachfolger von Margaret Winkler

3.2.1 Eine Maus ebnet den Weg an die Spitze

Die Übriggebliebenen der Walt Disney Studios waren sich einig, dass eine neue Zeichentrickfigur, ein neuer Charakter, erschaffen werden musste, um das Studio vor dem Untergang zu bewahren. Wie Walt später in vielen Interviews erzählte, erschuf er den wohl bekanntesten Trickfilmhelden in der Geschichte des Zeichentricks unmittelbar nach der letzten Besprechung und dem Bruch mit Mintz auf der Heimreise von New York nach Kalifornien[64] (vgl. „A mouse started Disney's kingdom" 1999)[65], und leitete damit endgültig seinen unübertroffenen Siegeszug ein: 1928 war demnach die Geburtsstunde von *Mickey Maus*.

Während noch die letzten Oswald-Cartoons fertiggestellt wurden, arbeiteten Walt Disney und Ub Iwerks[66] bereits heimlich am ersten Mickey Maus-Kurzfilm *„Plane Crazy"* (vgl. Bryman 1995, S. 7), der am 15. Mai 1928 in einem Theater am Sunset Boulevard (vgl. Polsson 2000), ganz erfolgreich, aber nicht unbedingt bahnbrechend (vgl. Thomas 1991, S. 13), seine Premiere hatte.

Mickey Maus konnte mit nichts wirklich Neuem aufwarten, im Gegenteil: er wies sogar eine starke Ähnlichkeit mit *„Oswald, the Lucky Rabbit"* auf (vgl. Thomas 1991, S. 12). Aus diesem Grund ist es auch kaum verwunderlich, dass Disney für den zweiten Mickey Maus-Cartoon *„Gallopin' Gaucho"* keine Abnehmer fand. Bei den Arbeiten zu *„Steamboat Willie"*, dem dritten Film mit Mickey, hatte Walt dann aber *die* Idee: die Produktion des ersten tönenden Zeichentrickfilms[67] (vgl. Fuchs 1998, S. 220). Die Möglichkeit zu sprechen bot den Figuren sehr viel mehr Raum ihre Persönlichkeit zu entfalten, und die Handlung konnte an den Rhythmus eines Liedes angepasst werden (vgl. Thomas 1991, S. 14). Am 18. November 1928 erlebt der siebeneinhalbminütige Cartoon *„Steamboat*

---

[64] Ub Iwerks reglementierte dieses Statement, da die Entwicklung der Mickey Maus seinen Angaben zufolge eine kooperative Arbeit der Disney-Brüder und ihm selbst war, und der Charakter und das Aussehen der Maus in vielen gemeinsamen Sitzungen entstanden ist (vgl. Thomoas 1991, 11f).
[65] N.N. (1999): A mouse started Disney's kingdom. In: http://www.abilene2000.com/icons/1013.html
[66] wobei die Zeichen-, aber auch Gestaltungsarbeiten hauptsächlich von Ub Iwerks gemacht wurden
[67] Ein Jahr zuvor war der Tonfilm aus der Taufe gehoben worden (vgl. Thomas 1991, S. 13).

Willie" schließlich seine Uraufführung im New Yorker „Colony Theatre" (vgl. Polsson 2000) und avanciert zum Tagesgespräch des Kinopublikums (vgl. Seesslen 1998, S. 211). Mickey Maus war innerhalb weniger Wochen ein landesweiter Erfolg, innerhalb von drei Jahren eine landesweite Institution (vgl. Thomas 1991, S. 15), und sein Schöpfer wurde, mit Mickeys Hilfe, schon bald der einflussreichste Mann in der gesamten Animationsindustrie (vgl. Dirks 2000).

Was aber hatte Mickey an sich, dass er die Massen so begeistern konnte? Auf der einen Seite war es sicher die neue Technik, welche dem ganzen den Hauch von etwas Neuem, Interessantem, gab, doch den größten Anteil am Erfolg der neuen Trickfilmfigur hatte die perfekt durchdachte Charakter- und Handlungsausarbeitung (vgl. Fuchs 1998, S. 220). War Mickey anfangs noch wild, rauh, unmoralisch und sogar gewalttätig[68] (vgl. Seesslen 1998, S. 212), so entwickelte er sich mit der Zeit zu einer bekleideten, zivilisierten, kleinbürgerlichen[69] Maus (vgl. Heinemann 2000). Vielleicht verhalf die damals trostlose wirtschaftliche Situation den Mickey-Trickfilmen zu ihrer einzigartigen Popularität, da die Menschen in den Jahren der wirtschaftlichen Depression sonst nicht viel zu lachen hatte (vgl. Fuchs 1998, S. 220). Was auch immer letztlich der Grund für den enormen Erfolg war - die Maus entwickelte sich jedenfalls im Laufe der Jahre zu dem, was es heute ist: Ein wichtiges Kulturgut der amerikanischen Gesellschaft des 20. Jahrhunderts (vgl. Heinemann 2000).

Um die Nachfrage an und Produktion der Mickey Maus Serien bewältigen zu können, mussten die Walt Disney Studios neue Animatoren anstellen (vgl. Bryman 1995, S. 7), von denen die meisten geschult werden mussten, um die Qualität der Trickfilme zu gewährleisten, die Walt Disney um jeden Preis anstrebte. Diese Schulungen wurden anfangs von Ub Iwerks geleitet (vgl. Tracy 2001). Später wurden die Zeichner in eigens dafür errichteten „Disney Art Schools" unterrichtet (vgl. Thomas 1991, S. 61).

---

[68] Mickey Maus durchlebte in seinen frühen Abenteuern zahllose gefährliche Situationen in denen er mitunter phantasievolle Ideen entwickelte, er zu lustvollen Gewalttätigkeiten neigte, und er eine eindeutig erotische Beziehung zu Minnie Maus pflegte (vgl. Seesslen 1998, S. 212). Diese anarchische Maus fand neben zahllosen Fans aber auch jede Menge Kritiker, und so wurde die Figur immer mehr nach dem Vorbild des „Kindchen-Schemas" ummoduliert.

[69] viele behaupten sogar langweiligen

Walt und Ub bildeten das perfekte Paar: Walt war der geborene Schauspieler, der Visionär (vgl. Thomas 1991, S. 39), der Geschichtenexperte, und Ub war der hart arbeitende, kreative Umsetzer dessen, was Walt sich ausgedacht hatte (vgl. Tracy 2001). Als nun das Studio und somit vor allem Walt mit den Mickey Maus Cartoons berühmt wurde, übersah man Ubs Leistungen (vgl. Thomas 1991, S. 39), und auch Walt verabsäumte es die Beiträge seines besten Zeichners, vor allem in der Öffentlichkeit, gebührend zu honorieren (vgl. Eliot 1993, S. 61). Dies frustrierte Iwerks zunehmend, und als Walt infolge finanzieller Schwierigkeiten seinen Unmut auch immer öfter an seinem Hauptzeichner ausließ (vgl. Tracy 2001), zog dieser die Konsequenzen, schloss heimlich einen Vertrag mit Pat Powers ab, jenem Vertreiber, der das Disney Studio um eine ganze Menge Geld geprellt hatte (vgl. Thomas 1991, S. 39) und verließ die Disney Studios. Walt war schwer schockiert über diesen Vertrauensbruch, und die Beziehung zwischen den beiden erreichte nie wieder die Tiefe, die sie zuvor ausgezeichnet hatte, obwohl Ub Anfang der 40er Jahre wieder zurück zu den Disney Studios fand (vgl. Eliot 1993, S. 142).

Neben der ständigen Weiterentwicklung von Mickey Maus und dem Erschaffen neuer Charaktere wie Goofy, Pluto und vor allem Donald Duck, die den Mäuserich alsbald sogar an Beliebtheit übertreffen sollten[70] (vgl. Seesslen 1998, S. 213), produzierte Disney unter dem Titel „*Silly Symphonies*" Kurzfilme, in denen er neue Techniken und Erzählweisen ausprobierte[71] (vgl. Heidtmann 1998, S. 24). Sein Bestreben die Qualität der Trickfilmproduktionen zu verbessern schien einer gewissen Besessenheit gleichzukommen (vgl. Brad 2001a), war jedoch wie sich später herausstellen sollte, ökonomisch richtig.

Anfang der 30er Jahre wurde das Technicolor-Farbverfahren entwickelt, und Disney, das darin schlummernde Potential erkennend, sicherte sich die

---

[70] Donald Duck war tollpatschig und oszillierte ständig zwischen Selbstüberschätzung und Chaos (was ihn wahrscheinlich besonders liebenswert machte), während bei Mickey nie Selbstzweifel oder Utopien aufkamen (vgl. Seesslen 1998, S. 214). Somit fiel die Identifikation mit Donald viel leichter, da jeder seine eigenen Schwächen und Fehler in ihm wiedererkennen konnte. Die perfekte, fehlerlose Mickey Maus erschien dagegen eher unwirklich.

[71] Die Gewinne aus den Zeichentrickkurzfilmen wurden zu diesem Zweck verwendet (vgl. Heidtmann 1998, S. 25).

Rechte für zwei Jahre (vgl. Bryman 1995, S. 8). Nach der Premiere des ersten Farbfilms, ein Silly Symphonies Werk mit der Bezeichnung „Flowers and Trees", wurde dem Studio 1932 der erste „Academic award" verliehen (vgl. Dirks 2000), und es ging eine „ganze Lawine" von Aufträgen über dem Studio nieder (vgl. Eliot 1993, S. 86). Doch trotz zahlreicher Aufträge bewegte die Firma sich immer am Rande des Konkurses, da die Herstellungskosten die Einnahmen überstiegen. Mit der Vermarktung seiner bereits berühmten Zeichentrickfiguren[72] warf Disney aber dann den rettenden Anker aus (vgl. Eliot 1993, S. 90ff), und bewahrte das Studio (wieder einmal) vor dem sicheren Bankrott.

3.2.2 Der erste abendfüllende Zeichentrickfilm

Etwa um 1934 setzte sich Walt Disney ernsthaft mit der Idee auseinander, einen abendfüllenden Cartoon zu produzieren (vgl. Bryman 1995, S. 8f). Obwohl er in Gedanken schon lange an diesem Projekt arbeitete (vgl. Heidtmann 1998, S. 25), befand er erst jetzt, dass die Zeit reif und die Technik ausgefeilt genug für dessen Realisierung waren, wobei die Tatsache, dass das Kinopublikum langsam das Interesse an Kurz-Cartoons verlor (vgl. Eliot 1993, S. 109), mit Sicherheit auch ihren Einfluss auf Disneys Entscheidung hatte.

Abb. 7: Filmplakat zu „Snow White and the seven Dwarfs" (1937)

Da Walt als Kind selbst nachhaltig von Märchen beeindruckt worden war (vgl. Heidtmann 1998, S. 25), wählte er die volkstümliche Geschichte von „Snow White and the seven Dwarfs" für seinen ersten langen Trickfilm, welcher alles enthielt, was Disneys spätere Werke unverwechselbar zu zeitlosen Klassikern für die ganze Familie (vgl. „Videoplay" 1997)[73], und speziell für Kinder (vgl. Buckingham 1997, S. 285), machen sollten: ansprechende, attraktive Hauptpersonen (Schneewittchen und den Prinzen), eine böse Gegenspielerin von wahrhaft klassischer

---

[72] Im Fachjargon bezeichnet man es als „Merchandising".
[73] N.N. (1997): Walter Elias Disney und die Disney Company". In: Videoplay, 1997, Ausgabe 3/4, S. 42ff. Oder: http://archiv.andyk.com/d/disney/info.html

Dimension, die Zwerge als Sympathieträger, die für komische Einlagen sorgten, musicalähnliche Liedeinlagen[74] und natürlich ein Happy-End (vgl. Heidtmann 1998, S. 25 / Thomas 1986, S. 126 / Thomas 1991, S. 65). Nachdem eine Reihe neuer Zeichner angestellt und geschult worden war (vgl. Thomas 1991, S. 66), näherte sich der Film nach fast vier Jahren Produktionsarbeit, die 1,5 Millionen Dollar verschlang (vgl. Dirks 2000), der Fertigstellung. Das Ergebnis wurde den Kinogehern bei der Premiere am 21. Dezember 1937 präsentiert (vgl. Bryman 1995, S. 9), und sowohl Zuseher als auch Kritiker waren hellauf begeistert[75] (vgl. Höhl 1998). Kommerziell zählte der Film auch zu den erfolgreichsten seiner Zeit: Er spielte über acht Millionen Dollar ein[76] (vgl. „A mouse started Disney´s kingdom" 1999)[77], wurde im Ausland genauso begeistert aufgenommen wie in Amerika (vgl. Eliot 1993, S. 131) und mehr noch als seine Kurzfilme festigten die von nun an produzierten Zeichentrick-Spielfilme Disneys Ruf als Qualitätsgarant (vgl. Fuchs 1998, S. 221).

Durch den Erfolg von „Snow White and the seven Dwarfs" bestätigt, beschloss Walt die Produktion von abendfüllenden Filmen zur Hauptaufgabe der Disney Studios zu machen (vgl. Bryman 1995, S. 9), und die Klassiker wie „Pinnocchio" (1940), „Fantasia" (1940), „Dumbo" (1941) und „Bambi" (1942) übertrafen einander, was die technische, aber auch handwerkliche Seite der Animation betraf, kontinuierlich (vgl. Dirks 2000). Die Firma erreicht zu dieser Zeit ihren künstlerischen Höhepunkt (vgl. Heidtmann 1998, S. 25).

Durch den Bau eines neuen Studios in Burbank[78] (vgl. „Studio History" 2001)[79], das mit den Einnahmen von „Snow White and the seven Dwarfs" finanziert wurde (vgl. Bryman 1995, S. 9), einem Streik der Arbeitnehmer

---

[74] von denen viele Hits und Evergreens wurden

[75] Ein Kritiker vom *Variety* schrieb beispielsweise: *„Die Illusion ist so perfekt, die Liebesromanze so zärtlich und die Fantasie so emotionell, wenn das Handeln der Figuren eine Tiefe erreicht, die der Innigkeit menschlicher Darsteller gleichkommt. Der Film hat wirklich Größe."* (Höhl 1998)

[76] Und dies zu einer Zeit, da die durchschnittliche Kinokarte 25 Cent kostete (vgl. Eliot 1993, S. 131).

[77] N.N. (1999): A mouse started Disney´s kingdom. In: http://www.abilene2000.com/icons/1013.html

[78] Disneys Belegschaft war bereits zu mehr als 1000 Zeichnern, Technikern, Geschichtsausarbeitern etc. herangewachsen (vgl. Brad 2001a).

[79] N.N. (2001): Studio History. In: http://disney.go.com/studiooperations/Welcome/history.html

im Jahre 1941, den Wirren des Zweiten Weltkriegs und dadurch der Verlust des europäischen Marktes (vgl. Thomas 1991, S. 83), kamen auf die Disneys erneut Probleme zu. Die Krise begann mit dem Reinfall von „Fantasia". Künstlerisch der ausdrucksstärkste von Disneys Trickfilmen, da sehr expressionistisch (vgl. Eliot 1993, S. 162), konnte das Publikum nicht viel mit ihm anfangen, und die Firma musste Verluste verbuchen (vgl. Thomas 1991, S. 87). Der danach folgende Streik der Belegschaft trug natürlich auch nichts zur Verbesserung der Situation bei, und der Krieg, so schien es, gab dem Studio noch den Rest. Doch der Krieg, der Disney an den Rand des Bankrotts gebracht hatte, rettete schließlich sein Studio (vgl. Seesslen 1998, S. 217), indem es durch unzählige Filmaufträge der Regierung wieder stabilisiert wurde[80] (vgl. Bryman 1995, S. 10). Die Disney-Produkte wurden während des Krieges zum Inbegriff des guten Amerikanismus, zur Verkörperung alles Sauberen, Gesunden und Unschuldigen (vgl. Seesslen 1998, S. 217).

Nach Kriegsende begann Disney auch Realspielfilme zu produzieren[81], und ab den 50er Jahren sollte sich das Quantitätsverhältnis zwischen dem noch dominierenden Zeichentrick- und dem Schauspielfilm kontinuierlich verschieben (vgl. Bryman 1995, S. 11). Seine Cartoons erreichten, abgesehen vom Klassiker „Cinderella" (1950), der ästhetisch und ökonomisch ein voller Erfolg war[82] (vgl. Thomas 1991, S. 100), einfach nicht mehr die Qualität von früher, und selbst Walt musste einsehen, dass die Konkurrenz, vor allem im inhaltlichen Bereichen, dem ehemaligen Marktführer überlegen war, da sie nicht wie Disney dem „fundamentalistischen Vorkriegsidiom" verhaftet blieben (vgl. vgl. Eliot 1993, S. 235). Werke wie „Peter Pan" (1953) oder „The Lady and the Tramp" (1955) konnten die Massen einfach nicht mehr auf die Art und Weise begeistern (vgl. Heinemann 2000) wie dies bei Disneys frühen Filmen der Fall war.

---

[80] von der Produktion von Abzeichen für die verschiedenen Verbände der Streitkräfte, über Instruktionsfilme für die Soldaten bis hin zu Propagandafilmen (vgl. Brad 2001a)
[81] Disneys erster Realfilm, „Treasure Island" (Die Schatzinsel), kam 1950 in die Kinos (vgl. Fuchs 1998, S. 223).
[82] und (laut Walt) viele Parallelen zu „Snow White and the seven Dwarfs" aufwies (vgl. Eliot 1993, S. 245)

Außerdem hatten die konkurrierenden Studios in technischen Belangen ebenfalls aufgeholt[83] (vgl. Furniss 2001a).

Mit einer Sendung für Jugendliche unter dem Titel „*The Mickey Mouse Club*" schickte Walt Disney sich in den 50er Jahren an, das neue Medium Fernsehen, als einer der ersten Filmproduzenten, für sich nutzbar zu machen (vgl. Fuchs 1998, S. 222). Doch wirklich Furore[84] machte er erst 1955 mit der Verwirklichung seines Vergnügungsparks in Anaheim (Kalifornien) – dem Disneyland Park (vgl. Heinemann 2000), für den er in extra dafür produzierten Fernsehshows[85] ordentlich Werbung machte (vgl. Eliot 1993, S. 261). In ihm trafen die Besucher auf alle Trickfilmhelden der Disney-Filme (vgl. Bryman 1995, S. 11), aber auch auf eine Miniaturausgabe des Ideals von einer perfekten amerikanischen Gesellschaft: eine saubere, ordentliche, gewaltfreie, familienfreundliche, politisch unabhängige Umwelt voller Optimismus und Nostalgie (vgl. Johnson 1999, S. 157).

Da der Ansturm an Besuchern kaum bewältigbar war, suchte Walt ein geeignetes Gelände für einen weiteren Park, und fand es 1964 in Orlando, Florida (vgl. Fuchs 1998, S. 222), wo sieben Jahre später, im Oktober 1971, das um einiges größere „*Walt Disney World*" eröffnet wurde – ein komplettes Feriengebiet mit mehreren, auf verschiedenen Themen basierenden, Vergnügungsparks, als auch Hotels, Camping- und Golfplätze (vgl. Heinemann 2000) und einen „Industrial Park" (EPCOT[86]), der eine völlig in sich abgeschlossene, utopische Zukunftsstadt verkörperte (vgl. Brad 2001b), in der vom Wetter bis hin zur optimalen Unterbringung des Personals alles und jeder auf Freude und Produktivität abgestimmt sein sollte (vgl. Eliot 1993, S. 304).

Mit dem Erfolg des Disneyland Parks ging es auch auf dem Trickfilmsektor wieder bergauf, da Walt beschloss wieder mehr in diese Richtung zu

---

[83] So wurde beispielsweise von ehemaligen Disney-Mitarbeitern, die das Studio in Folge des Streiks von 1941 verlassen hatten, ein neues Animationsverfahren entwickelt, das große Anerkennung und vor allem im Fernsehbereich verbreitet Verwendung fand, und unter der Bezeichnung „*limited animation*" bekannt ist (vgl. Furniss 2001a).

[84] und Millionengewinne

[85] Der Erfolg der "Disneyland"-Show veränderte das Gesicht des Fernsehens und der Filmindustrie gleichermaßen, indem nun die großen Studios begannen, nach Disneys Vorbild, Fernsehserien zu produzieren (vgl. Eliot 1993, S. 261f).

[86] „Experimental Prototype Community of Tomorrow"

arbeiten. Brachte die Verfilmung des Klassikers „*Sleeping Beauty*" (1959) noch kommerzielle Verluste (vgl. Eliot 1993, S. 288), orientierte sich das Studio später wieder an den alten Werten, schrieb mit „*101 Dalmatiner*" (1961) bereits schwarze Zahlen und landete mit „*The Jungle Book*" (1967) einen absoluten Kassenschlager (vgl. Thomas 1991, S. 106f). Dies konnte Walt jedoch leider nicht mehr miterleben, da er am 15. Dezember 1966 (vgl. Brad 2001b) an Lungenkrebs (vgl. Eliot 1993, S. 305) starb.

3.2.3 Disney ohne Walt

Der Tod eines Firmengründers leitet immer eine Zeit der Ungewissheit und Besorgnis für die Hinterbliebenen ein (vgl. Schein 1985), und das Ableben Walt Disneys hinterließ in „seinem" Studio eine beinahe nicht zu füllende Lücke. Er war der Visionär (vgl. Bryman 1995, S. 15), der dem Publikum mit seinen Werken Wärme, Gelächter und allgemein Unterhaltung bringen wollte (vgl. Snyder et al. 1994, S. 217), egal welche Risiken er mit neuen innovativen Techniken eingehen musste (vgl. Thomas/Johnson 1981, S. 25). Disneys Talent zur Selbstvermarktung hatte auch ausschlaggebend dazu beigetragen seine Filme zu verkaufen, sein Studio bekannt und ihn weltweit berühmt zu machen (vgl. Maltin 1987). Walt hatte einfach die sogenannte „Nase", die in dieser Branche notwendig war[87], um Erfolg zu haben.

Walt Disneys Tod führte in seinem Studio zu einer schwerwiegenden Führungskrise (vgl. Eliot 1993, S. 311). Bei allem, was getan wurde, stellte man sich die Frage wie Walt das wohl gemacht hätte (vgl. Fuchs 1998, S. 224), was im krassen Gegensatz zu Walts Auffassung stand, da jegliche Risikobereitschaft fehlte.

Doch das Imperium brach nicht wie einige befürchtet hatten zusammen. Die fortgeführte, auf Familienpublikum zielende, Firmenpolitik (vgl. Heidtmann 1998, S. 25) erzielte mit „*Aristocats*" (1970) und „*Robin Hood*" (1973) beachtliche Erfolge[88] (vgl. „Videoplay" 1997)[89]. Aber das

---

[87] wobei Disney, wirtschaftlich und gesellschaftspolitisch betrachtet, immer den richtigen Zeitpunkt traf, um der Öffentlichkeit seine neuen Techniken und Animationsarten vorzuführen

[88] Beliefen sich die Profite im Jahr 1966 noch auf 12,4 Millionen Dollar, waren sie 1971 bereits auf 26,7 Millionen Dollar angestiegen (vgl. Bryman 1995, S. 36).

Denkmal begann langsam zu bröckeln. Obwohl kein wirklicher Bruch feststellbar ist, schwand mit jedem weiteren Film die Qualität[90]. Bezeichnend ist auch, dass die Haupteinnahmen der Disney Studios nicht etwa aus dem Filmsektor, sondern aus Merchandising und den Vergnügungsparks stammten (vgl. Bryman 1995, S. 37). Aus diesem Grund schwand auch im Laufe der 70er Jahre das Interesse der Firmenleitung am Vertrieb von Zeichentrickfilmen.

Die Wende kam im Jahr 1984 mit dem Wechsel in der Führungsetage. Wesentlicher Teil der Neuorientierung war es, die Filmproduktion in verschiedene Kategorien aufzuteilen. So wurden Tochtergesellschaften mit eigenen Markennamen gegründet: Touchstone Pictures, Hollywood Pictures, Miramax und Walt Disney Pictures sind nur einige davon (vgl. Fuchs 1998, S. 224). Außerdem besann man sich wieder auf die Werte und Grundsätze der alten, erfolgreichen Klassiker[91] (vgl. „Videoplay" 1997)[92], setzte im Zeichentricksektor den Schwerpunkt wie früher auf Märchenhaft-Idyllisches, versuchte damit die ganze Familie zu erreichen und hatte Erfolg (vgl. Heidtmann 1998, S. 25).

Die Idee, die Trickfilme über den Videovertrieb den Zusehern jederzeit zugänglich zu machen, wurde unter der neuen Leitung auch endlich realisiert (vgl. Bryman 1995, S. 45), und um den heranwachsenden Kindergenerationen die alten Zeichentrickklassiker nicht vorzuenthalten, ging man daran diese alle sieben Jahre neu in die Kinos zu bringen (vgl. „Videoplay" 1997)[93]. Die Disney Studios erschlossen Mitte der 80er Jahre[94] auch endgültig das Feld der Fernseh-Trickfilmproduktion (vgl. Crandol 1999), und führten diesen Programmbereich mit Serien wie *„Duck Tales"* (1986) oder *„The Adventures of the Gummi Bears"* (1985) (vgl. Bryman 1995, S. 45) qualitativ zu neuen Ufern.

---

[89] N.N. (1997): Walter Elias Disney und die Disney Company. In: Videoplay, 1997, Ausgabe 3/4, S. 42ff. Oder: http://archiv.andyk.com/d/disney/info.html
[90] obwohl die Trickfilme (z.B. *„The Rescuers"* (1976) oder *„The Fox and the Hound"* (1981) nahezu alle kommerziell erfolgreich waren
[91] vor allem im Zeichentrickbereich
[92] N.N. (1997): Walter Elias Disney und die Disney Company. In: Videoplay, 1997, Ausgabe 3/4, S. 42ff. Oder: http://archiv.andyk.com/d/disney/info.html
[93] N.N. (1997): Walter Elias Disney und die Disney Company. In: Videoplay, 1997, Ausgabe 3/4, S. 42ff. Oder: http://archiv.andyk.com/d/disney/info.html
[94] etwa zeitgleich mit Warner Brothers

Die langjährige Krise bei Disney kann schließlich spätestens mit den Erfolgen von „*The Little Mermaid*" (1989) und „*Beauty and the Beast*" (1991)[95] als beendet betrachtet werden (vgl. Dirks 2000). Zu dieser Zeit etablierte sich auch der Computer als Standardwerkzeug in Sachen Zeichentrickproduktion, was vor allem in „*Beauty and the Beast*" ersichtlich wird. Neben der Tatsache, dass noch nie ein Film so räumlich wirkte, konnte das Märchen von der Schönen und dem Biest überdies noch mit „aufsehenerregender Detailverliebtheit, gelungener Symbiose von Bild und Ton und perfekter Charakteranimation" (Höhl 1998) aufwarten.

Bereits ein Jahr nach dem überwältigenden Erfolg von „*Beauty and the Beast*" stellte der Streifen „*Aladdin*" einen neuen Besucherrekord auf, der wiederum vom bis heute größten Disney-Triumph aus dem Jahre 1994 entthront wurde: „*The Lion King*" (vgl. „Videoplay" 1997)[96].

Die Disney Studios haben sich dem heutigen Zeitgeist angepasst. Man setzt nicht einzig und allein auf erfolgsbewährte und mit Sicherheit gewinnbringende Produktionsschemata. Mediale Trends und Innovationen werden nicht außer Acht gelassen, sondern auf ihre Brauchbarkeit geprüft und verwendet – ganz im Sinne von Walt Disney.

So haben sich die Disney Studios seit dem Tod ihres Gründers in einen zeitgenössischen Multimediakonzern (vgl. Buckingham 1997, S. 285), in eine globale Medienmacht verwandelt, die überall mitmischt (vgl. Fuchs 1998, S. 225). Ob Kurz- oder Spielfilme, ob Cartoons oder Realproduktionen, ob Vergnügungsparks, Spielwaren, Videospiele oder Clubs, Disney umfasst heute nahezu jeden Bereich der Unterhaltungsindustrie (vgl. Bauer A. 2001), was dem Studio einen hohen Grad an Medienpräsenz einbringt. Aus diesem Grund ist es für den Konsumenten beinahe unmöglich sich dem „disneyischen" Medienangebot zu entziehen (vgl. „The Tragic Kingdom's Fall From Grace" 1997)[97] Hier bleibt dann die Frage nach dem Beeinflussungsgrad, der sogenannten

---

[95] „*Beauty and the Beast*" war der erste abendfüllende animierte Film, der von der Motion Picture Academy je auf die Liste der besten Filme des Jahres gesetzt worden war, da „*Snow White and the seven Dwarfs*" 1937 lediglich außer Konkurrenz einen Spezial-Oscar erhielt (vgl. Eliot 1993, S. 321).
[96] N.N. (1997): Walter Elias Disney und die Disney Company. In: Videoplay, 1997, Ausgabe 3/4, S. 42ff. Oder: http://archiv.andyk.com/d/disney/info.html
[97] N.N. (1997): The Tragic Kingdom's Fall From Grace.
In: http://www.cwfa.org/library/family/1997-10-15_pp_disney.shtml

"Disneyfizierung", offen, und welche Verantwortung das Medienimperium dadurch gegenüber der Gesellschaft hat.

3.2.4 Das „Disney-Schema"

Alle Disney-Zeichentrickfilme sowie -serien weisen ein gemeinsames inhaltliches wie auch stilistisches Konzept auf, das bis heute noch in seinen Grundzügen besteht (vgl. Bauer A. 2001). Vielleicht ist es das, hauptsächlich von Walt Disney selbst entwickelte Schema, das die Faszination und den Erfolg dieser Filme ausmacht. Was aber genau ist nun die Grundstruktur bei Disney?

Die Filme basieren hauptsächlich auf bekannten Geschichten[98] (vgl. Bauer A. 2001), die familiengerecht verändert werden können (vgl. „Videoplay" 1997)[99], und werden somit zeitlos, da die ihnen zugrunde liegenden Stoffe zeitlos sind (vgl. Heidtmann 1998, S. 27). Im Disney-Universum gibt es ein klares Schwarz-Weiß-Denken, sprich: Das Gute auf der einen, kämpft gegen das Böse auf der anderen Seite und gewinnt stets. Zu Beginn steht immer ein Problem, das durch das Vertrauen der Helden in sich selbst und ihrem positiven Blick in die Zukunft letztendlich immer bewältigt wird, egal wie übermächtig der Gegner scheint (vgl. Rafaelli 1998, S. 5). Indem eine eindimensionale, idealisierte Welt beschrieben wird, lässt Disney die elementaren Probleme der Realität völlig außer Acht und vereinfacht oder verniedlicht sie (vgl. Heidtmann 1998, S. 28). Die „Guten" haben nie wirklich ernsthafte Probleme, müssen daher nie ihr Leben, ihre Umwelt oder ihr Schicksal tiefer hinterfragen (vgl. Rafaelli 1998, S. 5). Alles erscheint transparent, und die Handlungen der Zeichentrickfiguren folgen klaren Wert- und Moralvorstellungen. Das Studio bewegt sich so häufig an den Grenzbereichen zum Kitsch.

Eine weitere Faustregel bei Disney besagt, dass Helden oder Heldinnen zwar immer den Sieg davontragen, jedoch im Gegensatz zum klassischen Bösewicht eher farblos dargestellt werden (vgl. „Videoplay" 1997)[100]. Die Charakterzüge sind zwar bei allen Figuren gut heraus gearbeitet (vgl. Bauer

---

[98] meist weltberühmten Märchen
[99] N.N. (1997): Walter Elias Disney und die Disney Company. In: Videoplay, 1997, Ausgabe 3/4, S. 42ff. Oder: http://archiv.andyk.com/d/disney/info.html
[100] N.N. (1997): Walter Elias Disney und die Disney Company. In: Videoplay, 1997, Ausgabe 3/4, S. 42ff. Oder: http://archiv.andyk.com/d/disney/info.html

A. 2001), aber der Schurke ist der Star, und am besten fuhr Disney, wenn neben der eigentlichen Handlung den Helden komische Figuren an die Seite gestellt wurden[101] (vgl. Barrier 1988, S. 34). Sie lockern die Handlungen auf und sind die Sympathieträger.

Komik ist überhaupt ein Faktor, der bei Disney-Zeichentricks sehr groß geschrieben wird. Das Märchenhafte wird oft durch parodistische Übertreibungen, durch Situationskomik, durch ironische Überzeichnungen, Satire, Groteske oder schwarzem Humor in Frage gestellt, was der Erzählung das Kitschige nimmt, und die Filme auch für erwachsene Zuschauer rezipierbar macht (vgl. Heidtmann 1998, S. 28). Auf der anderen Seite sind tragische oder dramatische Momente durch den Einsatz von Komik und Humor für die jüngeren Zuseher leichter zu verarbeiten. So ist die Verbindung von Witz und lehrreicher Erzählung vielleicht mit ein Grund, wieso Disneyfilme Kinder wie auch Erwachsene in gleichem Maße begeistern können.

Neben der Komik nimmt ein zweites Gestaltungselement einen entscheidenden Platz in Disney-Zeichentricks ein: die Musik. Sie geht „über den Rahmen konventioneller, das visuelle Erlebnis lediglich unterstützender Filmmusik hinaus, [und] hat stark dramatisierende und interpretierende Funktion" (Hellriegel 1990, S. 65). Viele der Songs markieren einen Wende- oder Höhepunkt in der Geschichte, drücken Emotionen und Spannungen aus oder erzählen dem Publikum etwas über einzelne Charaktere (vgl. George 2001). Aus diesem Grund engagiert Disney für die Soundtracks ihrer Zeichentrickfilme ausschließlich Spezialisten (vgl. Bauer A. 2001), und legt größten Wert auf sorgfältige Übersetzungen in die jeweiligen Weltsprachen (vgl. „Videoplay" 1997)[102].

Voraussetzung für den anhaltenden Erfolg und die zeitlose Qualität der Disney-Zeichentrickfilme ist aber nicht zuletzt der technische und handwerkliche Aufwand der Produktionen (vgl. Heidtmann 1998, S. 29f), der das Studio bereits seit Jahrzehnten auszeichnet, und kombiniert mit den soeben beschriebenen inhaltlich und stilistisch stereotypen Elementen,

---

[101] Beispiele hierfür wären: die sieben Zwerge („*Snow White and the Seven Dwarfs*"), der Hase Klopfer („*Bambi*"), oder bei neueren Disneyproduktionen der kleine Drache Mushu („*Mulan*")

[102] N.N. (1997): Walter Elias Disney und die Disney Company. In: Videoplay, 1997, Ausgabe 3/4, S. 42ff. Oder: http://archiv.andyk.com/d/disney/info.html

werden dem Zuseher leicht verdauliche, kaum gesellschaftspolitisch relevante, aber mit Sicherheit unterhaltsame Filmerlebnisse geboten.

Durch die Idealisierung seiner Welt[103], ob nun in den Filmen oder den Vergnügungsparks, gilt Disney als Aushängeschild für Ethik und Moral (vgl. Hoisington 1996), als Vermittler des „Amerikanischen Traums" (vgl. Boje 1995, S. 10) Beeinflusst vom Zeitgeist der 90er, entfernte sich das Studio jedoch in den letzten Jahren etwas von seiner typischen Rolle als Vermittler amerikanischer Wertvorstellungen und Ideale (vgl. Bauer A. 2001), und wagte sich inhaltlich und stilistisch an bis dato undenkbare Tabus. Wäre es beispielsweise noch vor zehn Jahren undenkbar gewesen, den weiblichen Heldinnen eine eindeutig erotische Ausstrahlung zu geben, kann man nicht abstreiten, dass bei der Indianerin Pocahontas im gleichnamigen Film (1995) oder dem Zigeunermädchen Esmeralda in *„Der Glöckner von Notre Dame"* (1996) mit weiblichen Reizen nicht gespart worden war (vgl. Gafron 1998).

Auch inhaltlich versuchte man unkonventioneller zu werden[104], griff vermehrt soziale Themen in Film wie auch in Fernsehserien auf und sprach somit automatisch auch ein älteres Publikum an (vgl. Derks 2001).

Viele Kritiker sind nun der Meinung, dass Kinder nicht imstande sind, moderneren Disney-Produktionen inhaltlich zu folgen, da Topics wie Identitätssuche, Gewalt, Tod eines Familienmitglieds, Diskriminierung, Homosexualität, etc. ihnen entweder emotional gesehen zu viel werden (vgl. Hinson 1994) oder sie den Aussagekern, die Moral der Geschichte, nicht verstehen, da die Realität der Disneywelten nichts mit dem wirklichen Leben gemein hat (vgl. Neufeld 1996). Doch mit der „Mediatisierung" unserer Gesellschaft hat sich auch in Punkto Kinderprogramm und -erziehung einiges verändert. Die Aufklärung der Jugend und damit einhergehend deren Erwachsenwerden, erfolgt in der heutigen Zeit wesentlich früher als etwa noch vor vierzig Jahren. Dass die Disney Studios wie auch alle anderen Medienunternehmen dieser Entwicklung

---

[103] die Familie als höchstes Gut, politischer Konservatismus und das besinnen auf sogenannte „Mittelklasse-Tugenden" (vgl. Hoisington 1996)

[104] Im neusten Disneyfilm *„The Emperor's New Groove"* (2001) legen die Heldenfiguren jede Sentimentalität ab und mit Tempo, Rhythmus, Lifestyle und Laune (vgl. Kothenschulte 2001) hat die Geschichte von überraschenden Wendungen, über die Selbstfindung des Antihelden bis hin zum unausweichlichen Happy-End alles zu bieten, was einen wirklichen Disney ausmacht.

nicht entgegenwirken, ist verständlich. Es ist sogar wahrscheinlicher, dass die Medien einen nicht unerheblichen Teil zu dieser Veränderung beigetragen haben.

Sicher ist auf jeden Fall, dass Kinder in Zeichentricks viel mehr nur die unterhaltsame Komponente sehen (vgl. Kunczik 1983, S. 341), als darin enthaltene, sexistische, gewaltverherrlichende oder andere, für Kinder und Jugendliche ungeeignete, Botschaften. Erwachsene unterschätzen einerseits oft ihre Schützlinge, und interpretieren andererseits zu viel in eigentlich harmlose Zeichentrickgeschichten hinein. Somit ist Disney, trotz dem Bestreiten neuer stilistischer und inhaltlicher Wege (vgl. Kothenschulte 2001), auch heute noch ein Garant für harmlose und vergnügliche Kinder- bzw. Familienunterhaltung.

3.3 Die Fleischer Studios

Walt Disney war um 1923, also etwa sechs Jahre nach der Etablierung des Genres, in die Trickfilmbranche eingestiegen[105]. So hatten sich bereits andere Unternehmen ihren Platz im hart umkämpften Markt gesichert und buhlten, sich gegenseitig übertrumpfen wollend, um die Gunst der Zuseher. Dazu zählten unter anderem Toyland Films, American Motion Picture Co, Rialto Productions (vgl. Simmon 2001) und die Fleischer Studios.

Eine der wenigen, wenn nicht sogar die einzigen Studios, die den Walt Disney-Productions in weiten Abschnitten der 20er und 30er, sowohl in kommerzieller als auch in künstlerischer Hinsicht, Paroli bieten konnten, waren die Fleischer Studios (vgl. Langer 2001, S. 4). Die Brüder Max und Dave Fleischer begannen etwa um 1913, vom Erfolg ihres ehemaligen Arbeitskollegen John Randolf Bray[106] inspiriert, eine mechanische Methode zur Erleichterung der Zeichentrickproduktion zu entwickeln – das sogenannte „Rotoscoping"[107] (vgl. Langer 1993). Zu Beginn noch Mitarbeiter in den Bray Studios, gründeten die Brüder nach dem ersten

---

[105] Walt Disney selbst glaubte zu Beginn nicht, dass er den Vorsprung, den die anderen Studios in künstlerischen und handwerklichen Belangen hatten, aufholen konnte (vgl. Thomas 1991, S. 35).
[106] Max Fleischer und John Bray lernten sich beim *Brooklyn Daily Eagle* kennen, für welchen Bray als Illustrator arbeitete (Langer 2001, S. 4).
[107] siehe Kapitel 2.5.2.

Weltkrieg, und den ersten Erfolgen ihrer „Out of the Inkwell"-Serie[108] ihre eigene Firma – die Out of the Inkwell Films Inc. (vgl. Furniss 2001b) – und entwickelten sich von einem bescheidenen Unternehmen zu einem der damals renomiertesten Trickfilmstudios Amerikas (vgl. Carbaga 1976, S. 11).

Abb. 8: Fleischers "Betty Boop"

Als Walt Disney mit Mickey Maus die Hierarchie der Trickfilmstars revolutionierte, und mit dem Tonfilm nun die Möglichkeit gegeben war, komplexere Charaktere zu präsentieren, gingen die Fleischers daran einen Ersatz für Ko-Ko zu suchen. Diesen fanden sie in Gestalt eines halb-hündischen, halb-weiblichen Charakters – Betty Boop war geboren (vgl. Canemaker 1975, S. 58f). Mit der wachsenden Popularität verlor Betty nach und nach auch ihre hündischen Merkmale[109] (vgl. „A Tribute to Betty Boop" 2001)[110]. Doch abgesehen davon, dass sie der erste weibliche Trickfilmstar war, brach Betty Boop auch noch mit einer weiteren Tradition: Sie verkörperte die erste Animationsfigur, die sich unverblümt mit dem Thema Sex auseinander setzte (vgl. Deneroff 2000).

Neben Betty Boop erwarben die Fleischers die Filmrechte für Elzie Segars populäre Comiccharaktere Popeye und Olive Oyl, welche sich sofort mit ihrem ersten Trickfilm „Popeye The Sailor" (1933) erfolgreich verkauften (vgl. Langer 2001, S. 8), und in den USA sogar die Popularität von Mickey Maus in den Schatten stellten (vgl. Deneroff 2000).

Die Fleischer Studio Inc. wurde zum Vorreiter eines Stils, der als der „New York"-Stil bekannt wurde (vgl. Deneroff 2000). Er galt als Gegenstück zum „Westküsten"-Stil der Walt Disney Productions, der für zusammenhängende, realistische Geschichten und Charaktere in Kleinstadtmilieus oder ländlichen Umgebungen stand (vgl. Langer 2001, S. 7). Der „New York"-Stil betonte hingegen den Trickfilmcharakter der Filme, in denen die Künstlichkeit der Figuren und ihre gezeichnete Natur

---

[108] Hauptdarsteller der Geschichten ist „Ko-Ko, the Clown", der entkommt und in einem Spielfilmstudio Verwüstungen anrichtet (vgl. Langer 2001, S. 6).
[109] z.B. verwandelten sich ihre Hundeohren in Ohrringe
[110] N.N. (2001): A Tribute to Betty Boop. In: www.geocities.com/hollywood/6773/

durch Gestaltung, Bewegung und Dialoge akzentuiert wurden (vgl. Baker 1979, S. 35).

Animation im „New York"-Stil bekannte sich oftmals zum Trickfilm als eine künstliche Hervorbringung, als gefertigtes Objekt (vgl. Langer 2001, S. 8). In den frühen Ko-Ko-Filmen war beispielsweise die Herstellung des Charakters ein integraler Bestandteil des filmischen Diskurses, da Ko-Ko als Charakter erschien, der auf einem Zeichenpapier entstand und mit der Welt außerhalb der Zeichnung interagierte (vgl. Canemaker 1975, S. 58f). Themen wie Tod, Gewalt und Verstümmelung waren in Fleischer-Filmen an der Tagesordnung (vgl. Langer 2001, S. 8), und während die Westküstenstudios, allen voran die Walt Disney Productions, in ihren Filmen Moralpredigten sangen, oder die Lektion von der Tugend harter Arbeit predigten[111], konnte solche Sittenhaftigkeit von Fleischer-Filmen kaum erwartet werden. Viele New Yorker-Filme, besonders die der Fleischers, drückten Formen verbotenen Benehmens (z.B. Homosexualität) oder Gewalt[112] aus (vgl. Langer 2001, S. 8), tendierten also dazu, erwachsene Charaktere mit den Anliegen erwachsener Menschen zu verarbeiten.

Mitte der 30er Jahre waren die einzigen kommerziellen Rivalen der Fleischers die Walt Disney Productions. Teil des Wettbewerbs am Animationsmarkt waren, neben der Popularität der Trickfilmfiguren, die Anstrengungen, die die beiden Kontrahenten im technologischen Bereich unternahmen, um ihre Produkte gegeneinander abzugrenzen (vgl. Langer 1992, S. 343).

Bereits 1935 planten die Fleischers einen abendfüllenden Animationsfilm, für dessen Produktion jedoch die Zustimmung von ihrer Vertriebsfirma (Paramount) von Nöten gewesen wäre, die diese aber verweigerte (vgl. Langer 2001, S. 9). Dies änderte sich nach dem bahnbrechenden Erfolg von Walt Disneys „Snow White and the Seven Dwarfs" (1937), und Paramount willigte ein die Produktion von „Gulliver's Travels" (1939) zu unterstützen (vgl. Langer 2001, S. 10). Doch obwohl der Film beim Publikum sehr gut ankam[113], trieb er die Fleischers an den Rand des Ruins. Der Grund dafür

---

[111] Wie in „The Three Little Pigs" (1933)
[112] wie in den „Popeye"-Filmen
[113] In Lateinamerika schlug er sogar alle Rekorde an den Kinokassen (vgl. Langer 2001, S. 7).

war in den hohen Produktionskosten und dem Verlust des europäischen und asiatischen Marktes[114] zu suchen (vgl. Deneroff 2000).

Um aus den roten Zahlen zu kommen wurde ein neues Projekt in Angriff genommen. Basierend auf den gleichnamigen Comic-Büchern produzierten die Brüder eine Serie von „Superman"-Cartoons, welche erstmals auf Dramatik, anstatt auf die bis dato bevorzugte Komik bauten (vgl. Langer 2001, S. 10); und der Erfolg gab ihnen recht. Leider half dies Max und Dave Fleischer nicht weiter, da durch die hohen Produktionskosten die Profite nur sehr langsam ins Unternehmen zurückflossen (vgl. Langer 2001, S. 10), weshalb die Brüder ihre Firma aufgeben, und sie Paramount überschreiben mussten (vgl. Deneroff 2000).

Der Einfluss der Fleischers war in der gesamten Animationsindustrie spürbar. Nachdem viele ihr Handwerk bei den Fleischer Studios gelernt hatten, arbeiteten sie als Abgänger dieser Schule in zentralen Positionen bei praktisch allen großen amerikanischen Studios, und die Technologien, die im Studio der Fleischers entwickelt worden waren, fanden weitverbreitete Verwendung in der Industrie (vgl. Langer 2001, S. 10).

3.4 Warner Brothers und MGM

Mit dem Aufkommen des Fernsehgeräts als Massenartikel entstand Ende der 30er Jahre eine Vielzahl an neuen Trickfilmstudios (vgl. Furniss 2001a), und der sogenannte „Hollywood Cartoon" sollte bis in die 50er Jahre seine Blütezeit durchleben (vgl. Dirks 2000).

Die Konkurrenten der Disney Studios hatte in vielerlei Weise daran gearbeitet, um qualitativ sowie kommerziell nicht meilenweit hinter dem Marktführer herhinken zu müssen, und diese Bemühungen schienen nun endlich Früchte zu tragen, denn trotz des Untergangs der Fleischer Studios hatte Disney mit Ernst zu nehmender Konkurrenz zu kämpfen. Zusammen mit Disney konnten Warner Brothers und MGM (Metro-Goldwyn-Mayer) als die drei Filmstudios betrachtet werden, welche die Vormachtstellung in der Animationsindustrie innehaben sollten (vgl. Crandol 1999).

---

[114] durch den zweiten Weltkrieg

3.4.1 Warner Brothers

Unter der finanziellen Leitung von Leon Schlesinger und dem kreativen Schaffen seiner angestellten Zeichner, gelang es den Warner Brothers Studios bereits wenige Jahre nach ihrer Gründung, sich eine Vormachtstellung in der Trickfilmbranche zu erkämpfen. Der Erfolg wurde 1930, durch die Ausstrahlung des ersten „*Looney Tunes*"-Zeichentricks „*Sinkin' In The Bathtub*" (vgl. McCarthy 2000) eingeläutet, und sollte durch die Zusammenarbeit von Größen wie Frederick („Tex") Avery[115], Chuck Jones, Fritz Freleng und Bob Clampett (vgl. Crandol 1999) ab Mitte der 30er Jahre neue Dimensionen erreichen. Die beinahe unbegrenzte, künstlerische Freiheit, die den Animatoren von Schlesinger gewährt wurde (vgl. Troy 1998, Kap. 1), führte zur Entwicklung eines neuen Zeichenstils, den man vielleicht am besten mit „adisneyisch" bezeichnen könnte, und zur Schaffung vieler, heute weltberühmter, Zeichentrickfiguren. Dazu zählen unter anderem Porky Pig, Daffy Duck, Bugs Bunny, Elmer Fludd, Sylvester, Tweety, Marvin Martian und Pepe Le Pew (vgl. „Warner Bros. Animation" 2001)[116].

Abb. 9: Figuren aus der Serie „Looney Tunes"

Entgegen dem Trend vieler anderer Studios, die daran gingen den Disney-Stil zu imitieren (vgl. Crandol 1999), verarbeiteten Warner Brothers unzählige Slapstickelemente in ihren Cartoons, richteten sich, was Witz und Humor betraf, eher an ein älteres Publikum, setzten bei Schnitt und Handlungsverlauf auf Schnelligkeit (vgl. Troy 1998, Kap. 1) und grenzten sich dadurch inhaltlich wie auch zeichnerisch klar von Disney ab[117]. Einer

---

[115] Frederick ("Tex") Avery kam 1935 aus finanziellen und geltungsbedürftigen Gründen zu Warner Brothers (vgl. Worth 1998).
[116] N.N. (2001): A Brief History of Warner Bros. Animation.
In: http://www.animationusa.com/wbmore.html
[117] Was die Gesamtkonzeption der Trickserien betraf, wiesen die Abenteuer der Warner Brothers Figuren gewisse Gemeinsamkeiten mit den Fleischer Cartoons auf, wie etwa das Hervorheben des Cartoonesken oder die Verarbeitung „erwachsener" Themen.

der Hauptverantwortlichen für diese Gradwanderung war Tex Avery, der Erfinder von Bugs Bunny – ein Mann, der mit seinem einzigartigen Stil die Cartoons von Warner Brothers revolutioniert (vgl. Troy 1998, Kap. 2), und dessen Einfluss auf unzählige Zeichengrößen[118] und das Zeichentrickgenre selbst kaum überschätzt werden kann (vgl. Schneider 1995, S. 43). Versuchten Disneyfilme ihren Animationsursprung dem Zuschauer mit möglichst realitätsnahen Bildern und Bewegungen vergessen zu lassen, war es gerade das Spiel mit der „Unwirklichkeit" (vgl. Crandol 1999), das Avery in seinen Cartoons immer wieder verarbeitete[119]. Im Cartoonuniversum gibt es nichts, was es nicht gäbe – für Cartoonfiguren gibt es keine Regeln; sie dürfen alles tun[120] (vgl. Troy 1998, Kap. 1). Dies war mitunter ein Grund, warum die im Vergleich zu Disney eher primitive Machart der Film nicht so sehr ins Gewicht fiel. Es gab andere Hauptaugenmerke.

Doch selbst die Warner Brothers Cartoons folgten einer gewissen Schiene; es gab Regeln. So entstanden die einzelnen Kurzfilme rund um einen neu erfundenen oder bereits existierenden Charakter (vgl. Troy 1998, Kap. 2), der im Laufe der Jahre weiterentwickelt wurde[121] (vgl. Crandol 1999). Die Interaktion zwischen den Zeichentrickfiguren stand im Mittelpunkt. Sich ständig wiederholende Verhaltensmuster der Helden wurden in etwas abgeänderter Form wieder neu präsentiert (vgl. Troy 1998, Kap. 2). So kennt das Publikum die Stärken und Schwächen der Agierenden, kann Handlungsverläufe voraussehen und über erwartete Slapstickeinlagen lachen.

Anders wie bei Disney verzichten die Warner Brothers Cartoonfiguren auch darauf, in das Gut-Böse-Schema eingeteilt zu werden. Es gibt keine guten bzw. bösen Helden, sondern nur (vorläufige) Gewinner und Verlierer, Schlaue und Dumme (vgl. Rafaelli 1998, S. 8). Wichtig ist auch,

---

[118] zu denen unter anderem auch Hanna-Barbera, die Schöpfer von „*Tom und Jerry*" gehörten (vgl. Worth 1998)
[119] Die Figuren richten sich beispielsweise mit Kommentaren wie „Ist das nicht unglaublich?" oder „Versteh einer diesen Hasen?" an das Publikum, und unterstreichen so ihren Cartooncharakter (vgl. Rafaelli 1998, S. 8). Die Botschaft von Warner Brothers Zeichentricks war demnach klar: „Es ist nur ein Film. Glaube nicht was du siehst!"
[120] So ist Averys eine komplexe, von extremer Gewalt, Sexualität und Lieblosigkeit geprägte Zeichentrickwelt (vgl. Troy 1998, Kap. 2).
[121] wie etwa Bugs Bunny, Daffy Duck, Tweety, etc.

dass die Figuren nie aus ihrer Rolle fallen (vgl. Troy 1998, Kap. 1), sprich: entgegen ihnen zugeschriebener Eigenschaften und Positionen agieren. Die Gags werden so oft wiederholt, dass sie dem Zuseher nach einer Weile vertraut sind. Das Erfolgsrezept der *„Looney Tunes"* und *„Merrie Melodies"* ist, dass trotz der Realitätsnähe, Themen wie Sex, Gewalt, Unglück, Brutalität, etc. in einem Format präsentiert werden, in welchem wir darüber lachen können: absurd und realitätsfern – Zeichentrick eben!

So waren die Warner Brothers Studios Anfang der 40er Jahre die unumstrittenen Marktführer in Sachen Zeichentrickkurzfilm (vgl. „Warner Bros. Animation" 2001)[122], und gewannen 1947 für den Kurzstreifen *„Tweetie Pie"*[123] ihren ersten Academy Award und zwei Jahre später für einen Cartoon mit Pepe Le Pew ihren ersten Oscar (vgl. McCarthy 2000).

Mit Aufkommen des Fernsehens erschlossen Warner Brothers auch diesen Markt, und lockten, damals wie heute, mit Produktionen wie der *„Bugs Bunny Show"* (1960) und TV-Specials wie *„Bugs and Daffy's Carnival Of The Animals"*[124] (1976) (vgl. „Warner Bros. Animation" 2001)[125] ein Millionenpublikum vor den Bildschirm.

3.4.2 MGM – Studios

Die Zusammenführung von William Denby Hanna, der bereits seit 1937 eine leitende Position als Animator bei MGM innehatte, und Joseph Roland Barbera im Jahr 1939 (vgl. „MGM animation shorts" 2000)[126], sollte die Erfolgszeit der Metro-Goldwyn-Mayer Cartoon Studios einläuten.

Sich perfekt ergänzend, erschufen sie das sich ewig jagende und doch nicht ohne einander auszukommen scheinende Kater-Maus-Gespann Tom und Jerry[127] (vgl. Crandol 1999), und bereits ihr erster Streifen mit den beiden

---

[122] N.N. (2001): A Brief History of Warner Bros. Animation.
In: http://www.animationusa.com/wbmore.html
[123] Der Film markierte das erstmalige Aufeinandertreffen von Tweety und Sylvester.
[124] in welcher Real- und Zeichentrickfilm kombiniert wurde
[125] N.N. (2001): A Brief History of Warner Bros. Animation.
In: http://www.animationusa.com/wbmore.html
[126] N.N. (2000): MGM animation shorts. In: http://www.geocities.com/mgmshorts/ characters/tomjer.htm
[127] Das Duo wurde später als Metro-Goldwyn-Mayers "Gold Dust Twins" bezeichnet (N.N. (2000): MGM animation shorts. In:
http://www.geocities.com/mgmshorts/characters/tomjer.htm).

Zeichentrickhelden „*Puss Gets The Boot*" (1940) wurde für einen Academy Award nominiert (vgl. „Hanna-Barbera" 2001)[128]. Innerhalb einer Zeitspanne von nur zehn Jahren[129] ging der begehrte Oscar ganze sieben Male an das Duo Hanna-Barbera (vgl. Bauer R. 2001), und Disney hatte plötzlich kein automatisches Anrecht mehr auf diese Trophäe (vgl. „MGM animation shorts" 2000)[130].

Abb.10: MGM-Cartoon „Tom und Jerry"

Überzeugend waren vor allem die Charakterzeichnungen der beiden Hauptfiguren (vgl. „MGM animation shorts" 2000)[131], aber auch der Nebenrollen wie die der Hunde Spike und Tyke. Man konnte sich mit den Figuren identifizieren. Was jedoch noch mehr beeindruckte, war die große Anzahl an Emotionen, die durch Mimiken und Gestiken ausgedrückt werden konnten, da in den Filmen kaum gesprochen wurde. Umso wichtiger war hier dann die Musik von Scott Bradley, der das Geschehen furios untermalte (vgl. Bauer R. 2001). Ähnlich wie in den sich ewig wiederholenden Szenarien in Warner Brothers Zeichentricks wie etwa bei den „*Looney Tunes*", bauen die „*Tom und Jerry*"- Episoden auf einer Basishandlung auf: der Jagd.

Geht man nun daran, die „*Tom und Jerry*"-Cartoons in der Reihenfolge ihres Entstehens zu rezipieren, dann wird man schnell feststellen, dass die Zeichentrickfolgen ab dem Jahr 1942 an Schnelligkeit und Gags zunahmen (vgl. „MGM animation shorts" 2000)[132]. Dies ist hauptsächlich darauf zurückzuführen, dass Tex Avery in jenem Jahr von Warner Brothers zu MGM wechselte, und die beiden Hauptzeichner bei MGM maßgeblich beeinflusste (vgl. Bauer R. 2001). Die Animatoren führten eine Art

---

[128] N.N. (2001): Hanna-Barbera. In: http://animationusa.com/hbmore.html
[129] von 1943 bis 1953
[130] N.N. (2001): MGM animation shorts.
In: http://www.geocities.com/mgmshorts/characters/tomjer.htm
[131] N.N. (2001): MGM animation shorts.
In: http://www.geocities.com/mgmshorts/characters/tomjer.htm
[132] N.N. (2001): Hanna-Barbera. In: http://animationusa.com/hbmore.html

Wettstreit um den verrücktesten Cartoon (vgl. „MGM animation shorts" 2001)[133] und schaukelten sich so gegenseitig zu neuen Höchstleisungen.

Als Anfang der 50er Jahre die Produktionskosten für Zeichentrickfilme und -serien in die Höhe stiegen (vgl. Bauer R. 2001) und das (wirtschaftliche) Interesse an Cartoons sank, schloss MGM 1957 sein Zeichentrickstudio[134] (vgl. „Hanna-Barbera" 2001)[135]. Dies war nicht sonderlich schlau, wie sich später herausstellen sollte, da es ab 1961 wieder einen Aufschwung für das Genre gab. Die Produktion wurde demnach wieder aufgenommen, doch ohne die kreativen Köpfe von Tom und Jerry waren die Trickhelden in ihren neuen Abenteuern nur ein Schatten ihrer selbst. Dem konnte selbst Chuck Jones, ehemaliger Leiter der Warner Brothers Cartoon Studios[136], der ab Mitte der 60er Jahre die Vormundschaft über das Katz-und-Maus-Duo übernahm (vgl. „MGM animation shorts" 2001)[137], nichts entgegensetzen. So wurde Jones Vertrag nicht verlängert und das Studio schloss 1969 seine Tore endgültig.

Vielleicht ist genau dies mit ein Grund dafür, dass in Amerika Disney heute im Bereich der Zeichentrickproduktion (noch) eine Klasse für sich ist. Viele Unternehmen schlossen im Laufe der Jahre ihre Trickfilmstudios und beschränkte sich primär darauf Realfilme zu drehen (vgl. George 2001). Mit dem Aufkommen der Computeranimation ist heute wieder ein Trend in Richtung Zeichentrick festzustellen, und Medienriesen wie Dreamworks oder Warner Brothers gehen (wieder) vermehrt daran, Disneys Monopol anzufechten.

---

[133] N.N. (2001): MGM animation shorts.
In: http://www.geocities.com/mgmshorts/characters/tomjer.htm
[134] William Hanna und Joseph Barbera öffneten ein eigenes Unternehmen und produzierten Billig-Cartoons für das Fernsehen (N.N. (2001): Hanna-Barbera.
In: http://animationusa.com/hbmore.html)
[135] N.N. (2001): MGM animation shorts.
In: http://www.geocities.com/mgmshorts/characters/tomjer.htm
[136] 1963 schlossen Warner Brothers ihre Cartoonabteilung und konzentrierten sich vermehrt auf Realfilmproduktionen (vgl. McCarthy 2000).
[137] N.N. (2001): MGM animation shorts.
In: http://www.geocities.com/mgmshorts/characters/tomjer.htm

4 Der japanische Zeichentrick - Anime und Manga

Japanische Zeichentrickcomics sowie Zeichentrickfilme und -serien haben mehr und mehr Einzug in die westliche Medienwelt gehalten, und, folgt man Einschaltquoten und Nachfragen, scheint noch kein Ende in Sicht. Der diesbezügliche Markt boomt, und dies nicht nur auf der medialen Schiene. So müssen die amerikanischen und europäischen Merchandisingprodukte von Mickey Maus und Co. Seit neustem mit ihren asiatischen Pendants um Beliebtheit und einschlägige Verkaufszahlen kämpfen.

Was aber nun unter japanischem Zeichentrick genau zu verstehen ist, was ihn gegenüber anderen Vertretern seines Genres so einzigartig und faszinierend macht, und welchen Stellenwert er in unserer westlichen Gesellschaft, im speziellen in Amerika, hat, soll im folgenden Kapitel näher beleuchtet werden.

4.1 Was sind Anime und Manga? – Eine Definition

Das Wort „Manga" wurde 1814 von einem Holzschnittkünstler namens Hokusai erfunden (vgl. Thorn 1996), und bedeutet soviel wie „Unverantwortliches Bild"[138] (vgl. Weidner 1998b). In Japan werden damit Comics jeglicher Art bezeichnet, egal ob heimische oder importierte amerikanische oder europäische Publikationen (vgl. Kohlmann 2001). Anders im Westen. Dort werden ausschließlich japanische Zeichentrickhefte oder -bücher und ihr typischer Zeichenstil (vgl. Carow 1997) mit dem Begriff „Manga" definiert[139] (vgl. Weidner 1998b). Der größte Unterschied zu anderen Zeichentricks liegt nun darin, dass japanische Werke im Gegensatz zu seinen westlichen Gegenstücken ein weitaus größeres Themenspektrum abdecken[140], und daher ein breiteres Publikum ansprechen. Diese inhaltliche Vielfalt ermöglicht es, beinahe

---

[138] Es setzt sich aus den japanischen Begriffen „man" (= spontan, ziellos, unverantwortlich) und „ga" (= Bild, Skizze, Zeichnung) zusammen (vgl. Noack 2001).
[139] Der Begriff „Manga" wird im folgenden, außer es wird explizit angeführt, als Bezeichnung für den japanischen Comic verwendet.
[140] Es gibt Science Fiction-, Action-, Thriller-, Fantasy-, Krimis-, Erotik-, Komödie-, Horror-, Liebescomics (vgl. Kohlmann 2001 und was es sonst noch an Themenpools zu verarbeiten gibt.

jede Alters- und Zielgruppe mit Lesestoff zu versorgen (vgl. Noak 2001). Damit wird dem Zeichentrick das „Kindergenre-Attribut" genommen, das ihm seit Disney anhaftet. Man unterscheidet in einer groben Kategorisierung zwischen Shonen Manga (Manga für Knaben), Shoujo Manga (Manga für Mädchen), Seinen Manga (Manga für Teenager) und Seijin Manga (Erwachsenen-Manga) (vgl. Gros 1997). Die Diversität des japanischen Comics ist demnach mit ein Grund dafür, dass sich Manga in ihrem Heimatland so großer Beliebtheit erfreuen, und ihre Verkaufszahlen alle Rekorde sprengen[141].

Manga werden hauptsächlich in Schwarz/Weiß gezeichnet[142] (vgl. Kohlmann 2001), sind von hinten nach vorne und von rechts nach links zu lesen (vgl. Noack 2001), und erscheinen über Jahre hinweg als Serien in Zeitschriften und anschließend in vielbändigen Buchausgaben (vgl. Lorenz U. 2000), welche den Umfang von Telefonbüchern haben (vgl. Kohlmann 2001). Da allerdings die meisten Manga wöchentlich erscheinen, ist die Qualität der Geschichten und die der Manga selbst so schlecht, dass sie als Wegwerfartikel gelten[143] (vgl. Noak 2001), und es passiert nicht selten, dass Serien kurz nach ihrem Debüt, auf Grund mangelnder Beliebtheit, bereits wieder abgesetzt werden (vgl. Lorenz 2000). Mit der zunehmenden Popularität des World Wide Webs hat man nun ein zusätzliches Verkaufsareal entdeckt, und Manga werden so mittlerweile auch schon über das Internet vertrieben (vgl. Gros 1997).

Die Bezeichnung „Anime" kommt ebenfalls aus dem Japanischen, und bedeutet dort so viel wie „Zeichentrickfilm" (vgl. Klose 2001). Sei es ein Disney-Klassiker, ein europäischer Cartoon oder eine heimische Produktion, in Japan werden alle Trickfilme und -serien als Anime bezeichnet (vgl. Larson 2000), und ähnlich wie schon bei den Comics werden im Ausland ausschließlich japanische Zeichentrickanimationen als solche definiert (vgl. Carow 1997), und somit von anderen Filmen abgegrenzt.

---

[141] Auf dem Printsektor sind etwa zwei Drittel aller verkauften, drucktechnischen Erzeugnisse Mangahefte oder –bücher (vgl. Barthe 1996).
[142] Was meist aus Kostengründen geschieht (vgl. Kohlmann 2001).
[143] Comichefte werden billig produziert, und sind so für die Masse der Bevölkerung erschwinglich.

Anime weisen wie ihre gedruckten Gegenstücke eine enorme Themendiversität auf (vgl. Barthe 1996), und basieren nicht selten auf bereits existierenden Comic-Geschichten (vgl. Pfaffenberger 1999). So findet man spezielle, das Medium charakterisierende, stilistische wie auch inhaltliche, Merkmale sowohl in Manga als auch in Anime wieder, weshalb es sich auch als äußerst schwierig, wenn nicht sogar unmöglich gestaltet, die beiden Zeichentrick-Typen voneinander abzugrenzen (vgl. Weidner 1998b). Die Anime-Expertin Helen McCarthy bringt die wesentlichen Animeeigenschaften mit folgender Erklärung auf den Punkt: *„If you want to see a story told as fast as the most exciting comic book but with amazing movement, music and dialogue, that's what you get from anime."* (Corliss 1999).

Anime werden auf drei verschiedene Arten vertrieben: in Form von Fernsehserien, als OAVs (= Original Animation Video)[144] oder als Filme in Spielfilmlänge (vgl. Kim 1996), und bestechen durch überlegene künstlerische Qualität und kunstvoll verarbeitete Einblicke in eine fremde Kultur (vgl. Pfaffenberger 1999), in die Kultur und Seele Japans.

4.2 Japan – Ein Land und seine Kultur

Bevor man genauer auf die erfolgreichsten und weitverbreitetsten Erzeugnisse der japanischen Populärkultur eingeht, ist es ratsam einen Blick auf das Land, seine Menschen und deren Kultur zu werfen. Da Anime und Manga, wie ausländische Cartoons dies ebenfalls tun, nicht selten bestimmte Werte und Normen zu vermitteln versuchen, sollte man sich als Außenstehender mit den Wertvorstellungen und Kulturgütern Japans vertraut machen, um die Handlungen und etwaigen Botschaften der Filme auch verstehen zu können. So ist es mit dem nötigen Hintergrundwissen dann möglich, über die Konsumierung von Anime und Manga, einen tieferen Einblick in die Gesellschaft und Kultur Japans zu erhalten, da moderne japanische Zeichentricks sehr häufig Veränderung auf der geschichtlichen, wirtschaftlichen und sozialen Ebene sowie die Bildung neuer Ideologien behandeln (vgl. Gros 1997).

---

[144] Anime können hier über Videokassetten, Laserdisks, Video Compact Disks oder Digital Video Disks (DVD) vertrieben werden (vgl. Poitras 2001, S. 14f).

Um die japanische Gesellschaft, seine Menschen und deren Mentalität und Verhaltensweisen aber überhaupt verstehen zu können, sollte man einen übergreifenden Blick auf die Geschichte des Landes und die seiner Bewohner werfen, da jede Kultur, und somit auch die japanische, ein Gebilde ist, das sich nicht nur über einen Raum, sondern auch in die Zeit ausdehnt, und somit ihre gegenwärtige Beschaffenheit nicht ohne den ständigen Verweis auf ihre Wurzeln verstanden werden kann (vgl. Singer 1991, S. 238). Erläuterungen zu geographischen, klimatischen und demoskopischen Gegebenheiten gehören dazu genauso, wie jene über die Einflussnahme verschiedener anderer Kulturen auf die historische und kulturelle Entwicklung Japans.

4.2.1 Das Land und seine Einwohner

Das japanische Archipel besteht aus den vier Hauptinseln Hokkaido, Honshu, Shikoku und Kyushu sowie rund 3900 kleineren Inseln (vgl. „The Land" 1999)[145], wobei etwa 70 bis 80 Prozent des Landes als gebirgig bezeichnet werden können (vgl. Williams et al. 2001, S. 55), was zu einer großen Bevölkerungskonzentration in den besiedelbaren Ebenen führt (vgl. Antoni 2000). So dominiert also die städtische Lebensform das japanische Leben. Weiters kennzeichnen eine Vielzahl an Vulkanen und die nicht selten auftretenden Erdbeben den ostasiatischen Kontinent aus (vgl. Williams et al. 2001, S. 56). Dies ist mit ein Grund, weshalb die Bauweise der Häuser, der Städte, die Dinge des alltäglichen Lebens und die gesamte Einstellung zum Leben eher auf Vergänglichkeit ausgerichtet sind (vgl. Antoni 2000). Die teilweise lebensgefährlichen Naturphänomene bergen jedoch auch etwas Gutes, da beispielsweise durch den Vulkanismus überall im Land Thermalbäder entstanden sind, die seit langem einen wichtigen Aspekt der japanischen Kultur darstellen[146] (vgl. Williams et al. 2001, S. 56).

Dort wo die steilen Hänge nicht jede Art von Ackerbau verhindern, besteht die japanische Landschaft aus Kulturland. Noch immer dient ein großer Teil der Fläche dem Reisanbau, obwohl die traditionelle Kost aus Reis und

---

[145] N.N. (1999): The Land. In: http://www.explorejapan.com/land.htm
[146] Sie dienen der Reinigung (auch religiöser Natur), der Heilung von Krankheiten, der Erfrischung und Erholung (vgl. Antoni 2000), und gehören heute zu den wichtigsten Zielen des Inlandtourismus (vgl. Williams et al. 2001, S. 56).

Fisch bei der jüngeren Generation an Bedeutung verloren hat (vgl. Williams et al. 2001, S. 57). Was die Flüssignahrung betrifft, genießt Tee, und die damit verbundene, traditionelle Teezeremonie, in Japan einen sehr hohen Stellenwert, was in vielen Bezeichnungen für mit Tee assoziierten Gegenständen ihren Ausdruck findet. So werden japanische Wohnzimmer „cha-no-ma" (= Tee-Zimmer) genannt, da Tee in der Regel in diesen Räumlichkeiten konsumiert wird (vgl. Poitras 1999, S. 17).

Klimatisch betrachtet zerfällt Japan in extrem unterschiedliche Klimazonen, die, bedingt durch die hohen Gebirgszüge, von tropischen Gebieten im Süden bis hin zu den eisigen Gewässern im Norden, alles zu bieten haben (vgl. Singer 1991, S. 65). So haben das Wetter und die Berichterstattung über seine Veränderung bei den Bewohnern Japans einen besonderen, kulturellen Stellenwert eingenommen.

Die Bevölkerung Japans beläuft sich etwa auf 126 Millionen Einwohner. Sie stellen mit 99,4 Prozent an Japanern (vgl. „The Land" 1999)[147] eine der homogensten Gesellschaften der Welt dar (vgl. Williams et al. 2001, S. 67), und zeichnen sich durch relativ eindeutige Verhaltensweisen und Eigenheiten wie etwa ihr ausgeprägtes Nationalbewusstsein aus[148]. Die Ureinwohner Japans werden als Ainus bezeichnet (vgl. Poitras 1999, S. 3), und auch wenn es heute nicht mehr als etwa 15 000 ihrer Rasse gibt, so macht diese historisch äußerst wichtige Minderheit in kultureller Hinsicht sehr viel von sich reden (vgl. Antoni 2000).

Die durchschnittliche Lebenserwartung der Frauen liegt bei 83,3 Jahren und die der Männer bei 76,9 Jahren (vgl. „The Land" 1999)[149], was, verbunden mit der Tatsache, dass Japan den niedrigsten Bevölkerungszuwachs der Welt hat (unter 1%) (vgl. Williams et al. 2001, S. 60), dazu führt, dass sich das Land und die einheimische Ökonomie in absehbarer Zeit darauf einstellen muss, einen enorm hohen Prozentsatz an Rentnern zu versorgen.

Die drei Hauptreligionen der Japaner sind der Shintoismus[150], Buddhismus[151] und Konfuzianismus[152], die sich durch alle Lebensbereiche

---

[147] N.N. (1999): The Land. In: http://www.explorejapan.com/land.htm
[148] Auf die im Kapitel 4.2.3. näher eingegangen wird.
[149] N.N. (1999): The Land. In: http://www.explorejapan.com/land.htm
[150] Urreligion Japans, in welcher eine Unmenge an Gottheiten verehrt werden, wobei den gemeinschaftlichen Festen im Kult die zentrale Bedeutung zukommt (vgl.

ziehen und sie beeinflussen (vgl. Antoni 2000). Architektonische Bauwerke wie Tempel und Schreine sind deshalb überall zu findende japanische Kulturgüter.

4.2.2 Ein kurzer Einblick in die Geschichte Japans

Wann das Gebiet, das heute den japanischen Archipel bildet, besiedelt wurde, ist unbekannt. Man ist sich jedoch einig darüber, dass es über einen langen Zeitraum hinweg, während verschiedener Einwanderungswellen von Völkern, die aus Süd- und Nordasien stammten (vgl. Williams et al. 2001, S. 25), besiedelt wurde.

Mit den verschiedenen Einwanderern nahm Japan auch bestimmte ausländische Einflüsse und kulturelle Errungenschaften auf, die es auf nützliche Art und Weise der sich entwickelnden, eigenen Kultur hinzufügte (vgl. Reuscher 1997), womit es erst zu einem wirklichen Staat heranreifte. Nach und nach schlossen sich die Familienclans und Dörfer dann zu größeren Strukturen zusammen, es entstanden erstmals Hauptstädte (vgl. Hammann 1999b) und eine hierarchische Gesellschaft, deren Oberhaupt vom Tenno[153] verkörpert wurde. China und Korea können hier als die zwei Länder betrachtet werden, die Japan in dessen Entstehungsphase nachhaltig beeinflussten. Von China bezogen die japanischen Herrscher im 6. Jahrhundert beispielsweise die chinesische Schrift (vgl. Williams et al. 2001, S. 26), aber auch den Buddhismus sowie den Konfuzianismus[154], und damit die Methode zur Führung eines Zentralstaates (vgl. Antoni 2000).

Neumann 1991, S. 128). Der Shintoismus besteht aus der Natur- und Ahnenverehrung (vgl. Reuscher 1997), und den Kern der ethischen Vorstellung finden wir im Gedanken der Reinheit, der alle Lebensbereiche durchzieht. Krankheit und Tod gelten als unrein. Der Shinto dient vornehmlich der Legitimation des Kaiserhauses (vgl. Antoni 2000).

[151] Differenzierte, vielschichtige Weltreligion; der Buddhismus schlägt die Brücke von der Religion zur Ethik, indem Glaubensbuddhismus und Zen die beiden Pole markieren. Eine Domäne des Buddhismus ist die Frage nach der nachtodlichen Existenz des Menschen (vgl. Neumann 1991, S. 128).

[152] Verbindet Ethik und Staat; er fordert ein Recht des Fähigen im Staat gegenüber dem durch Geburt Privilegierten (vgl. Antoni 2000).

[153] Der japanische Herrscher (Kaiser) wird nach dem chinesischen Vorbild „Tenno" genannt, was so viel heißt wie „himmlischer Herrscher", und begründet seine Herrschaft auf seine angeblich „göttliche" Herkunft (vgl. Antoni 2000), als Sohn der Sonnengöttin Amaterasu (vgl. Poitras 1999, S. 6).

[154] welcher den Shintoismus bald als Staatsreligion ablöste

Von Korea übernahm man den Reisanbau, die Kunst und die Technik zur Herstellung von Keramik (vgl. Williams et al. 2001, S. 15). Dies ist mit ein Grund wieso Japan oft den Status als „Nachahmer-Land" genießt.

Durch das Einführen eines Land- und Steuersystems, Ende des 8. Jahrhunderts, nahm die Macht der großen, unabhängigen Landbesitzer stark zu (vgl. Schauwecker 2001, Nara und Heian Periode), da die kleinen Bauern ihr Land nicht mehr halten konnten und es den Großgrundbesitzern verpachten mussten (vgl. Williams et al. 2001, S. 27). Diese reichen Familien (der „Erbadel") kontrollierten nach und nach das gesamte politische Geschehen (vgl. Antoni 2000), und der Tenno, der eigentliche Herrscher, wurde so in eine nur mehr zeremonielle Funktion abgedrängt (vgl. Reuscher 1997). Viele Landbesitzer stellten Samurai[155] für die Sicherung ihrer Eigentümer an, wodurch die militärische Klasse, der sogenannte „Schwertadel", immer mehr an Einfluss gewann (vgl. Antoni 2000). Über mehrere Jahrhunderte hinweg kämpften die großen Sippschaften und der kaiserliche Hof um die absolute Macht, und das Land war zerrissen.

Im 14. Jahrhundert begann sich allmählich eine rege Marktwirtschaft innerhalb Japans zu entwickeln. Der Geldhandel wurde eingeführt, Handwerkszünfte entstanden (vgl. Williams et al. 2001, S. 28) und den Shogunen, den obersten militärischen Befehlshabern, entglitt allmählich die Macht über die Provinzen (vgl. Schindlmayr 2000), was dazu führte, dass das Land in feudale Fürstentümer zerfiel, die sich ständig untereinander befehdeten. Weiters nahm der Einfluss ausländischer Religionen und Gesellschaftsstrukturen zu, indem etwa das Christentum Mitte des 16. Jahrhunderts Einzug in ostasiatisches Gebiet hielt (vgl. Williams et al. 2001, S. 29).

Erst um 1600 gelang es, ganz Japan wieder unter einer Zentralregierung zu vereinen (vgl. Antoni 2000), und das Zeitalter des modernen Japans, aber auch der Isolation, sollte beginnen. Der Shogun verbot das Reisen außerhalb Japans und brach fast alle Kontakte zum Ausland ab (vgl. Schauwecker 2001, Edo Periode), um sich der uneingeschränkten Macht sicher zu sein, die er durch den Einfluss westlicher Mächte gefährdet sah (vgl. Reuscher 1997). Trotz der Isolation entwickelte sich die Wirtschaft

---

[155] übersetzt heißt Samurai soviel wie „jemand der beschützt" (vgl. Poitras 1999, S. 110)

vorerst prächtig (vgl. Schauwecker 2001, Edo Periode), die Anzahl an wohlhabenden Kaufleuten stieg, und Edo, das heutige Tokyo, wurde zu einer der größten Städte der Welt. Zudem schuf das Shogunat eine rigide konfuzianische Klassenhierarchie, an deren Spitze die Samurai standen, gefolgt von den Bauern, Handwerkern und Kaufleuten (vgl. Williams et al. 2001, S. 30). Jeder wusste somit genau wo seine Position in der Gesellschaft war und wie er sich zu verhalten hatte. Neben der Hierarchiebildung wurde die konfuzianische Schule zur offiziellen Staatsphilosophie erklärt, was eine Zurückstellung von Individualgegenüber Gruppeninteressen zur Folge hatte (vgl. Schindlmayr 2000), da diese Lehre Ideale wie Fürsorgepflicht und Loyalität hochschrieb (vgl. Antoni 2000).

Erst 200 Jahre später sollte dieses System und die Abgrenzung zum Rest der Welt durch den Einfall amerikanischer Truppen aufgehoben werden. Mit einem Flottengeschwader drangen sie 1853, unter der Führung von US-Admiral Matthew Perry, in Japan ein, und zwang die Regierung das Land für den Handel zu öffnen (vgl. Hammann 1999b). Durch Aufstände von shogunatsfeindlichen Fürsten musste dieser sein Mandat an den Kaiser zurückgeben (vgl. Reuscher 1997), der nach 1000 Jahren offiziell wieder die Regierungsgewalt übernahm[156].

Japan erkannte schnell, dass es dringender Reformen und der Anpassung an Europa bedurfte, um als eigenständiger Staat existieren zu können (vgl. Reuscher 1997). Kommissionen wurden rund um den ganzen Erdball gesandt, um die technischen, militärischen und zivilisatorischen Errungenschaften der verschiedenen Länder genauestens zu studieren (vgl. Hammann 1999b), und sie möglicherweise zur Neugestaltung der eigenen Kultur zu verwenden. So begann die „Westenisierung" und Industrialisierung Japans (vgl. Poitras 1999, S. 24). Die Einführung der Menschenrechte, der Religionsfreiheit (vgl. Schauwecker 2001, Meiji Periode) und die Errichtung des Polizei-, Presse-, Rechts-, Post-, Eisenbahn-, Gesundheits- und Finanzwesens (vgl. Reuscher 1997), in Verschmelzung mit den profunden japanischen Traditionen und Werten[157], ermöglichten Japan sich innerhalb kürzester Zeit in einen modernen Staat

---

[156] Die Wiederherstellung der alten kaiserlichen Macht wird als „Meiji-Restauration" bezeichnet und markiert den Beginn des modernen Japans (vgl. Antoni 2000).
[157] welche das Land im Inneren zu einigen vermochten (vgl. Antoni 2000)

zu verwandeln, der nun selbst in der ostasiatischen Region als imperialistisch wirkender neuer Machtfaktor auftrat (vgl. Antoni 2000), was es mit den Siegen in den Kriegen gegen China (1894-1895) und Russland (1904-1905) eindrucksvoll bewies (vgl. Hammann 1999b). Neben der fortwährenden Modernisierung fand im Gegenzug ein Aufleben der konservativen, nationalistischen Gefühle statt, und konfuzianistische und shintoistische Prinzipien sowie das religiöse Verehren des Kaisers wurden wieder stärker betont (vgl. Schauwecker 2001, Meiji Periode).

Mit dem Fortschritt und dem wachsenden Wohlstand wurde Japan jedoch auch zunehmend unzufriedener mit der eigenen wirtschaftlichen sowie politischen Situation. Es begannen Expansionsunternehmen Richtung Südostasien (vgl. Williams et al. 2001, S. 42), und letztendlich der Kriegseintritt 1941 durch die Bombardierung Pearl Harbors[158] (vgl. Schauwecker 2001, Militarismus und 2. Weltkrieg), was 1945 mit den Atombombenabwürfen auf Hiroshima und Nagasaki, der Zerstörung anderer wichtiger Städte und der daraus resultierenden totalen Kapitulation Japans und der Besetzung durch amerikanische Truppen endete (vgl. Antoni 2000).

Kennzeichnend für die japanische Nachkriegszeit waren die staatlich gelenkte Industrialisierung[159] (vgl. Williams et al. 2001, S. 44), und die kollektive Unfähigkeit des modernen Japans, sich der Eigenschuld am Kriegsausbruch und -verlauf bewusst zu sein (vgl. Kaneko 1997, S. 12). Dies wurde in vielen Bereichen, sei es künstlerischer, politischer oder wirtschaftlicher Natur, verarbeitet, und das enorme Wirtschaftswachstum in den 50er und 60er Jahren (vgl. Schauwecker 2001, Nachkriegszeit) brachte Japan weltweit an die zweite Stelle hinter die USA[160] (vgl. Williams et al. 2001, S. 45).

Als Japan 1990 jedoch von einer schweren Wirtschaftskrise heimgesucht wurde, von der sie sich bis heute nicht mehr vollständig erholt hat, hatte dies zur Folge, dass das aufblühende Selbstbewusstsein im Nu wieder zerstört war (vgl. Williams et al. 2001, S. 48).

---

[158] Dieser Angriff war erfolgt, um den Westen davon abzuhalten sich in die Expansion Japans Richtung Südost-asien einzumischen (vgl. Williams et al. 2001, S. 42f).
[159] die zu einem sensationellen Wirtschaftswachstum führte
[160] bemerkenswert ist, dass dabei kein zu großes soziales Gefälle entstand (vgl. Williams et al. 2001, S. 15)

4.2.3 Die Kultur Japans – seine Sitten, Gebräuche, Werte und Normen

Japan stellt sich dem Westen in zwei gegensätzlichen Bildern dar: Zum einen sieht man in ihm, ausgehend vom eigenen Kulturbild, das Andere, das Fremde (vgl. Hammond 1999, S. 311), zum anderen wird Japan jedoch auch als das Land einer imitierenden Sekundärkultur betrachtet, das andere Länder und Kulturen um die Früchte deren eigener Entwicklungen brachte (vgl. Antoni 2000). Fest steht, dass Japan aufgrund seiner exotischen, meist religiösen Festen, der traditionellen Esskultur, den Populärkulturgütern, den klar gesetzten Verhaltensregeln, dem hohen Stellenwert, welcher der beruflichen Tätigkeit beigemessen wird (vgl. Gros 1997) und seinen historischen Tempeln und Schreinen, einzigartig ist, denn obwohl einige kulturelle Erzeugnisse von anderen Völkern übernommen worden sind, wurden diese nicht unverändert integriert, sondern abgeändert, sozusagen „japanisiert" (vgl. Singer 1991, S. 212). Was macht also nun die Faszination Japans aus? Was ist es, das dieses Land und seine Bewohner so andersartig erscheinen lässt?

Ein Unterschied zur westlichen Kultur liegt einmal in der Hervorhebung der Gruppe. Zweck und Funktion des Individuums ist es in erster Linie der Gruppe zu dienen[161] (vgl. Williams et al. 2001, S. 67). Die eigenen Wünsche und Bedürfnisse rangieren somit an zweiter Stelle. Die Gruppe ist dementsprechend eine notwendige Bedingung zur Entfaltung des Individuums und der Erfüllung seiner Bedürfnisse (vgl. Coulmas 1993, S. 38). Außerhalb der Gruppe hat der Einzelne keine Existenzmöglichkeit.

Das entscheidende Kriterium für Stand, Rang und Ansehen war, und ist oft heute noch, die Familienzugehörigkeit[162] (vgl. Antoni 2000), obwohl die junge Generation einen starken Trend in Richtung Individualisierung erkennen lässt (vgl. Knorren 1999). Neben dieser gruppendynamisch ausgerichteten Struktur lassen sich innerhalb der Gruppe noch weitere Hierarchien finden. So wird den Älteren, wie Statistiken beweisen, auch

---

[161] Als Mutter aller Gruppen fungiert die Gesamtheit aller Japaner (vgl. Williams et al. 2001, S. 67), gefolgt von der Familie, dem Arbeitsteam und dem Freundeskreis.

[162] Familie wird hier nicht nur in Bezug auf Blutsverwandtschaft verwendet, sondern auch als Begriff für stabile, soziale Beziehungen (etwa mit Arbeitskollegen, seinen Vorgesetzten, Freunden, etc.) (vgl. Coulman 1993, S. 73). Man bildet eine „Familie".

heute noch besondere Achtung und Ehrerbietung entgegengebracht (vgl. Pohl 2001), und ihre Altersversorgung durch die Familie gilt allgemein als selbstverständlich.

Die enge Gruppenzugehörigkeit führt uns zu einem weiteren wichtigen Aspekt in der japanischen Gesellschaft: das in der Landessprache mit *„giri"* bezeichnete Pflicht- und Ehrgefühl (vgl. Williams et al. 2001, S. 70f), welches unter keinerlei Umständen verletzt werden darf. Dabei geht es nicht allein um gegenseitige Verpflichtungen, sondern um die Pflicht, Verantwortung für etwas zu verspüren (vgl. Coulman 1993, S. 38f), was ein entfernter Verwandter oder ein Kollege getan hat, auch wenn das negative Auswirkungen haben sollte[163] (vgl. Williams et al. 2001, S. 70f). In vielen Filmen ist *„giri"* das Handlungsmotiv der Protagonisten, weshalb es auch nicht selten passiert, dass der Held oder die Heldin am Ende sein bzw. ihr Leben lässt[164]. Da jedoch der Tod in diesem Fall als ehrbar erachtet wird, kommt das Sterben des Hauptdarstellers oder der Hauptdarstellerin einem Happy-End gleich. Man kann allgemein sagen, dass der Tod eine wichtige Stellung in Leben einer japanischen Familie einnimmt. So wird etwa der Todestag eines geliebten Menschen, ähnlich wie sein Geburtstag, gefeiert (vgl. Poitras 1999, S. 81).

Ein weiteres Charakteristikum der japanischen Gesellschaft ist der hohe Stellenwert der Arbeit (vgl. Gros 1997), der sich in den letzten Jahren jedoch kontinuierlich zu vermindern scheint (vgl. Knorren 1999). In einer durchschnittlichen japanischen Kleinfamilie dient der Mann als Ernährer, gilt nominell als das Familienoberhaupt und repräsentiert die Familie in der Gesellschaft (vgl. Iwao 1986, S. 118). Sein Arbeitsplatz wird sprichwörtlich zum zweiten Zuhause, und Loyalität gegenüber der Firma ist ein unausgesprochenes Gesetz. Arbeit wird nicht als notwendiges Übel, sondern als „Sinn des Lebens und Quelle der Lebensfreude" (Coulman 1993, S. 122) erachtet. Man verschreibt sich ihr lebenslang. Überstunden

---

[163] In der japanischen Literatur ist *„giri"* oft das Hauptmotiv für den tragischen Ausgang einer Geschichte (vgl. Williams et al. 2001, S. 71). Ein Beispiel dafür wäre folgendes: Eine junge Frau soll der Verpflichtung nachkommen, den Mann zu heiraten, den ihre Eltern für sie ausgewählt haben, ohne auf ihre eigenen Gefühle zu achten. Sie ist jedoch nicht in der Lage ihre Sehnsüchte mit der Verpflichtung gegenüber ihren Eltern zu versöhnen, und so ist der Freitod ein legitimer Ausweg aus ihrem Dilemma.

[164] meist durch Selbstmord

gehören zur täglichen Routine, und der Urlaub, falls er überhaupt in Anspruch genommen wird, ist unvorstellbar kurz (vgl. Neumann 1991, S. 102). In den Betrieben herrscht eine Art Senioritätsprinzip, d.h. die Leistungen, und somit die Aufstiegsmöglichkeiten, werden nach dem Dienstalter bemessen (vgl. Yamamoto 1986, S. 97).

Da der Mann aufgrund der täglichen Überstunden meist spät abends nach Hause kommt, bekommt ihn seine Familie sehr selten zu Gesicht (vgl. Iwao 1986, S. 123). So passiert es nicht selten, dass sich Ehepaare voneinander entfremden, da sie zu wenig Zeit miteinander verbringen. Die Frau ist wiederum für die Finanzen und die Kindererziehung zuständig (vgl. Coulman 1993, S. 84). Diese alte, auch in unseren Kreisen vorzufindende, Hierarchie verändert sich inzwischen allmählich, da Frauen heute bessere Berufschancen haben, aber selbst in der heutigen Zeit hat der Mann meist einen höheren Status und mehr Autorität als die Frau.

Japan ist ein Land, das seit Jahrhunderten durch physische Enge und komplexe soziale Beziehungen geprägt ist, und so kann es auch nicht verwundern, dass sich spezielle Umgangsformen gebildet haben. *„Über die Generationen hinweg"*, schreibt ein russischer Journalist, *„haben die Japaner es sich angeeignet, wie eine Katze um den heißen Brei zu gehen, um offene Meinungsverschiedenheiten und konkrete Aussagen zu vermeiden, die die Gefühle des Gegenübers verletzen könnten. Die im Westen vorherrschende und erwünschte Fähigkeit, Gedanken klar, präzise und direkt auszudrücken, passt wenig zum japanischen Verständnis von Höflichkeit."* (Williams et al. 2001, S. 69) Auch höfliches Verhalten und speziell die höfliche Sprachform ist eine Kunst, die jeder Japaner anstreben sollte und die tief in ihrer Tradition verwurzelt ist. Sich ehrerbietig gegenüber höher Stehenden und höflich gegenüber Gästen zu verhalten, ist eine Kunst, auf die die meisten Japaner sehr stolz sind (vgl. Williams et al. 2001, S, 70). So kann die Verbeugung, die japanische Form der Begrüßung (vgl. Neumann 1991, S. 27), als eine einerseits indirekte, Körperkontakt meidende Umgangsform angesehen werden, andererseits erscheint diese spezielle Art der Kommunikation, was Ehrerbietung und Höflichkeit betrifft, dem, für den Westen typischen, Händedruck überlegen. Ein weiteres Beispiel hierfür wäre das japanische Intimitätsverständnis. Einerseits wird ein nackter Körper, im Film wie auch im täglichen

Leben[165], nicht als sexuell oder vertraulich angesehen[166], andererseits küssen sich Eltern nicht vor ihren Kindern, weil ein Kuss als etwas sehr Intimes gilt (vgl. Poitras 1999, S. 71).

Die starren Verhaltensregeln bestimmen demnach das Handeln und Denken der Japaner, und es bleibt wenig Raum für die Extravaganzen des individuellen Wollens. Man erwartet, dass auf eine jede Situation in einer genau angemessenen, typischen Weise reagiert wird, und dies nicht nur im Handeln, sondern auch im Fühlen (Singer 1991, S. 57).

Auch das Gedankengut der drei Hauptreligionen Shintoismus, Buddhismus und Konfuzianismus hat zu vielen, heute weitverbreiteten, Verhaltensregeln oder Gesellschaftsnormen geführt, und die Tempel- und Schreinanlagen zu Ehren ihrer Götter (vgl. „The Culture of Japan" 1999)[167], zieren städtische wie ländliche Gebiete überall auf den Inseln. Die Zeremonie des Badens und seine traditionellen Wurzeln lassen sich beispielsweise auf den Shintoismus zurückführen, in dessen Kernphilosophie die körperliche wie auch geistige Reinheit als erstrebenswert angesehen wird[168]. Doch wie bei vielen anderen Völkern lässt sich auch in Japan bei den jüngeren Generationen ein gewisser Trend in Richtung Atheismus erkennen, der die Gefahr birgt, dass die alten traditionellen Werte und Brauchtümer, und somit ein wichtiger Teil der japanischen Kultur, immer unwichtiger werden und schließlich in Vergessenheit geraten.

Ein weiterer Wesenszug, der die meisten Japaner auszeichnet, ist ihr Nationalstolz. Sie sind fest davon überzeugt ein einzigartiges Volk zu sein, dass sich so sehr vom Rest der Welt unterscheidet, dass Ausländer gar nicht imstande sind, ihre Gesellschaft und Kultur verstehen und ergründen zu

---

[165] z.B. in gemischten Bädern
[166] Hier kann man wiederum die shintoistische Wichtigkeit der Reinheit als möglichen Grund anführen.
[167] N.N. (1999): The Culture of Japan. In: http://www.explorejapan.com/jculture.htm
[168] Die Bau- und Benützungsweise der japanischen Toiletten könnten auf diesen Reinheitsaspekt zurückgeführt werden, obwohl sie uns möglicherweise als rückständig erscheinen, da man sich, um sein Geschäft verrichten zu können, hinhocken muss. So wird jedoch jeglicher Körperkontakt mit der Toilettanlage vermieden (vgl. Neumann 1991, S. 30), was genau genommen hygienischer ist als unser sanitäres System.

können[169] (vgl. Breger 1990, S. 47). Demnach werden Touristen allgemein zwar sehr höflich, aber als Außenseiter behandelt. Interessant ist, dass die Meinung von Ausländern den Japanern trotzdem sehr wichtig ist (vgl. Berque 1986, S. 33). Dies hat vor allem mit ihrem Imagebewusstsein zu tun. Der Westen soll Japans Unität erkennen und bewundern. So versucht man sich beispielsweise Ausländern immer von seiner besten Seite zu zeigen (vgl. Neumann 1991, S. 58), und so seinem Status als höfliches, hochentwickeltes, traditionsbewusstes und in allen Belangen einzigartiges Land gerecht zu werden.

Die mit der amerikanischen Besatzung nach Ende des zweiten Weltkriegs integrierten westlichen Gewohnheiten und Lebensarten (vgl. Holzschneider 2001) konnten somit die traditionellen Künste und das japanische Schönheitsempfinden nicht trüben: Klassischer japanischer Tanz, Kalligraphie, Ikebana, Teezeremonie (vgl. Pohl 2001), Zen-Meditation, Geishas, Kimonos, bunte Papierlaternen, Judo, Sushi, Mah-Jongg, Sumo, Karaoke, Rikschas – alles Bezeichnungen, Gegenstände und Bräuche, die mit Japan verbunden werden, und welche sich einen unübersehbaren und uneinnehmbaren Platz neben den importierten Kulturgütern erkämpft haben. Das „Japanische" ist erhalten geblieben, und findet sich in allen Bereichen, sei es in der Wirtschaft, in der Politik oder in der Unterhaltung, wieder.

Anime und Manga können demnach sehr viel über ihr Entstehungsland erzählen, und geht man daran, sie in zeitlich chronologischer Reihenfolge zu konsumieren, dann lernt der Rezipient geschichtliche, gesellschaftliche, aber auch kulturelle Veränderungen Japans nachzuvollziehen.

4.3 Historische Entwicklung der Manga und Anime

Obwohl die Vorreiter der modernen Manga-Comics bis etwa ins Jahr 600 v. Chr. Zurückverfolgt werden können (vgl. Murray 2000), ist es das 20. Jahrhundert, genauer die späten 50er Jahre, welche die eigentliche

---

[169] 1978 verfasste beispielsweise der Arzt Tsunoda Tadanobu ein Buch mit dem Titel *„Das Gehirn des Japaners"* und erklärte in diesem pseudowissenschaftlichen Werk, dass das Gehirn von Japanern anders funktioniert als jenes von Nicht-Japanern (vgl. Coulmas 1993, S. 24f).

Geburtsstunde dieses heute so beliebten japanischen Zeichentrickmediums markieren (vgl. Dimayuga 2000). Vorher waren ostasiatische Comics, was Grafik, Technik und Themenverarbeitung betraf, nicht von den Pendants der westlichen Länder zu unterscheiden (vgl. Mana 1992), weshalb dieser Zeit im folgenden geschichtlichen Rückblick keinerlei Beachtung geschenkt wird, da sie für die spätere Analyse nicht adäquat ist. Die Entwicklungen auf dem Sektor der animierten Cartoons folgten einem ähnlichen Schema, und Anime grenzten sich demnach erst relativ spät von den westlichen Zeichentrickserien und -filmen ab.

4.3.1 Der Manga wird geboren

Die Folgen des zweiten Weltkriegs waren ausschlaggebend für die Entwicklung der eigenständigen, japanischen Populärkultur wie wir sie heute kennen. Die Medienindustrie hatte schweren Schaden erlitten, da viele Theater, Kinos und Produktionsstätten zerstört worden waren (vgl. Poitras 2001, S. 17). In dieser Zeit der materiellen Not wuchs die Manga-Industrie, die nicht so sehr von technischen Geräten abhängig war, zu einem billigen Unterhaltungsmedium heran (vgl. Gros 1997), und beherrschte den Medienmarkt, als sich dieser Ende der 50er Jahre wieder erholte. Aus diesem Grund kann der Manga als „archetypisches Nachkriegs-Popkulturphänomen" beschrieben werden (vgl. Kinsella 1999, S. 567).

Als einer der wichtigsten Initiatoren und Mitbegründer der modernen Manga-Industrie gilt Tezuka Osamu, der mit seiner völlig neuen Herangehensweise an das Medium Zeichentrick die Branche revolutionierte (vgl. Murray 2000), und in Japan allgemein als „Gott des Manga" verehrt wird (vgl. Thorn 1996). Ihm war es zu verdanken, dass die Comics inhaltlich wie formal eine Aufwertung erlebten (vgl. Lorenz 2000), da er Filmtechniken wie Close-Ups[170], Pseudo Slowmotions[171] und Dutzende andere ähnliche Tricks für seine Zeichentricks verwendete (vgl. Thorn 1995). Viele Merkmale, die heute japanischen Manga und Anime zugeschrieben werden, sind auf Tezuka Osamu zurückzuführen (vgl. Weidner 1998a) wie etwa die charakteristisch großen Augen und

---

[170] Nahaufnahmen
[171] Die Bilder waren so gezeichnet und aneinandergereiht, dass das in ihnen gezeigte Geschehen wie in Zeitlupe abzulaufen schien.

überdimensional langen Beine der Helden (vgl. Dimayuga 2000). Viele nennen ihn auch den „Disney Japans" (vgl. Apenname 1999), da er viele seiner Ideen von Disney und anderen amerikanischen Zeichnern übernommen und zu einem eigenen Stil umgearbeitet hat[172].

Er war es auch, der die Gattung der sogenannten „Story-Manga"[173] und das Genre des Mädchen-Manga (Shoujo Manga) kreierte, was zur Erschließung einer völlig neuen Zielgruppe führte (vgl. Lorenz U. 2000). Zu seinen bekanntesten Werken zählen unter anderem *„Tetsuwan Atom"*[174] und *„Jungle Emperor"*[175] (vgl. Murray 2000). Durch den wirtschaftlichen Erfolg der Manga und der stetig wachsenden Leserschaft, ging man Anfang der 60er Jahre schließlich daran, einige der erfolgreichsten Manga-Comics zu animieren (vgl. Poitras 2001, S. 17), was die Entstehung eines neuen Mediums zur Folge hatte: Der Anime war geboren.

Obwohl klar zwischen den beiden Medientypen unterschieden werden kann, und für jeden, sei es Anime, sei es Manga, ein eigenständiger Markt entstanden ist, hat sich ein gewisses Abhängigkeitsverhältnis entwickelt. Einerseits gibt es unzählige Anime, die auf Manga basieren, andererseits kann man auch das Gegenteil, also Comics zu Fernsehserien oder -filmen, beobachten. Der eine lernt vom anderen und umgekehrt, ob es nun Inhalt, Stil oder Technik betrifft.

4.3.2 Die Geschichte der Anime

Japan hinkte in den Anfangsjahren, was die Entwicklungen und Verbesserungen auf dem Gebiet der Animation betraf, dem Rest der Welt hinterher (vgl. O´Connell 1999), da es bis zum Ende der 50er Jahre, einfach formuliert, keine nennenswerte Filmindustrie gab. Diese erst relativ späte Entstehung und Festigung der animierten Zeichentrickbranche kann jedoch, zusammen mit den bereits erwähnten finanziellen Problemen des Landes,

---

[172] Tezuka bezeichnete sich selbst als ein großer Disney-Fan und gab zu, von dessen Arbeiten inspiriert worden zu sein (vgl. O´Connell 1999). So ist es nicht verwunderlich, dass seine Zeichentricks hauptsächlich an ein kindliches Publikum gerichtet waren.
[173] In ihnen werden Fortsetzungsgeschichten zu allen möglichen Themengebieten und mit sich weiterentwickelnden Charakteren geschildert. Die Story-Manga zählen heute zu der populärsten Form von Comics in Japan (vgl. Lorenz 2000).
[174] welcher in den USA unter dem Titel *„Astro Boy"* publiziert wurde
[175] besser bekannt als *„Kimba the White Lion"*

als eine der Hauptgründe angeführt werden, weshalb sich die japanische Trickfilmindustrie so konträr zu jener anderer Kulturen und Länder entwickelte. Mussten sich die Filmmogule des Westens Anfang der 60er Jahre auf das neue Medium Fernsehen erst einstellen, so entstanden in Japan die Medienimperien im Einklang mit dieser neuen Distributionsform (vgl. Rafaelli 1998). Filme und Serien wurden beispielsweise speziell für das Fernsehen produziert[176].

Die Tatsache, dass Japan zu arm war, um qualitativ hochwertige Realfilmproduktionen herzustellen, führte dazu, dass man sich vermehrt dem billigeren Trickfilm zuwandte (vgl. Poitras 2001, S. 17). So entstanden, wie bereits erläutert wurde, auf diesem Sektor eine Unmenge verschiedenster Genres (vgl. Brosche 1996).

Der Manga-Pionier Osamu Tezuka revolutionierte nicht nur die Comic-Szene, sondern führte auch die Anime-Industrie zu neuen Ufern (vgl. O'Connell 1999), indem er seine neuartigen Zeichentricks animierte, und sie als Serien ins Fernsehen brachte. Mit der Erstausstrahlung seines Comics „Tetsuwan Atom" im Jahr 1963 (vgl. Haberland 1997) markierte Tezuka den Beginn einer bis heute erfolgreichen Symbiose zwischen Manga, Realfilm und Anime (vgl. Poitras 2001, S. 18), und inspiriert von Tezukas Arbeit begannen viele Zeichner seinen Stil zu imitieren. Die moderne Anime-Industrie war geboren.

Anfang der 70er Jahre setzte dann ein regelrechter „Anime-Boom" ein (vgl. Satô 1997), der zur Folge hatte, dass erstens mehr und mehr Zeichentrickserien und -filme jeglicher Art den Markt überschwemmten (vgl. O'Connell 1999), dafür zweitens eine riesige Merchandisingindustrie entstand, und drittens das Ausland erstmals Interesse an den neuen japanischen Populärkulturgütern bekundete[177] (vgl. Levi 1996, S. 6f). Durch diese Menge an teilweise wenig qualitativen Anime, ging man ab etwa 1980 daran, die „Storylines"[178], Techniken und vor allem auch die

---

[176] 1962 wurde die erste animierte Fernsehserie ausgestrahlt (vgl. Haberland 1997).

[177] Es dauerte jedoch noch bis Anfang der 90er Jahre, bis sich die japanischen Zeichentrickserien und -filme in anderen Ländern gegen die dominierenden amerikanischen und europäischen Produktionen durchsetzen konnten (vgl. Newitz 1995), bzw. den gleichen Status erhielten.

[178] Mit dem Ausdruck „Storyline" bezeichnet man den geschichtlichen Verlauf einer Serie. Viele Anime hatten schlecht durchgearbeitete Storylines, in denen sich beispielsweise die Verhaltensweisen oder Charaktereigenschaften bestimmter

Ausbildung qualifizierter Zeichner zu verbessern (vgl. Poitras 2001, S. 22). Die Vertriebsform der OVAs wurde eingeführt, was den Produzenten erlaubte, eine gezielt kleinere Publikumsgruppe anzusprechen (vgl. Haberland 1997), und die computergenerierte Zeichentrickproduktion hielt Einzug in vielen Anime-Studios (vgl. Poitras 2001, S. 29).

Anime haben sich in Japan weithin als Unterhaltungsmedium etabliert. Allein 1994 sollen knapp 2200 neue Animeserien für Film, Fernsehen und Video produziert worden sein (vgl. Carow 1997), und so manche Einspielergebnisse können ohne weiteres mit Hollywood- oder Disney-Produktionen mithalten (vgl. Haberland 1997).

Um die japanischen Zeichentrickserien und -filme ist eine ganz eigene Jugendkultur entstanden. Die Titelsongs von Anime sind oft weit oben in den japanischen Popcharts, Synchronsprecher sind nationale Stars und auf ewig mit den Charakteren verbunden, denen sie einmal ihre Stimme geliehen haben (vgl. Haberland 1997). So ist es auch nicht verwunderlich, dass Anime und Manga heute von der japanischen Regierung zu Propaganda- und Informationszwecken benutzt werden (vgl. Gros 1997).

4.4 Wie arbeiten Anime? – Form und Inhalt

Da es eine so große Bandbreite an unterschiedlichsten Anime gibt, ist es schwierig allgemeingültige Merkmale und Darstellungsformen anzuführen, die einen japanischen Zeichentrick unverwechselbar als solchen definieren. Bestimmte technische, darstellerische oder inhaltliche Eigenheiten lassen sich zwar in vielen Anime wiederfinden, auf der anderen Seite gibt es jedoch auch eine ebenso große Anzahl an Anime, die mit gänzlich anderen Mitteln arbeiten. Die folgende Erläuterung zum Thema „Wie arbeiten Anime" soll trotzdem versuchen einen groben Einblick in die Art und Weise zu eröffnen, wie japanische Zeichentrickserien und -filme aufgebaut und gestaltet sind.

Helden von einer Folge auf die nächste für den Zuseher unnachvollziehbar veränderten.

4.4.1 Die Technik

Allgemein lässt sich sagen, dass Anime stark mit den Ausdrucksmitteln des realen Films arbeiten und diesen weitgehend imitieren (vgl. Barthe 1996), was vielleicht auch der Grund dafür ist, dass sie so lebensecht wirken. So findet man unter anderem die klassischen Techniken wie Kameraschwenks, Zooms, Fahrten, und Einstellungen wie Totale, Nah- oder Detailaufnahme (vgl. Poitras 2001, S. 58) in den Zeichentrickanimationen wieder, aber es werden mitunter auch Focus-[179] und Linseneffekte[180] oder Cross-Fadings[181] verarbeitet. Viele Anime zeichnen sich durch ihre animierten, dynamischen Hintergründe aus, die sie klarerweise kostenintensiver gestalten als jene Zeichentrickfilme ohne, weshalb die meisten amerikanischen Studios auf sie verzichten (vgl. Poitras 2001, S. 58). Der Computer ist für die Ausarbeitung solcher Effekte heute ein unverzichtbares Instrument geworden (vgl. Barthe 1996), da er viel Zeit und Geld spart. Weiters wurden durch ihn neue Gestaltungsmöglichkeiten entdeckt, die vorher undenkbar, weil zu kompliziert, gewesen wären. Den Spezialeffekten wird somit in Anime besondere Achtung geschenkt, und sie werden mit erheblichem Aufwand produziert (vgl. Kohlmann 2001), da sie den Großteil der zu erzielenden Wirkung ausmachen.

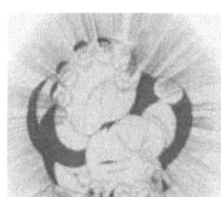

Abb. 11: Die um die Hände drappierten Linien sollen Bewegung verdeutlichen

Das herausragendste Merkmal ist, dass die meisten Anime vorrangig mit der Technik der „limitierten Animation" arbeiten (vgl. Raffaelli 1998), was bedeutet, dass im Gegensatz zur Vollanimation, die von amerikanischen Zeichentrickstudios benutzt wird, weniger Cells pro Bild verwendet werden (vgl. Levi 1996, S. 20f).

Dies hat zur Folge, dass die Bewegungen ruckartiger und weniger flüssig erscheinen (vgl. Apenname 1999). Oft wird der Bewegungsanteil einer Szene so stark minimalisiert, dass sich zum Beispiel während eine Person spricht, nur ihr

---

[179] Die Schärfeneinstellungen zwischen Vor- und Hintergrund ändern sich während einer Szene (vgl. Poitras 2001, S. 58).
[180] Das einfallende Licht spiegelt sich im Objektiv (vgl. Barthe 1996).
[181] Überblendungen ins nächste Bild (vgl. Raffaelli 1998).

Mund bewegt und der Rest des Gesichts oder Körpers wie eingefroren erscheint (vgl. Corliss 1999). Dieses offensichtliche Fehlen von (realitätsnaher) Bewegung wird jedoch durch andere Vorzüge (Effekte) wieder wettgemacht (vgl. Raffaelli 1998). Der gezielte Einsatz von Farben und Schattierungen gibt beispielsweise vielen Anime Tiefe (vgl. Apenname 1999) und lässt sie, trotz ihrer oftmals abgehackten Bewegungen, schwungvoller und realistischer erscheinen als so manchen Disneystreifen.

Eine weitere Methode Zeit, Geld und Material zu sparen, ist die Stimme aus dem Off, durch welche die Gedanken der zu sehenden Charaktere oder die Kommentare des Erzählers zum Ausdruck gebracht werden (vgl. Raffaelli 1998). Neben der verschiedenartigen Zeit- und Schnittverwendung[182] kann die Tonbearbeitung als nächster herausragender Unterschied zum amerikanischen Zeichentrickfilmen angeführt werden. Da in Japan anders als im Westen zuerst gedreht und anschließend Stimmen und Musik aufgenommen werden (vgl. Poitras 2001, S. 59), kann es des öfteren passieren, dass die Lippenbewegungen mit den dazugehörigen Worten nicht synchron sind.

Was ebenfalls zu der Andersartigkeit von Anime beiträgt ist die Tatsache, dass japanische Zeichentrickserien und -filme meist die geistige Arbeit eines einzelnen Visionärs sind (vgl. Izawa 1995). Können sich bei amerikanischen Produktionen viele Mitarbeiter als Schöpfer der Figuren und deren Geschichte bezeichnen, so werden bei Anime Layout, Hintergründe, Farbgebung und Schattierung, begleitende Musik und Soundeffekte, also das gesamte Werk, von einem Zeichner und seinen Assistenten ausgearbeitet (vgl. Geh 1998).

Der musikalischen Untermalung und der Synchronisation der Helden und Schurken kommen in Anime ebenfalls eine große Bedeutung zu (vgl. Barthe 1996). Die Sprecher und Sprecherinnen sind meist durchwegs bekannte Schauspieler und werden mit den Charakteren, denen sie ihre Stimmen leihen identifiziert (vgl. Poitras 2001, S. 90). Die Musik zu den

---

[182] Anime arbeiten einerseits sehr stark mit der Wirkung von Schlag-auf-Schlag-Action (und damit schnellen Schnitten) und räumen andererseits sich in die Länge ziehenden, ruhigen Dialog- oder Wartesszenen enormen Platz ein (vgl. Poitras 2001, S. 58). Das Aufeinandertreffen dieser beiden Gegenpole schafft eine ganz eigene Atmosphäre.

Serien und Filmen ist fast durchwegs von guter Qualität, und wird zur Unterstreichung von Gefühlen und Stimmungen der Figuren eingesetzt (vgl. Levi 1996, S.26), bleibt jedoch, anders als bei Disney-Produktionen, im Hintergrund (vgl. Izawa 2000a), und wird nicht als eigenständiges Instrument in die Geschichte miteinbezogen.

Der japanische Cartoon zieht zusammenfassend betrachtet, was die technische Qualität der Serien und Filme betrifft, im Vergleich mit dem amerikanischen, keineswegs den Kürzeren, wie oftmals behauptet wird. Anime stellen einfach eine gänzlich andere Herangehensweise an das Medium Zeichentrickanimation dar, da sie ihre qualitativen Schwerpunkte anders verteilt haben, womit es jedem selbst überlassen bleibt, zu entscheiden, was einem besser gefällt.

4.4.2 Personen und Gegenstände in Anime

Der Erfolg von Anime steigt und fällt mit ihren Hauptfiguren, deren Handlungsmotive und Entscheidungsmöglichkeiten ebenso im Mittelpunkt stehen wie ihre charakterliche Entwicklung. Sie sind demnach neben der inhaltlichen Komponente einer Geschichte der Schlüssel zum Erfolg einer Serie oder eines Films.

Die Figuren in Anime weisen, was ihr Aussehen betrifft, eine Reihe von Gemeinsamkeiten auf, die, vor allem im Westen, deshalb als typische Charakteristika japanischer Zeichentricks angesehen werden. Dazu zählen unter anderem große, runde, ausdrucksstarke Augen, kleine Münder, kaum sichtbare Nasen, blasse Haut, eine oftmals stark idealisierte Anatomie[183] und Haare in allen erdenklichen Farben (vgl. Barthe 1996/ Levi 1996, S. 14; Weidner 1998a; Izawa 2000a; Poitras 2001, S. 62). Die physischen Merkmale der Helden und Bösewichte orientieren sich demnach eher am westlichen als am asiatischen Erscheinungsbild. Dies mag Außenstehenden vielleicht seltsam erscheinen, doch empfinden Japaner diese physischen Wesenszüge nicht als wirklich westlich (vgl. Weidner 1998a).

---

[183] meist viel zu lange Beine und zu große Brüste

Abb.12: Bösewicht mit schmalen Augen und Schatten im Gesicht

Abb. 13: Oft zu findende Körperproportionen weiblicher Anime-Figuren

Abb. 14: Bösewicht mit schmalen Augen und Schatten im Gesicht

Die Augen der Figuren werden beispielsweise deshalb so überdimensional groß und rund gezeichnet, um mit und in ihnen Emotionen, welche die Hauptmotive für die Handlungen der Helden darstellen und diesen erst Sinn geben (vgl. Izawa 1997a), besser ausdrücken zu können[184] (vgl. Brophy 1994). Die Augen spiegeln die Seele der Charaktere wider (vgl. Levi 1996, S. 11), und außerdem wirken die Helden somit „niedlicher" und hübscher („kawaii"), weshalb Bösewichte oftmals mit mehr asiatisch wirkenden, also schmaleren Augen dargestellt werden, um sie weniger schuldlos aussehen zu lassen (vgl. Poitras 2001, S. 60; Poitras 1999, S. 102).

Abb. 15: Tropfen als aus dem Comic entnommenes Stilmittel

Die Haare der Hauptfiguren spielen ebenfalls eine wichtige Rolle. Da die meisten Personen in Anime, was Gesicht und Körperproportionen betrifft, schwer zu unterscheiden sind, helfen die verschiedenen Haarschnitte und -farben dem Zuseher die Protagonisten nicht zu verwechseln (vgl. Levi 1996, S. 12). Zusätzlich zu ihrem Identifikationszweck unterstreichen die Haarbewegungen der verschiedenen Charaktere die jeweiligen Handlungen. So flattert es im Wind, wirbelt während Kämpfen wild durcheinander oder setzt sich und verharrt bewegungslos in ruhigen Momenten (vgl. Poitras 2001, S. 62).

---

[184] Diese wurden von Osamu Tezuka eingeführt und standardisiert, welcher sie wiederum von Disney kopiert hatte (vgl. O´Connell 1999).

Ein zusätzliches Element, um bestimmte Gefühle und Stimmungen der Trickfiguren auszudrücken, sind Tropfen, Blumen oder Glitzerpunkte die neben den und rund um die Köpfe der Figuren gezeichnet werden. Tropfen signalisieren Nervosität, Ratlosigkeit, oder Verlegenheit (vgl. Poitras 1999, S. 101) und Blumen oder Glitzerpunkte deuten an, dass die damit umgebene Person in etwas oder jemanden verliebt ist (vgl. Poitras 2001, S. 62). Sind es Rosen mit Dornen, die den Helden oder die Heldin einhüllen, so indiziert dies zwar liebevolle Gefühle, jedoch in Verbindung mit Gefahr (vgl. Poitras 2001, S. 62f).

Anders als amerikanische Cartoons, die ihr Hauptaugenmerk auf die Handlung der Geschichte legen, räumen Anime der Charakterentwicklung ihrer Helden und Bösewichte einen elitären Platz ein (vgl. Izawa 1995). Die Charaktere wachsen und verändern sich, lernen neue und verbessern alte Fähigkeiten, reifen und erlangen Weisheit (vgl. Izawa 1995). Die Hervorhebung der Eigenschaften und Wesenszüge der Personen lassen Anime emotionaler und auch melodramatischer wirken (vgl. Geh 1999). Gefühle und die Art wie sie ausgedrückt werden, bekommen eine übergeordnete Bedeutung.

So gibt es in Anime beispielsweise auch kein starres Schwarz-Weiß-Bild von Gut und Böse. Die Figuren sind realistischer, vielschichtiger und weniger perfektioniert als viele ihrer amerikanischen Pendants[185], und wirken dadurch menschlicher (vgl. Stack 1999), ja fast sympathischer. Viele Geschichten handeln von einfachen Leuten, die verborgene Kräfte, geheimes Wissen oder andere Fähigkeiten, die sie von anderen abgrenzen, besitzen (vgl. Izawa 1997a). So hat der Zuseher seine realistisch inszenierte Traumwelt. Ein Held wird durch seinen Willen, das Beste für eine Sache, an die er glaubt, zu geben, ausgezeichnet (vgl. Levi 1996, S. 68). Er kann deshalb trotzdem schlechte Eigenschaften haben, oder manchmal sogar böse Taten vollbringen (vgl. Poitras 2001, S. 55). Das gleiche gilt für den Bösewicht. Man versteht seine Beweggründe, und kann sich mit ihm oder ihr, seinen Hoffnungen und Träumen, identifizieren. Nicht selten werden sogar Feinde von den Helden bekehrt (vgl. Izawa 1995).

In den meisten Serien wird der Held oder die Heldin von einer Gruppe von Freunden unterstützt, die oft ebenfalls Kräfte besitzen. Alleine ist er oder

---

[185] vor allem verglichen mit Disney

sie zu schwach, um gegen die übermächtigen Gegner anzukämpfen, doch zusammen mit Freunden und geliebten Personen ist der Sieg fast immer gesichert. Das Gruppenprinzip hat also gegenüber der Individualität den (moralischen) Vorrang.

Hauptpersonen in vielen Anime sind selbstbewusste, starke, junge Frauen[186] (vgl. Brosche 1996), die sich um andere kümmern, niemals aufgeben, und dadurch die Kraft entwickeln, die Welt zu retten (vgl. Izawa 2000b). Männer werden im Vergleich dazu als schwach, beinahe farblos dargestellt, was im krassen Gegensatz zur noch immer männerdominierenden, japanischen Gesellschaft steht (vgl. Baranyi 2001). Doch obwohl die Frauen in den Trickserien stark und unabhängig sind, sehnen sie sich und warten sie paradoxerweise auf jemanden, der sie beschützen kann (vgl. Izawa 1997b). Die chauvinistische Darstellung von Frauen und ihren Beziehungen zu Männern, hat sich zwar in den letzten zwanzig Jahren erheblich gesenkt, ist jedoch immer noch Bestandteil, wenn auch oft in humorvoller oder versteckter Art und Weise, vieler japanischer Zeichentricks (vgl. Gauntlett 2001).

Männliche Helden weisen im Gegenzug oft stark feminine Gesichtszüge auf[187] (vgl. Levi 1996, S. 76), was den Anime-Konsumenten verwirren kann, da es dadurch manchmal so scheint, als würde ein Liebespaar aus zwei Frauen bestehen, was ja in japanischen Zeichentrickserien keine Seltenheit ist, da es, anders als im Westen, unzählige Anime gibt, in denen gleichgeschlechtliche Paare vorkommen (vgl. Johnson 1999).

Die Realitätsnähe von Hintergründen (z.B. Städte) und Gegenständen ist ein weiteres Anime-Charakteristika, worauf beinahe ebensoviel Wert gelegt wird wie auf die gesamte Geschichte und die Charakterdarstellung der Figuren (vgl. Mana 1992). Vor allem die technischen Details von Fahrzeugen aller Art und deren Zubehör werden naturgetreu

---

[186] und dies nicht nur in Shoujo Anime
[187] Dies ist auf die Samurai Tradition zurückzuführen, als Liebesbeziehungen zwischen den alten Samurai-Meistern und ihren jungen Auszubildenden als etwas völlig normales angesehen wurden. In späteren Theaterstücken wurden die jungen, hübschen Burschen hauptsächlich von Mädchen gespielt, was vielleicht als Grund für die feminin wirkenden Männerdarstellungen in Anime angeführt werden kann (vgl. Levi 1996, S. 76).

nachempfunden[188] (vgl. Brosche 1996). Jedoch auch bei nicht existierenden Dingen wie Raumschiffen oder Robotern ist die Detailverliebtheit der Zeichner zu finden, indem die phantastischen Technologien genauestens dargestellt und erklärt werden (vgl. Chennavasin 1999).

4.4.3 Die Art der Erzählung

Was die Entwicklung der Serien, die Dramaturgie der Geschichten und die Erzählgeschwindigkeit und -dichte von Anime angeht, können keine spezifischen, definierenden Merkmale genannt werden. Es hängt in erster Linie vom Genre und den zu verarbeitenden Themen ab, wie eine Story dem Publikum präsentiert wird.

Was jedoch beinahe alle Anime auszeichnet, ist, dass sie in einer begrenzten Anzahl von Folgen eine abgeschlossene Geschichte erzählen, die häufig noch von sekundären Handlungsbögen durchzogen ist (vgl. Barthe 1996), die sich natürlich nahtlos in die übergeordnete Handlung einfügen. Es ist demnach nicht möglich, die einzelnen Folgen, wie dies bei amerikanischen Cartoons der Fall ist, willkürlich nacheinander abzuspielen (vgl. Levi 1996, S. 27). So ist es für den Zuseher einerseits schwieriger, der Story zu folgen, da er bei Versäumen einzelner Folgen, wichtige, für den Handlungsverlauf bedeutende Informationen nicht erhält. Andererseits gestaltet sich die Rezeption der Serien mit Sicherheit interessanter, weil komplexer.

Weiters wird sehr stark auf der emotionalen Ebene gearbeitet. Wie im vorigen Kapitel beschrieben wurde, erfolgt dies unter anderem durch die Hervorhebung der Charaktere[189], ihren Ängsten, Freuden, Hoffnungen, Gefühlen, etc. Erzählgeschwindigkeit und -dichte sind ebenfalls Mittel, um den gefühlsbindenden Effekt auf das Publikum noch zu verstärken. So lässt man sich beispielsweise sehr viel Zeit, um scheinbar banale Geschehnisse, wie etwa den Spaziergang eines Pärchens, das sich verliebte Blicke zuwirft, darzustellen, forciert jedoch Sekunden später das Tempo[190] extrem. Die Erzählgeschwindigkeit ändert sich also in Anime ununterbrochen. Möchte

---

[188] Auf Motorrädern sind beispielsweise sogar die Beschriftungen der Bremskabel sichtbar (vgl. Barthe 1996).
[189] Die Geschichte entsteht rund um einen ausgearbeiteten Charakter und nicht umgekehrt (vgl. Izawa 2000a).
[190] etwa für eine sogleich folgende Kampfszene

man die Handlung das eine Mal am liebsten selbst vorantreiben, vermag man ihr das andere Mal beinahe nicht zu folgen. So stellen sich nicht so schnell Ermüdungserscheinungen bei der Rezeption von Anime ein.

Was die Erzähldichte angeht, verwirren manche Anime. Vor allem in Filmen oder den ersten Folgen einer Serie wird der Zuseher mit einer Flut von Informationen überhäuft, die es einem unmöglich machen, alles zu verstehen. Manchmal werden Details auch bewußt vorenthalten, und erst zu einem späteren Zeitpunkt preisgegeben. Je älter die Zielgruppe einer Serie, desto komplizierter die Geschichte, desto komplexer die Charaktere und desto komprimierter die Erzähldichte.

Die Tatsache, dass Anime meist abgeschlossene Geschichten erzählen, führt dazu, dass eine Serie, im Gegensatz zu einem amerikanischen Zeichentrick, irgendwann zu einem Ende finden muss. Und hier wird auch nicht auf ein „Friede-Freude-Eierkuchen-Schema" gesetzt, was demnach ein typisch westliches Happy-End[191] bedeuten würde (vgl. Geh 1999). Man unterscheidet in japanischen Zeichentrickserien und -filmen meist drei verschiedene Arten eine Geschichte enden zu lassen: Der Held gewinnt den finalen Kampf oder die Liebe der oder des Angebeteten, der Held gewinnt, muss dafür jedoch einen größeren Verlust hinnehmen, oder der Held stirbt[192] (vgl. Bernauer et al. 2001, S. 71). Da in Japan ein anderes Werte- und Normenverständnis herrscht, werden dort alle drei Varianten als Happy-Ends empfunden.

4.4.4 Gängige Themen und ihre Verarbeitung in Anime

Da bei Anime ein breites Genrespektrum abgedeckt ist, gibt es beinahe kein Thema oder Problem, das nicht schon einmal in einem Zeichentrick behandelt worden ist. Natürlich findet man trotzdem das eine oder andere Topic häufiger, wie es bekannterweise auch Genres gibt, die von der breiten Zusehermasse favorisiert werden. So markiert der Science Fiction Bereich in Japan das beliebteste Anime-Genre (vgl. Poitras 2001, S. 34), und neben ihm stellen Fantasy-, Comedy-, Sport-, und Romantik-Anime die am häufigsten produzierten Zeichentricks.

---

[191] Das Böse wird besiegt und die Vertreter des Guten bekommen letztlich all das, was sie sich gewünscht (und natürlich auch verdient) haben.
[192] meist nachdem er gewonnen hat

Durch die Vielzahl an Science Fiction-Anime sind Themen wie die Invasionen von Außerirdischen und daraus folgend Kriege, das Leben nach der Zerstörung der Erde durch Nuklearwaffen[193], die Roboter versus Mensch-Frage im Hinblick auf Menschlichkeit und Seelenleben[194], oder stark am mythischen und an japanischen Legenden orientierte Abenteuer immer wieder, in allen möglichen Varianten, zu finden. Ein Großteil der japanischen Zeichentrickserien und -filme beschäftigt sich mit der Sinnfrage: „Wissen Sie, wer Sie sind? Wer ist Ihre Mutter? Woher kommen Sie? Was ist Ihre Identität?" (vgl. Weinicke 1998, S. 320). Auch Liebe, Freundschaft und die meist sehr komplizierten, sozialen Beziehungen der Personen untereinander (vgl. Barthe 1996) spielen in vielen Geschichten bedeutende Rollen, und lassen sich quer durch die ganzen Genres ausmachen. Durch ihre vielfach äußerst menschlichen Charaktere, die sowohl ihre guten als auch ihre schlechten Seiten haben, wird auch vor heiklen Themen wie Vergewaltigung, Inzest, Krankheit, oder Tod nicht zurückgeschreckt (vgl. Weidner 1998a/ Barthe 1996), was Anime im Ausland viele Feinde, darunter vor allem Eltern, Erzieher und sogenannte Verfechter von Anstand und Moral, beschert hat.

Mit dem Thema Liebe kommen Aspekte wie Geschlecht, Beziehungen, Sexualität und Nacktheit zum Tragen – alles weiträumig verarbeitete Themen in Anime. Die Krisen und Probleme rund um Beziehungen, also das Verhältnis zwischen Freunden, Liebenden und auch Feinden, ist Kernpunkt vieler Geschichten[195]. So bietet die Darstellung der Geschlechter ein zentrales Verarbeitungsgebiet.

Entgegen dem niedrigen Stellenwert, den Frauen in der japanischen Gesellschaft genießen, gibt es etwa ebenso viele weibliche Serien- und Filmheldinnen als männliche (vgl. Levi 1996, S. 115). Sie werden meist sehr spärlich bekleidet, stark und sexy dargestellt, was diskriminierend wirkt, jedoch die Verkaufszahlen in die Höhe schnellen lässt. Ihre

---

[193] Die Bombenabwürfe von Hiroshima und Nagasaki, und die daraus resultierenden Ängste der Bevölkerung vor einem weiteren Atomkrieg und dessen Konsequenzen (vgl. Weinicke 1998, S. 320), wurden auf vielfältige Art und Weise in Anime verarbeitet.

[194] Die Geschichte über Puppen mit eigenen Seelen, mit der Fähigkeit zu lieben, wird oft behandelt (vgl. Poitras 2001, S. 18). Solche Erzählungen erinnern stark an das im Westen bekannte Märchen von Pinoccio.

[195] vor allem in Shoujo Anime

Beziehung zum „stärkeren" Geschlecht kann man in drei verschiedene Kategorien einteilen: die ungleiche Beziehung[196], eine Beziehung in der sich das Machtverhältnis ändert[197] und eine stabile, gleichberechtigte Beziehung (vgl. Izawa 1997b).

Neben heterosexuellen Beziehungen spielen jedoch Bi- und Homosexualität sowie Transvesti-tismus in einigen japanischen Zeichentrickserien und -filmen eine tragende Rolle (vgl. Gauntlett 2001). Wobei man beachten muss, dass Japan und Amerika verschiedene Definitionen vom Begriff der gleichgeschlechtlichen Liebe haben. So werden in Japan intensive körperliche Freundschaften zwischen jungen Mädchen oder auch Jungen als völlig normal angesehen. In Amerika gilt dies oft schon als Vorbote, als Potential für spätere Homosexualität (vgl. Levi 1996, S. 133ff). Vielleicht ist es in Japan auch nur Gewohnheit, da gleichgeschlechtliche Liebe[198] schon sehr früh toleriert und akzeptiert wurde. Anime verarbeiten diese, wie auch andere „schwierige" Themen, oft auf humorvolle Art und Weise und versehen ihre Charaktere mit einem gewissen Maß an Selbstironie (vgl. Johnson 1999).

Von Liebe wird schnell auf Sex, Erotik und Porno geschlossen. Natürlich gibt es auch zu diesen Gebieten Zeichentrickmaterial, jedoch nicht in dem Maß, wie es dem gesamten Animemarkt vom Westen vorgeworfen wird. Man verwechselt hier oft Nacktheit mit Pornographie („Hentai"), denn nackte Körper sind in Anime durchaus keine Seltenheit (vgl. Barthe 1996). Was jedoch beachtet werden muss, ist, dass viele Darstellungen unbekleideter Frauen, Männer oder Kinder erstens in völlig unerotischen Situationen geschehen und so entweder Verletzbarkeit oder Coolness symbolisieren sollen[199] (vgl. Brosche 1996), und zweitens in Japan mit dem Thema Nacktheit wesentlich offener umgegangen wird als im Westen.

Die Präsenz negativer Themen wie Gewalt, Krankheit und Tod machen die Geschichten lebensechter. Ein wichtiger Faktor dabei ist, dass ihr Gebrauch (Gewalt) oder Auftreten (Krankheit und Tod) in Anime immer in Verbindung mit den damit auftretenden Konsequenzen gezeigt wird (vgl.

---

[196] der Mann ist stark, die Frau ist schwach
[197] hier werden entweder starke Frauen von Männer „bekehrt", also weicher, sanfter und abhängiger gemacht oder umgekehrt
[198] etwa zwischen Samurai-Meistern und ihren Schülern
[199] Oftmals auf humorvolle Art und Weise (vgl. Poitras 2001, S. 64)

Poitras 2001, S. 63). So spritzt beispielsweise Blut, wenn jemand angeschossen wird, und Personen, die sterben, stehen Sekunden später nicht wieder auf, als wäre nichts geschehen. Natürlich gibt es auch im Actionbereich Extreme, aber gehören sie wie bei den anderen Kleinstgenres, zu einer unbedeutenden Minderheit.

Anders als im amerikanischen Cartoon, in dem höchstens für die Haupthandlung unwichtige Personen oder Bösewichte das Zeitliche segnen (vgl. Levi 1996, S. 97), ist es in Anime sehr wohl möglich, dass der Held oder die Heldin stirbt (vgl. Mana 1992). Ihr Tod muss nicht einmal heroisch sein, denn viele Charaktere finden ein sinnloses, schäbiges, unverdientes Ende (vgl. Levi 1996, S. 98).

Ein anderer Grund für ihr Ableben ist, dass die Hauptfiguren in Japan sehr häufig tragische Helden sind. Sie kämpfen für eine aussichtslose Sache, finden dabei meist letztendlich den Tod[200] und werden so unsterblich (vgl. Levi 1996, S. 101f). Es ist im Übrigen nicht wichtig ob die Sache, für die der Betreffende stirbt, eine gute ist oder nicht, ob sein Tod Sinn hat oder nicht, wichtig ist nur die Tatsache, dass jemand selbstlos sein Leben gibt (vgl. Barthe 1996).

4.5 Anime erobern den Westen

Der Westen, und allen voran Amerika, hat, vor allem in den letzten zehn Jahren, das Potential von japanischen Zeichentrickanimationen entdeckt, und erfolgreich versucht, sie in ihre Medienlandschaft zu integrieren. So genießen Anime heute in den USA einen beinahe ähnlich hohen Stellenwert wie in Japan (vgl. Carow 1997).

Obwohl die ersten Anime schon relativ früh, nämlich in den 60er Jahren, in die Staaten kamen, realisierten die wenigsten Zuseher, dass Serien wie *„Astroboy"* (1964) oder *„Kimba the White Lion"* (1966) keine amerikanischen Produktionen waren (vgl. Levi 1996, S. 6). Dies änderte sich in den 70er Jahren, und allmählich wuchs eine immer größer werdende Fangemeinde japanischer Zeichentrickserien und -filme heran (vgl. Poitras

---

[200] meist durch „Seppuku", der rituellen Selbsttötung (vgl. Poitras 1999, S. 115)

2001, S. 30f), die von der einheimischen Medienindustrie nicht mehr ignoriert werden konnte.

Da jedoch der Zeichentricksektor in Amerika beinahe ausschließlich ein kindliches Publikum ansprach, und viele Anime aber für ein älteres Publikum konzipiert worden waren, ging man daran die japanischen Importe kindgerecht zu zensieren[201] (vgl. „Anime Censorship" 2001)[202]. Damit schlug man zwei Fliegen mit einer Klappe, indem man einerseits der steigenden Nachfrage gerecht wurde, und man andererseits keine neue Zielgruppe ansprechen musste. Ob die Geschichten dadurch bis zur Unkenntlichkeit verzerrt wurden, war nicht von Bedeutung. Von einem anderen Standpunkt aus betrachtet, kann man natürlich auch anmerken, dass die kulturellen Unterschiede zwischen Japan und Amerika den Zensoren einen (Rechfertigungs)Grund boten, die importierten Anime für das amerikanische Publikum umgestalten zu „müssen", da die Geschichten, oder Teile davon, ansonsten nicht verstanden worden wären (vgl. Kubo 2000).

In den 90ern setzte dann der große „Anime-Boom" ein. Die Anime-Fans der 70er und 80er Jahre waren dem Zeichentrick treu geblieben und verlangten nun ihrem Alter entsprechende Produktionen, als ihnen klar wurde, dass der Anime-Markt viel mehr zu bieten hat, als amerikanische Vertriebe ihnen bis jetzt geben wollten (vgl. Flakk 2001). Zusätzlich entdeckten immer mehr Jugendliche dieses, gegenüber dem amerikanischen Pendant, gänzlich andere Medium, und die Anime-Fangemeinde wuchs. Vor allem das Meisterwerk „Akira" (1989) und die erstmalige Ausstrahlung der Serie „Sailor Moon" im Jahr 1995 trugen dazu bei, dass die Anzahl der Fans innerhalb kürzester Zeit dramatisch anstieg (vgl. Poitras 2001, S. 32).

So haben sich die amerikanischen Anime-Fans für die Medienvertriebe zu einem ernstzunehmenden, signifikanten Marketingfaktor entwickelt, was dazu geführt hat, dass die Suche nach und die Rezeption von japanischen

---

[201] Indem man beispielsweise die „störenden", weil nicht ins Bild von unfehlbaren Helden passenden, Charaktereigenschaften der Figuren änderte, und auch vor der Zensur ganzer Episoden nicht zurückgeschreckte (wenn etwa im Original eine Person starb) (vgl. Levi 1996, S. 8f).
[202] N.N. (2001): Anime Censorship in America.
In: http://www.gurlpages.com/starsenshi/animecensorship.html

Zeichentrickwerken heute kein Problem mehr darstellt[203], da man ohne Bedenken sagen kann, dass sie[204] im amerikanischen Fernsehen und Kino heute bereits zum Mainstream gehören (vgl. Townsend 1999). Sie laufen in den regulären Programmen der Fernsehsender, sind beinahe überall als Videos und DVDs erhältlich[205], und werden im Internet auf den Homepages der einzelnen Anime-Fanclubs zum Herunterladen angeboten, von Fans für Fans sozusagen (vgl. Newitz 1995).

Bei übersetzten Anime hat man oft die Wahl zwischen synchronisierten und untertitelten Versionen (vgl. Carow 1997). Bei der Synchronisation werden die Originalstimmen[206] durch, im Falle Amerika, Englisch sprechende Akteure ersetzt. Bei der Untertitelung wird der Soundtrack des Originals beibehalten, und Dialoge werden am unteren Bildschirmrand in Textform übersetzt. Beide Distributionsformen haben ihre Vor- und Nachteile, und Fans streiten sich heute noch, welche die bessere ist.

Synchronisierte Filme scheinen auf den ersten Blick vorteilhafter, weil sie angenehmer und für den Rezipienten weniger anstrengend zu konsumieren sind. Man kann sich auf die Handlung der Geschichte konzentrieren, und wird nicht ständig, wie dies bei untertitelten Versionen der Fall ist, dadurch abgelenkt, den, das Bild oft verdeckenden, Textlinien folgen zu müssen (vgl. Carow 1997). Leider gehen durch schlampige Transkriptionen und unübersetzbare Phrasen, ironische Seitenhiebe vollständig verloren[207] (vgl. Brosche 1996), und unverständlicherweise sind synchronisierte Anime auch kostengünstiger[208] als Original-Anime mit Textdialogen (vgl. „Dub vs. Sub" 1999)[209]. Andererseits wird bei untertitelten Zeichentrickfilmen mittels des japanischen Soundtracks der Serien das ihnen anhaftende exotische, fremdländische Flair verstärkt, und die Filme und Serien

---

[203] Außer es handelt sich um extreme Subgenres wie sadomasochistische oder überdurchschnittlich gewaltbeinhaltende Serien und Filme.
[204] vor allem Romanzen, Science-Fiction- und Fantasy-Horror-Geschichten
[205] Allein über den Videoverkauf und -verleih werden jährlich etwa 80 Millionen Dollar erwirtschaftet (vgl. Stack 1999).
[206] und in manchen Fällen auch die Musik
[207] Hier kann natürlich zu Recht eingewandt werden, dass diese sprachliche Nuancierung auch bei Untertitelungen verloren geht, da die Zuseher ja kein Japanisch verstehen.
[208] Wahrscheinlich weil die Masse der Zuseher an synchronisierte Filme gewöhnt ist und sie der Einfachheit halber auch favorisiert.
[209] N.N. (1999): Dubbing vs Subbing. In: http://scythe.net/archen/info/anime/sub.html

erscheinen „echter" (vgl. Levi 1996, S. 6), was die meisten Anime-Fans nicht missen wollen, weswegen sie untertitelten Versionen auch meist den Vorzug geben (vgl. Brosche 1996). Aus diesem Grund gehen viele japanisch sprechende Fans daran ihre Lieblings-Anime selbst zu übersetzen (vgl. Newitz 1994), und stellen diese, ihres Erachtens besseren Versionen, anderen Fans zur Verfügung[210].

In Sachen Vermarktungsrechte von Anime in Amerika waren die großen Studios wie Disney und Warner Brothers ihren Konkurrenten wieder einmal einen Schritt voraus. So sicherte sich Disney beispielsweise die Distributionsrechte für den Kassenschlager *„Mononoke Hime"*[211] (vgl. Flückinger 2001), und Warner Brothers brachte das in Japan bereits kursierende *„Pokémon"*-Fieber in die Staaten (vgl. Kubo 2000). Doch amerikanische Trickfilmstudios vertrieben die Werke japanischer Kollegen nicht nur, sondern ließen sich von ihnen auch, was ihre eigenen Produktionen betraf, inspirieren. In *„Toy Story"* orientierten sich die Macher[212] bei Stil- und Technik-Fragen einzelner Szenen beispielsweise sehr stark an japanischen Serien von Hayao Miyazaki[213] (vgl. Townsend 1999). So beeinflusst man sich gegenseitig: Amerika kopiert Japan[214], und Japan verarbeitet, stilistisch, technisch aber auch inhaltlich, immer mehr westliche Merkmale in ihren Anime und Manga.

Trotz dem stetigen Fluss an Animeserien und -filmen nach Amerika kann der amerikanische Markt jedoch noch keineswegs das gesamte japanischen Zeichentrickangebot abdecken (vgl. Bartlo 2001), da man es, wie bereits erläutert, erstens nicht wagt, dem amerikanischen Publikum bestimmte, von manchen als unmoralisch angesehene, Produktionen zuzumuten, und

---

[210] Im Vorspann ist dann oft folgendes zu lesen: „Subtitled by fans for fans. Not for sale or rent." (Newitz 1994).
[211] in Amerika lief der Film unter dem Titel *„Princess Mononoke"*
[212] erklärte Anime-Fans
[213] Hayao Miyazaki ist einer der berühmtesten Trickfilmregisseure Japans und unter anderem Schöpfer von *„Heidi"*, *"Cagliostro no shiro"* und *„Mononoke Hime"* (vgl. Williams et al. 2001, S. 109).
[214] Es gibt bereits amerikanische Zeichentricks, die im „Anime-Stil" gezeichnet und animiert werden (vgl. N.N. (2001): Anime Censorship in America. In: http://www.gurlpages.com/starsenshi/animecensorship.html), und den Originalen helfen in Amerika weiter Fuß zu fassen.

zweitens nur bereits erprobte, also in Japan erfolgreich gelaufene, Werke eingekauft werden[215].

Im Westen breitet sich somit die Vorliebe für asiatische Populärmedien immer weiter aus, was bei manchen zu einer regelrechten Manie führt. Hier kommt der Ausdruck „Otaku" ins Spiel. „Otaku" ist der japanische Slang-Ausdruck für eine sozial zurückgezogene, schüchterne Person, die ein regelrecht besessenes, pathetisches Interesse an etwas zeigt (Levi 1996, S. 2), wie etwa Computerfreaks, Modefanaten oder eben auch Anime-Fans. Anders als in Japan, wo die Bezeichnung als Schimpfwort oder Beleidigung gilt (vgl. Newitz 1994), nennen sich amerikanische und europäische Anime-Liebhaber mit Stolz Otakus (vgl. Poitras 2001, S. 9). Der Begriff Otaku wird im Westen auch ausschließlich dafür verwendet, Fans von japanischen Zeichentrickheften, -filmen oder -serien zu definieren (vgl. Reitz 1997).

Der Großteil der amerikanischen Otakus ist männlich, gehört keiner bestimmten Rasse an und ist durchschnittlich zwischen 18 und 25 Jahre alt (vgl. Newitz 1994). So findet man an den meisten High Schools und Colleges Fanclubs (vgl. Levi 1996, S. 3), die sich gegenseitig mit Video-, Laserdisc-, oder DVD-Material versorgen und auch Veranstaltungen und Treffen mit Gleichgesinnten veranstalten.

Was amerikanische Fans an Anime so fasziniert ist unter anderem der damit verbundene Kontakt zu einer ihnen völlig fremden, und der dadurch oft hervorgerufene kritische Blick auf die eigene Kultur (vgl. Newitz 1995), aber auch die deutlich wahrnehmbare Verarbeitung von westlichen Eigenheiten, sei es nun stilistisch oder inhaltlich (vgl. Newitz 1994). Das Problem, das sich dabei zeigt, ist dass bestimmte Inhalte, ironische Seitenhiebe und Botschaften in Anime vom amerikanischen Publikum nicht verstanden werden (vgl. Weidner 1998a), ja gar nicht verstanden werden können, da sie spezifische, nur in Japan vorkommende, Eigenheiten darstellen. So wird Nasenbluten etwa mit sexueller Erregtheit gleichgesetzt (vgl. Poitras 1999, S. 101), aber andere, für uns eindeutig sexistisch wirkende Darstellungen, haben völlig harmlose Bedeutungen. Auch das, durch ihre familiäre und berufliche Position begründete hierarchische Stellungsverhältnis verschiedener Menschen, der spezifische Umgang mit

---

[215] zwecks Kostenpunkt

Religionen, der besondere Stellenwert der Jahreszeiten und die etwas andere Bedeutung von Ferien oder Feiertagen ist Nicht-Japanern fremd (vgl. Levi 1996, S. 24f). Dem ausländischen Rezipienten werden diese, ihm fremden Handlungsmotive und Handlungsweisen, nicht erklärt, was unter anderem damit zu tun hat, dass Anime-Schöpfer davon ausgehen, dass sie ihre Geschichten ausschließlich für und über Japan erzählen (vgl. Levi 1996, S. 3). Aber vielleicht macht gerade das die Filme so anziehend. Der Fan hat somit die Möglichkeit Interpretationen zu entwerfen, und die Geschehnisse nach seinem eigenen Gutdünken zu bewerten.

Eine andere Schwierigkeit stellt die unterschiedliche Art und Weise des Geschichtenerzählens dar, da in Japan sehr viel mit Symbolismen gearbeitet wird (vgl. Weidner 1998a), und der amerikanische Otaku nicht daran gewöhnt ist, in Trickserien oder -filmen dergleichen vorzufinden.

Viele Otakus entdecken über Anime ihre Liebe zu Japan. Verblüffend ist, dass viele den stark konservativen Touch, der heimischen Produktionen angelastet wird, bemängeln, und mutma-ßen, dass Japan offener und liberaler ist, was bei genauerer Betrachtung nicht stimmt. Das He-rangehen an bestimmte Themen erfolgt einfach auf eine gänzlich andere Art und Weise als im Westen, doch findet man in Japan ebenso starre Klischees und stereotype Denkweisen. Der Unterschied zum Westen liegt nur darin, dass in japanischen Zeichentrickanimationen mit diesen starren Mechanismen der realen Welt aufgeräumt, und der Phantasie und Offenherzig-keit freien Lauf gelassen wird. So lässt sich auch das Finden von Extremen[216] in vielen Anime erklären, welche hauptsächlich dafür verantwortlich sind, dass Anime vielen „anständigen" Amerikanern ein Dorn im Auge sind. Letztlich kann man sagen, dass *„wenn die Vorurteile und vorschnellen Schlüsse der westlichen Welt, was das Attribut „gute" Animation betrifft, einmal beiseite gelegt werden könnten, dann würde man entdecken, dass japanische Cartoons ihr Publikum begeistern, sie emotional näher an die Charaktere heranführen, sie mit spekta-kulären Bildern faszinieren können und dies bei einer immensen Themenbandbreite"* (Raffaelli 1998)

---

[216] wie etwa äußerst brutal wirkende Gewalt oder wilde Sexorgien

5 Die Methoden und das Material

Die vorigen Kapitel boten ein allgemeines Bild über die amerikanische und japanische Zeichentrickwelt, wobei neben der geschichtlichen Entwicklung des Mediums auch Angaben zur spezifischen stilistischen und technischen Verarbeitung gegeben wurden. Nun sollen Unterschiede und Gemeinsamkeiten in Form und Inhalt mittels qualitativer und quantitativer Analysemethoden heraus gearbeitet werden.

5.1 Forschungsfragen und Ziele

Der japanische Cartoon grenzt sich in etlichen Belangen von den Zeichentrick-Produktionen anderer Länder ab, und kann aufgrund seiner spezifischen Machart meist sofort als solcher identifiziert werden. Doch nicht nur formal, sondern auch inhaltlich wagen sich Anime in Bereiche vor, die im Zeichentrick für gewöhnlich tabuisiert sind. Die Helden der Serien werden etwa mit Themen wie Tod, Sexualität, Gewalt, Pornographie, etc. konfrontiert, und verarbeiten diese aufgrund anderer kultureller Gegebenheiten in manchen Geschichten auf eine Art und Weise, die laut westlichen Anschauungen seltsam und ungewöhnlich erscheinen mögen.

Hier zeigt sich bereits die für diese Untersuchung ausschlaggebende Problematik. Der in den letzten Jahren steigende Export japanischer Zeichentrickserien nach Europa und Übersee führte, infolge des enormen Anklangs bei Kindern, Jugendlichen und Erwachsenen, nicht nur zu einem großen wirtschaftlichen Erfolg[217] und einem regelrechten Anime-Boom, sondern vor allem seitens Pädagogen, Erziehern und Eltern zu zahlreichen Diskussionen über die Zulässigkeit der japanischen Populärkulturgüter. Anders als in Japan, wo Zeichentrickserien von allen Altersklassen rezipiert werden, besticht im Rest der Welt der Cartoon noch immer als Kindergenre, und allen voran gelten Disney-Produktionen als die kindgerechten Zeichentrickfilme und Zeichentrickserien schlechthin. Die Überschwemmung des amerikanischen und europäischen Marktes mit Anime ließen die seit je anhaltenden Diskussionen über kindgerechtes

---

[217] nicht zuletzt durch die riesige Merchandisingindustrie

Fernsehen erneut entfachen, wobei Themen wie Gewalt im Zeichentrick, die Bedeutung pädagogisch wertvoller Botschaften sowie allgemeine Qualitätskriterien im Kinderfernsehen an erster Stelle stehen. Dabei bleibt meist völlig außer acht, dass Anime aus einem dem Westen nahezu fremden Kulturkreis kommen, demnach bestimmte Verhaltensweisen, Geschichten, Gestiken und selbst witzige Anekdoten vom Zuseher, ungeachtet ob Kind oder Erwachsener, nicht verstanden werden können.

Da der österreichische und deutsche Markt nicht nur im Spielfilmbereich, sondern auch was sein Kinderprogramm betrifft, zum Großteil von amerikanischen Zeichentrickstudios bedient wird, zeigt der Vergleich amerikanischer Serien mit Anime, inwieweit sie sich voneinander unterscheiden, was ihnen gemein ist, daraus können vielleicht Rückschlüsse darauf gezogen werden, weshalb sich die japanischen Trickfilme einerseits so großer Beliebtheit erfreuen, sie aber andererseits ebenso starke Ablehnung hervorrufen. Die folgenden fünf Forschungsfragen, die im Anschluss begründet und deren Aufstellung mittels Ergebnissen aus ähnlichen Studien gerechtfertigt wird, sollen helfen, diesem Phänomen auf die Spur zu kommen.

Forschungsfragen:

- Wird Gewalt in japanischen Zeichentrickserien für Kinder realitätsnäher präsentiert als in US Cartoons?
- Gibt es sowohl im japanischen als auch im amerikanischen Zeichentrick klar definierte Grenzen zwischen „Gut" und „Böse"?
- Werden Frauen und Männer in Anime gleichwertiger dargestellt als in US Cartoons? Und dominiert im US Cartoon das männliche Geschlecht als Helden- und Leitfigur?
- Werden in amerikanischen und in japanischen Cartoons Gefühle als Zeichen von Schwäche verstanden und werden diese verstärkt den weiblichen Protagonisten zugeschrieben?
- Versuchen Zeichentrickserien für Kinder bestimmte (pädagogische) Botschaften zu vermitteln?

Das Thema Gewalt, seine Präsentation und vor allem seine Wirkung auf das kindliche Publikum[218] ist ein jahrelang diskutierter und studierter Einzelaspekt im Bezug auf das Zeichentrickangebot im Fernsehen, wobei die Meinungen der Experten, speziell was die möglichen Wirkungsfolgen der Rezeption gewalthaltiger Serien betrifft, oftmals weit voneinander abweichen. Die zur Folge verschiedenen Thesen und widersprüchlichen Untersuchungsergebnisse konnten demnach bis heute keine klärende Antwort auf die Frage nach der Wirkung von medialer Gewalt[219] für das kindliche Publikum geben.

Theunert schloss bei ihrer Rezeptionsstudie (1996) aus den Aussagen von Vorschul- und Grundschulkindern, dass das kindliche „Gewaltverständnis primär von ihren realen sowie persönlichen Erfahrungen und Beobachtungen in der unmittelbaren und weiteren Umwelt bestimmt ist" (Theunert 1996, S. 109), wobei Mädchen und Jungen unterschiedliche Hintergründe einbringen, was sich wiederum auf die geschlechtsvariierende Gewaltakzeptanz, sowohl in der realen Welt als auch im Fernsehen, auswirkt[220] (vgl. Theunert 1996, S. 109). Die Definition einer Handlung oder Szene als gewalthaltig ist demnach ein sehr subjektiver Akt, wobei das Alter der kindlichen Rezipienten eine ebenso große Rolle wie deren unmittelbares Umfeld spielt (vgl. Kunczik 1994, S. 47ff.).

Was nun die Wirkung von Zeichentrickgewalt betrifft, sind die Lager der Experten ebenfalls gespalten. Schreiben einige violenten Serien, aufgrund befürchteter Imitationshandlungen, ein großes Gefahrenpotential zu (vgl. Groebel/Gleich 1993, S. 105/ Krüger 1996, S. 114ff), so behaupten andere, dass der fiktionale Charakter der Gewaltdarstellungen in Cartoons von Kindern erkannt wird[221] und diese nicht als brutal oder aggressiv, sondern

---

[218] Und hier speziell auf die jungen, männlichen Konsumenten, welche an action- und kampfbetonten Serien mehr Gefallen finden als Mädchen (vgl. Theunert 1996, S. 101).

[219] vor allem im Zeichentrick

[220] Die geschlechtsspezifischen Vorlieben der Kinder mögen mit ein Grund für die Etablierung von eigens für Jungen bzw. Mädchen konzipierten Zeichentrickserien sein.

[221] Hier ist von Kindern ab dem sechsten Lebensjahr die Rede. Bei Vorschulkindern wird davon ausgegangen, dass sie nicht dazu in der Lage sind Zeichentrickgewalt bewusst zu realisieren und ihre Fiktionalität zu erkennen (vgl. Theunert 1996, S. 110), was wiederum die Frage nach einer möglichen Wirkung aufwirft.

als lustig und harmlos, interpretiert werden (vgl. Theunert 1996, S. 110/ Kunczik 1983, S. 339). Serienspezifische Merkmale wie die klare Abgrenzung von Gut und Böse, die Folgenlosigkeit gewalthaltiger Handlungen und einsichtige Motive des Helden zur violenten Tat[222] unterstützen die Kinder in dieser Einschätzung. Diese Verharmlosungstheorie wird zunächst in Paus-Haases „Neue Helden für die Kleinen" (1991) ob dem Erscheinen neuer Action-Cartoons, die sich von ihren Vorgängern hinsichtlich ihrer dramaturgischen Gestaltung und größeren Realitätsnähe unterscheiden, kritisch hinterfragt, kann jedoch aufgrund der Ergebnisse der durchgeführten Inhaltsanalysen weitgehend bestätigt werden, da sich die Fiktionalität unterstreichenden, oben erwähnten Eigenheiten auch in neuer datierten Zeichentrickserien finden lassen.

Diese Analyse zielt jedoch nicht darauf ab das Wirkungspotential amerikanischer und japanischer Zeichentrickserien miteinander zu vergleichen, sondern soll versuchen formale und inhaltliche Unterschiede aufzuzeigen. Viele amerikanische Produktionen wurden bereits ob ihrer unzulässigen Gewaltdarstellungen zensiert, aus dem Programm genommen oder überhaupt verboten, obwohl doch der Trickfilm das Kindergenre verkörpert und dies berücksichtigend angenommen werden kann, dass die Hersteller die Zielgruppe Kind bei der Produktion der Serien im Hinterkopf hatten. Anime[223] konnten sich im Gegensatz dazu isoliert entwickeln, und erfuhren, verglichen zu den Cartoons im Westen, keine Zensur von Seiten besorgter Pädagogen oder Eltern[224]. Schrammen, Blut, Tote oder schmerzverzerrte Gesichter werden in vielen Anime als Folge von Gewalthandlungen gezeigt, womit der Cartoon an Realitätsnähe gewinnt (vgl. Poitras 2001, S. 63). Inwieweit der japanische Zeichentrick sich hinsichtlich seiner Gewaltpräsentation nun wirklich vom amerikanischen Trickfilm unterscheidet, und welche ersten Rückschlüsse auf die mögliche Wirkung gezogen werden können, soll die erste Forschungsfrage klären.

---

[222] Notwehr, Bedrohung von geliebten Menschen durch einen Bösewicht, Zerstörung oder Raub von Besitz, etc.
[223] und hier nicht nur jene für Erwachsene, sondern auch jene für Kinder
[224] vielleicht auch aus dem Grund, dass die Zeichentricks in Japan auch für Erwachsene produziert werden und sie sich so großer Beliebtheit erfreuen.

Eine Reihe von Studien zum Thema Zeichentrick[225] konnten belegen, dass Cartoons, ihre Inhalte und der Aufbau der einzelnen Episoden[226] in der Regel bestimmte, charakterisierende Merkmale aufweisen, welche die Rezeptionsweise der jungen Zuseher unterstützen, da sie im Gegensatz zu Erwachsenen Filmsubjekte nicht differenziert wahrnehmen können. „Was Erwachsene als stereotype und klischeehafte Darstellungen kritisieren, bietet Kindern Orientierung und Sicherheit" (vgl. Weber 1998, S. 36). Beispiele für den kindgerechten Aufbau der Serien wären mitunter klare dramaturgische Strukturen, der ritualisierte gute Ausgang einer Geschichte, mehrere kleinere Spannungsbögen innerhalb einer Episode, folgenlose Gewaltakte, der Einsatz von Humor zur Abschwächung gefährlicher, ernster und dramatischer Situationen und die eindeutige Abgrenzung zwischen Gut und Böse (vgl. Paus-Haase et al 1991/ Theunert 1996/ Weber 1998). Kinder brauchen Identifikationsfiguren in den Serien, wobei sie sich darüber klar sein müssen, in welches Lager ihr Held einzuordnen ist. Würde ein Vertreter der „Guten" plötzlich böse Züge an sich erkennen lassen und die Seite wechseln, so stünde das ihn favorisierende Kind plötzlich regelrecht zwischen zwei Stühlen. Die Kleinen wissen über ihre Fernsehhelden Bescheid und vertrauen darauf, dass sie immer so handeln wie es von ihnen erwartet wird (vgl. Marzok 2001, S. 164).

Anime grenzen sich durch ihre oftmals komplexen Handlungen und Charakterzuschreibungen der Helden, der Weiterentwicklung der Figuren und daraus folgend deren Veränderung (vgl. Levi 1996, S. 67ff), von der in anderen Cartoons zu findenden, kindgerechten Aufarbeitung ab. Der Konflikt zwischen Gut und Böse ist trotzdem in beinahe allen Serien zu finden, und die zweite Forschungsfrage soll klären, inwiefern sich amerikanische und japanische Helden und Widersacher voneinander unterscheiden, welches Verhältnis sie prägt und welche Eigenschaften den Hauptfiguren beider Lager zugeschrieben werden.

Die immer wiederkehrende Präsentation von Figuren, die durch ihre Erscheinung und Einbindung in das Programm als Frauen oder Männer identifiziert werden, tragen dazu bei die Vorstellungen der Gesellschaft von Männlichkeit und Weiblichkeit zu festigen (vgl. Götz 2000), sie spiegeln den Status des jeweiligen Geschlechts in der jeweiligen Zeit wieder. Im

---

[225] Becker et al. 1992/ Theunert 1996
[226] und hier wurden vor allem amerikanische Trickfilme begutachtet

Zuge der Emanzipation scheint das Fernsehen bezüglich der geschlechterstereotypen Darstellungsweise von Mann und Frau einen deutlichen Umbruch zu erfahren, und Studien wie jene von Weiderer (1993, 1994), welche Frauen und Mädchen eine stereotype und unterrepräsentierte mediale Darstellung diagnostizieren, wirken veraltet. Doch trotz der steten Zunahme an Moderatorinnen, weiblichen Heldinnen in Filmen oder Serien und an Produktionen, die ausschließlich für Frauen konzipiert wurden, konnten neuere Untersuchungen festmachen, dass sich an der Präsentation des weiblichen Geschlechts im Vergleich zu früher nicht sehr viel geändert hat (vgl. Dijck 1999).

Auch im Kinderfernsehen und speziell im Zeichentrick lassen sich diese typischen Geschlechterdarstellungen finden. 1998 wurde etwa in der jährlich stattfindenden Stichprobenuntersuchung[227] „Bestandsaufnahme zum Kinderfernsehen" festgestellt, dass Männer, ob klein oder groß, noch immer im Mittelpunkt der Handlungen stehen. Selbst Figuren, die nicht explizit einem Geschlecht zugehören, tragen männliche Namen[228]. In der Regel zeigt sich folgendes Bild (vgl. Kalkofe et al. 1991, S. 130ff/ Götz 2000/ Bachmair 1998): Der Held ist männlich, er bestimmt das Geschehen[229], ist durchgehend positiv gezeichnet und muss in der Lage sein, sein Heim, seine Familie, seine Stadt oder sogar die Welt zu retten. Nur der athletische, gutaussehende Mann kann ein wirklicher Held sein, wogegen Dicke, Kleine und Hässliche sowie sogenannte „Softies" oder intellektuelle Typen eher bemitleidet oder belächelt werden. Jedoch nicht nur die wahre Helden, sondern auch die wahren Schurken scheint es nur bei den Männern zu geben. Frauen hingegen dienen in der Regel als Stafetten, als hübsche Zierden neben den perfekten Männern, als Opfer, die von den männlichen Helden gerettet werden müssen, etc. Ihre Position definiert sich dabei vorwiegend durch ihre Bedeutung für die männlichen Helden. Finden sich tatsächlich weibliche Hauptprotagonisten, wie dies in einer Reihe neuerer Serien[230] der Fall ist, so decken die Rollen jedoch bei weitem nicht

---

[227] Die Studie wurde an der Universität Gesamthochschule Kassel (GHK) in Zusammenarbeit mit dem Internationalen Zentralinstitut für das Jugend- und Bildungsfernsehen (IZI) beim Bayrischen Rundfunk und der Freiwilligen Selbstkontrolle der Fernsehwirtschaft (FSF) durchgeführt.
[228] so etwa die Mainzelmännchen
[229] auf der guten wie auf der bösen Seite
[230] z.B. „Ocean Girl", „Shirley Holmes" oder „Sailor Moon"

die Variationsbreite ab, die sich bei männlichen Protagonisten findet und bei näherer Betrachtung lassen sich bekannte Momente wie die Idealisierung des Körperbaus, Emotionalität als Handlungsauslöser, etc. entdecken.

Ob der Vormachtstellung amerikanischer Cartoons im deutschen Kinderprogramm und einer Untersuchung über Disneys stereotype Geschlechterdarstellung[231] (vgl. Giroux 1995) kann man daraus schließen, dass die Präsentation von Frau und Mann und ihre Beziehung zueinander im US Zeichentrick ebenfalls diesem Typus entsprechen.

Aufgrund starker kultureller Unterschiede zwischen West und Ost ist anzunehmen, dass Frauen in Anime, ob nun für Kinder oder Erwachsene, anders dargestellt werden als in amerikanischen Zeichentricks, da die Frau in Japan einen anderen Stellenwert besitzt als im Westen. Laut Sharon Kinsella, Professorin für Japanologie an der Cambridge University, kann das Bild der Frau in Anime und Manga nicht generalisiert werden. Das Spektrum weiblicher Protagonistinnen reicht von mütterlich über roboterhaft bis vollkommen monströs, und Frauen sind im Zweifelsfall auch stärker, unendlich viel furchterregender und phantasievoller gezeichnet sind als Männer (vgl. Rogers 1997). Dies lässt schlussfolgern, dass die Rolle der Frau im japanischen Trickfilm nicht ausschließlich zur Darstellung des und zur Zierde für den männlichen Helden dient, sondern ihre Handlungen und Taten aus ihrem eigenen Dasein begründet sind, sie einen ebenso hohen Stellenwert genießt wie die männlichen Helden. Die dritte Forschungsfrage soll klären, inwieweit die Disney-Serien, als Synonym für amerikanischen Zeichentrick, den gängigen Geschlechtsstereotypen entsprechen, und in welcher Form sich der Anime in seiner Geschlechterdarstellung davon abgrenzt bzw. ob überhaupt Unterschiede festgestellt werden können.

Gefühle und Emotionen werden, wie einige der oben erwähnten Studien deutlich machten, hauptsächlich weiblichen oder anderen schwachen Charakteren zugeschrieben. Frauen handeln aus emotionalen Motiven heraus, sind demzufolge in vielen Situationen nicht in der Lage klar durchdachte Entscheidungen zu treffen und Aktionen zu setzen, wodurch sie Fehler begehen, aus denen ihnen in der Regel ein männlicher Superheld

---

[231] Disney zählt schließlich immer noch als die Macht in der (amerikanischen) Zeichentrickwelt.

helfen muss (vgl. Kalkofe et al. 1991, S. 130). In der Studie von Paus-Haase (1991) wurde zudem festgestellt, dass vor allem in Action-Cartoons das Zeigen von Gefühlen[232] eher selten geschieht. Da die Ergebnisse dieser Studien zu einem Großteil auf die Analyse amerikanischer Zeichentrickfilme und Zeichentrickserien basieren, liegt es nahe diese zu generalisieren und allen bzw. dem Durchschnitt aller US Cartoons einen geringen Anteil an Emotionalität, aber wenn vorhanden diese den weiblichen oder anderen schwachen Charakteren zuschreibend, zu attestieren.

Aufgrund vermuteter konträrer Geschlechterdarstellungen in Zeichentrickwerken aus den USA und Japan, ist der Vergleich hinsichtlich emotionaler Ausprägungen der Serienhelden interessant, da diesbezügliche Ergebnisse auch Rückschlüsse über die Darstellung von Mann und Frau in den jeweiligen Popkulturgütern der beiden Länder zulassen.

Im Westen sind sich Kinder und Erwachsene einig, dass Cartoons Kinderprogramm sind[233]. Die Zuordnung des Genres zu dieser speziellen Zielgruppe, bringt die Forderung nach gewissen Qualitätskriterien des Trickfilms mit sich. In unzähligen Diskussionen und Zusammenkünften engagierter Pädagogen mit Programmmachern bzw. Zeichentrickproduzenten wurden im Laufe der Jahre Qualitätsmerkmale und wünschenswerte inhaltliche Themenschwerpunkte für gutes Kinderfernsehen aufgestellt[234]. So soll qualitativ hochwertiges Kinderfernsehen „seinen Zuschauern ein ganzheitliches Angebot machen, das ihnen hilft, in ihrer menschlichen Entwicklung voranzukommen. Nach Lage der Kinder in unserer Gesellschaft muss es Partei für sie ergreifen, sich auf ihre Seite stellen und sie vor funktionalen, rein materiellen bzw. instrumentellen Zugriffen beschützen helfen. Es muss ihnen helfen leben zu lernen" (Albus 1994, S. 383).

Diese Forderungen finden ihre Berechtigung in den Ergebnissen der Studie von Charlton und Neumann-Braun (1992), welche besagen, dass sich „Kinder auf der Grundlage der von ihnen gemachten Erfahrungen mit den

---

[232] Körperliche Berührungen, Zuneigungsbekundungen, verbale Äußerungen zum emotionalen Befinden, Zeigen von Angst, Furcht, Panik, Liebe, etc.
[233] Ergebnis der Studie „Kinder und Cartoons" von Theunert/Schorb (1996)
[234] wobei immer berücksichtigt werden muss, dass diese Kriterien von Erwachsenen aufgestellt werden, es demnach auch ihre Welt- und Lebensdeutung ist, die sich in den Sendungen, Programmen und Chartas widerspiegelt (vgl. Bachmair 1997, S. 50).

dargebotenen Themen selektiv auseinandersetzen", und das Fernsehen somit „symbolische Materialien unterschiedlichster Art zur Verfügung stellt, mit dem die Kinder spielen und neue, den eigenen Bedürfnissen angepasste Geschichten erzeugen, die mit der Version des Gesehenen nicht notwendigerweise Übereinstimmen muss". Kinder deuten Fernsehinhalte vor dem Hintergrund ihrer jeweiligen Alltagserfahrungen, versehen sie mit Bedeutung und setzen sie in Beziehung zu ihren aktuellen Freuden und Leiden, Sehnsüchten und Befindlichkeiten (vgl. Weber 1998). Somit bedeutet Fernsehen kein passives Verharren vor dem Bildschirm, sondern es schafft einen Erfahrungs- und Erlebnisraum.

Im Zusammenhang mit diesen Ergebnissen bleibt die Frage nach der Sinnhaftigkeit moralischer oder für pädagogisch wertvoll erachteter Botschaften in Trickfilmen bzw. Trickserien offen. Zum einen wollen Kinder in erster Linie unterhalten werden, und selektieren aus den ihnen angebotenen Inhalten, jene, für sie wertvolle, Aspekte heraus (vgl. Paus-Haase et al. 1991, S. 53). Zum anderen soll das Fernsehprogramm Kindern helfen, sich weiter zu entwickeln, ihnen Informationen über sich selbst und andere bieten, und somit auch Realitätsklärungen, Wertvorstellungen und gesellschaftliche Normen vermitteln (vgl. Bachmair et al. 2001, S. 24).

In welcher Form und in welchem Ausmaß die zu vergleichenden Cartoons mit Ratschlägen, moralischen Botschaften und Wertevermittlungen arbeiten, und ob diesbezüglich etwa die starken kulturellen Unterschiede zu erkennen sind, soll die letzte Forschungsfrage klären.

5.2 Die theoretische Basis und die Analyseinstrumente

Der zentrale Begriff „Film- und Fernsehanalyse" verbirgt sich in einer Vielzahl an unterschiedlichen Disziplinen und methodischen Zugängen. „Vom spontanen mehr oder weniger nachvollziehbaren intuitiven Filmessay über die literarische Filmbetrachtung, von cineastischen Einschätzungen bis hin zu kulturkritischen, psychologischen, soziologisch, politisch motivierten Untersuchungen ganzer Filmgruppen oder einzelner historischer Phasen" (Korte 2001, S. 14f.), stellen all diese Zugänge legitime Annäherungen an das komplexe Phänomen Film bzw. Fernsehen dar. Werden diese Herangehensweisen gruppiert, stehen zur Analyse generell zwei unterschiedliche Methoden zur Verfügung: Die „objektive", quantitative Film- und Fernsehanalyse und die qualitative, auf „ganzheitliche Verstehensmomente rekurrierende, Filminterpretation" (Korte 2001, S. 15).

Bei ersterer spielt die Inhaltsanalyse eine bedeutende Rolle. Ihr Ziel ist es, Strukturen in den Äußerungen in den Massenmedien auf eine objektivierbare, d.h. quantifizierbare, Weise zu ermitteln (Hickethier 2001, S. 31). Aus diesem Grund werden die Häufigkeiten bestimmter Merkmale erhoben, werden Kennzeichen für oder gegen etwas ausgezählt, wird die Stärke der einzelnen Argumente gemessen sowie die Häufigkeit bestimmter Muster und wiederkehrender Motive in ihrem Zusammenhang mit anderen Bestandteilen des Produkts ermittelt (vgl. Prokop 1980, S. 82ff). Bei der qualitativen Analyse geht man von der Mehrdeutigkeit der filmischen und televisuellen Werken aus, was dazu führt, dass Filme und TV-Sendungen oder -serien, abhängig vom subjektiven Empfinden und Verstehen des Rezipienten, jeweils auf eine andere Art und Weise interpretiert werden. Ziel hierbei ist es, die Differenz zwischen dem „Eigensinn des Textes", dem vom Produzenten gemeinten und dem vom Zuseher aufgefasste Sinn aufzuzeigen (vgl. Hickethier 2001, S. 33). Wurden die Instrumente lange Zeit klar getrennt voneinander angewandt, ging man Anfang der siebziger Jahre daran, sie zu kombinieren (vgl. Hickethier 2001, S. 31), da vor allem die Wirkungsforschung entdeckt hatte, dass neben der Auswertung inhaltlicher Komponenten der formale Aufbau von Filmen und Fernsehsendungen einen entscheidenden Einfluss auf das Publikum haben kann, da er es vermag das Verständnis über den Inhalt der Geschichten zu fördern, aber eben auch zu mindern (vgl. Mikos 1996, S. 52).

Für die im Rahmen dieser Arbeit durchgeführte Analyse muss ebenfalls eine Mischform aus quantitativer und qualitativer Untersuchung ins Auge gefasst werden. Quantifizierungen sollen als Belege für die späteren Interpretationen herangezogen werden, indem mit Hilfe eines sogenannten Filmprotokolls die einzelnen Serien in Sinneinheiten (Szenen) eingeteilt und nach bestimmten Schematas aufgezeichnet werden (vgl. Hickethier 2001, S. 38f). So können Angaben zum genauen Handlungsverlauf, den jeweiligen Dialogen, der Zahl und Dauer der Einstellungen und aller Kamerabewegungen gemacht werden (Bause et al. 1991, S. 68). Zu diesem

Zweck werden zu den jeweiligen Serien jeweils drei Folgen ausgewählt, deren Aufbau und Strukturierung anhand des Filmprotokolls ersichtlich werden. Dieses, rein auf den formalen Ablauf fixierte, Filmprotokoll wird vor der eigentlichen Analyse aufgesetzt und soll diese später erleichtern, da die diesbezüglichen Ergebnisse anschließend als Vorlage zur qualitativen Interpretation der Sinn- und Bedeutungszusammenhänge von Äußerungen, Handlungen und Artefakten dienen.

5.2.1 Das Serienprotokoll und der Untersuchungsleitfaden

In einem ersten Schritt werden beim Serienprotokoll die einzelnen Folgen in sogenannte Sequenzen eingeteilt. Eine Sequenz stellt eine Handlungseinheit dar. Laut Hickethier (2001, S. 38) zeichnen sich Handlungseinheiten durch unterschiedliche Handlungskontinuen aus. Die Markierung verschiedener Handlungseinheiten erfolgt durch einen Ortswechsel, eine Veränderung der Figurenkonstellation und durch einen Wechsel in der erzählten Zeit bzw. der Erzählzeit (Hickethier 2001, S. 38). Neben der Sequenzierung gibt es noch das sogenannte *„Einstellungsprotokoll"* (vgl. Hickethier 2001, S. 38f). In ihm werden die Handlungseinheiten auf ihrer stilistisch-formalen Ebene untersucht, was bedeutet, dass Angaben zu Kameraperspektiven, Kamerabewegungen, Einstellungsgrößen, Licht und Ton gemacht werden. Dieses Vorgehen erleichtert in der Leitfadenuntersuchung die Verknüpfung zwischen Form und Inhalt zu erkennen, da das Hauptaugenmerk auf die narrativen Komponenten gerichtet, und deren Verstärkungen oder Milderungen durch filmästhetische Mittel im Einstellungsprotokoll einfach nachgeschlagen werden kann. Die aus dem Protokoll ersichtlichen Merkmale und formalen Stilmittel der einzelnen Serien fließen in die Leitfadenuntersuchung mit ein, weshalb es auch keiner Extraauswertung bedarf. Die sequenziellen Aufzeichnungen zu den verschiedenen Episoden können im Anhang eingesehen werden.

Das Protokoll sieht demnach folgendermaßen aus:

Titel der jeweiligen Episode

Seq	Auftretende Personen	Handlungsbeschreibung	Kamerabewegung/ Montage	Einstellung/ Perspektive	Licht/Ton

Nach Erstellung des Serienprotokolls müssen für den Leitfaden Untersuchungsschwerpunkte gesetzt werden, um die Analyse überschaubar zu machen. Aus diesem Grund wird das Ziel dieser Untersuchung mittels Sichtung der aufgestellten Forschungsfragen reflektiert.

So gestalten sich die in dieser Analyse aufzuarbeitenden Aspekte wie folgt:

- Darstellung der Gewalt
- Vermittlung eines bestimmten Weltbildes („Gut" vs. „Böse")
- Stereotypenausbildung (Geschlecht)
- Darstellung von Gefühlen
- Vermittlung von Moral und pädagogischen Botschaften

Dies beachtend wird in Anlehnung an Paus-Haase (1991) folgender Leitfaden für die Analyse der Serien verwendet:

Erzählweise (Auf welche Art und Weise wird die Geschichte erzählt?)

Erzählform

- Rahmen (Vorspann, Abspann, Trailer)
- Geschwindigkeit (Sprechgeschwindigkeit des Erzählers, Schnelligkeit der Schnitte, Kamerabewegungen)

- Auftreten der Konfliktpartner (erster, zweiter, mehrere oder kein Konfliktpartner)

Handlungsstruktur

- Grundkonflikt der Serie (Welche Inhalte werden vermittelt? Welche Hauptthemen werden behandelt?)
- Dramaturgie der Serie (Aufbau)
- Handlungsstränge (Anzahl und Verknüpfung der Stränge nach Inhalt und Form so wie Gewichtung der Nebenhandlungsstränge nach Dauer, Besetzung und Relevanz für den Konflikt)
- Handlungsführung (linear oder parallel)
- Spannung (ihre inhaltliche oder formale Erzeugung und Auflösung)
- Gewalt (In welchen Formen tritt Gewalt auf? Stellt der Gewaltaspekt einen wichtigen Teil der Handlung dar?)

<u>**Handlungsträger**</u> (Wie werden die Handlungsträger dargestellt?)

- **Der Held** (über Vorspann und periodisches Auftreten definiert)
- **Der/die Widersacher** (Ständiges Personal oder Gast? Wie werden sie als Gast eingeführt?)
- **Der/die Helfer und Nebenfiguren** (Ständiges Personal oder Gast? Wie werden sie als Gast eingeführt? Ihre Funktion im Zusammenhang mit dem Konflikt? Auswirkungen auf die Figurenkonstellation?)
- **Beziehungen innerhalb Gruppen** (hierarchisch oder gleichberechtigt)
- **Rollenverhalten** (Beziehungen zwischen Personen, die nicht Gruppe angehören)
- **Beziehung Held – Widersacher** (gegenseitige Beurteilung, Verständigung, Konfrontation, Bestrafung des Unterlegenen?)

Alle Handlungsträger werden unter folgenden Fragestellungen analysiert:
- Wie sehen sie aus? (genaue Beschreibung)
- Was tun sie? (Wie? Motive? Womit?)
- Sprache (Stimme, Tonfall)
- Charaktereigenschaften (mehrdimensional oder flach, ihre Verstärkung durch formale technische Mittel wie Kameraperspektive, Licht, Musik, etc.)
- Entwickeln sie sich? (Wie durchleben sie diese Entwicklung? Wie gehen sie mit Gefühlen um?)
- Rollenproblematik
- Sozialer Status (Beruf)

5.2.2 Der Analyseleitfaden, seine Anwendung und Begriffsdefinitionen

Der Analyseplan wird Punkt für Punkt auf die Folgen der einzelnen Serien angewandt, wobei der Gesamtkontext der jeweiligen Cartoons in das Ergebnis mit einbezogen wird. Der Bezug zur Grundbeschaffenheit der Serien ist dadurch gegeben, dass neben der feinanalytischen Betrachtung jeweils dreier Folgen zusätzlich weitere Episoden gesichtet wurden.

Da der Analyseleitfaden an die Untersuchung Paus-Haases (1991) angelehnt ist, werden auch folgende Begriffsdefinitionen daraus entnommen:

Der *Handlungsstrang* setzt sich aus Haupt- und Nebenhandlungssträngen zusammen. Der Hauptkonflikt der einzelnen Folgen wird als Haupthandlungsstrang bezeichnet, zusätzliche, unterzuordnende Probleme der Helden oder anderer Figuren werden dem Nebenhandlungsstrang zugeordnet. Haupt- und Nebenhandlungsstränge sind in vielen Fällen inhaltlich und/oder formal miteinander verknüpft. Die *Handlungsstruktur* spiegelt die Zusammensetzung der verschiedenen Handlungsstränge wider.

Unter *Dramaturgie* wird die äußere, strukturelle Bauform der Serien verstanden.

Die Analyse der *Spannung* stellt das größte Problem dar, da es keine allgemeingültige, wissenschaftlich abgesicherte Methode zu ihrer

Untersuchung in Film und Fernsehen gibt. So ist die szenische Zuschreibung des Attributs „spannend" dem subjektiven Empfinden des Interpreten überlassen. Zwar gibt es, zieht man bereits durchgeführte Produktanalysen verschiedener Filme und Serien zwecks Vergleichsmöglichkeiten heran, bestimmte formale Stilmittel, denen man sich bedient, um Spannung auf- oder abzubauen. Solche formalen Spannungserzeuger sind etwa Schnitte, Einstellungsgrößen, Musik, Geräusche, etc[235]. Auf der inhaltlichen Ebene kann der Spannungsverlauf einer Serie immer über eine Bedrohung[236] definiert werden.

Bei der Analyse von *Gewalt* wird grundsätzlich zwischen personaler und struktureller Gewalt unterschieden. Unter personaler Gewalt werden alle Formen der physischen und psychischen Gewalthandlungen zwischen Personen oder zwischen Personen und Sachen verstanden (vgl. Bause et al. 1991, S. 84). Strukturelle Gewalt bezeichnet die unterschiedlichen Gewaltformen in den Strukturen eines gesellschaftlichen Systems (vgl. Galtung 1971).

5.3 Die zu analysierenden Serien

Da der amerikanische Trickfilmmarkt sich, was die Vielfalt an Zeichentrick-Genres betrifft, mit dem japanischen nicht messen kann, ist es wenig sinnvoll für den Vergleich einen Anime zu untersuchen, der an ein älteres Publikum gerichtet ist. Fakt ist, dass die Mehrheit der in Amerika angebotenen Zeichentrickfilme und Zeichentrickserien für Kinder konzipiert wurden. Aus diesem Grund wurden zum Zweck der Analyse jeweils zwei Trickserien pro Land ausgewählt, die vorwiegend an ein kindliches Publikum gerichtet sind. Bei den Serien handelt es sich zum einen um Zeichentricks für Mädchen, und zum anderen um solche für Jungen, da bei den Produkten[237] große Unterschiede hinsichtlich des Stils, des Inhalts und etwaiger Botschaften ausgemacht werden können. Als Vertreter der japanischen Kindercartoons werden zum einen die Mädchen-

---

[235] Die schnellere Schnittfolge einer Szene muss nicht unbedingt darauf schließen lassen, dass es hier zu einem Spannungsauf- oder -abbau kommt.
[236] verbal oder körperlich
[237] vor allem in Japan, aber zum Teil auch in Amerika

Action-Serie „*Bishoujo*[238] *Senshi*[239] *Sailor Moon*"[240] und zum anderen die an Jungen gerichtete Abenteuer-Serie „*DragonBall*"[241] analysiert. Dieser Analysen stehen als Vertreter amerikanischer Zeichentrickserien zwei Werke der Walt Disney Studios gegenüber, welche selbst heute noch ein Monopol in Sachen Cartoons innehaben: „*The Little Mermaid*"[242] (als Zeichentrickserie für Mädchen) und „*Aladdin*" (als Zeichentrickserie für Jungen) gegenüber. Die japanischen Zeichentricks sind in Japan primär für eine Altersstufe ab zwölf Jahren produziert worden. Dies muss bei der Analyse berücksichtigt werden, da der Disney-Konzern für seine Serien keine Altersbeschränkungen verlautbart hat. Erwähnenswert ist in dieser Hinsicht, dass europäische und auch amerikanische Fernsehsender die importierten Anime einem weitaus jüngeren Publikum zumuten als ihre japanischen Pendants. So liegt die Altersgrenze für „*Sailor Moon*" in Deutschland beispielsweise bei sechs Jahren, und auch „*DragonBall*" wird im frühen Nachmittagsprogramm ausgestrahlt.

Um aus einem Pool von Episoden drei für die Analyse relevante Folgen auswählen zu können, wurden von den Serien „*Arielle, die Meerjungfrau*", „*Aladdin*" und „*DragonBall*" jeweils acht Episoden aufgezeichnet. Da zum Zeitpunkt der Aufnahme kein Sender die Serie „*Sailor Moon*" ausstrahlte, wurden zum Zweck der Untersuchung vier Kaufvideokassetten mit jeweils zwei Episoden pro Tape erstanden. Obwohl die „*Sailor Moon*"-Folgen aus unterschiedlichen Staffeln zusammengewürfelt sind, ist dies für die Analyse kein Nachteil, sondern zeigt die für die Serie wichtigen Aspekte der Charakterentwicklung, das Wechseln der Bösewichte, das Hinzukommen neuer Figuren, etc[243]. Nach Sichtung aller aufgezeichneten

---

[238] Der japanische Ausdruck „*bi*" bedeutet nichts anderes als „schön", und der Begriff „*shoujo*" kann ins Deutsche mit „Mädchen" übersetzt werden (vgl. Kunsanagi 2000), was im Titel schon erkennen lässt, dass sich die Serie eher an ein weibliches Publikum richtet.
[239] „*Senshi*" bedeutet „Kriegerin"
[240] in Amerika und Europa läuft sie unter dem Titel „*Sailor Moon*"
[241] Die Fortsetzungsserie „*DragonBall Z*" wird hier außer acht gelassen, da sie an ältere Kinder und Jugendliche gerichtet ist und auch bei uns im Westen im Vorabendprogramm ausgestrahlt wird.
[242] "Die kleine Meerjungfrau"
[243] Obwohl die Entwicklung und das Wachsen der Charaktere sowie der Kampf gegen immer neue Gegner in "*DragonBall*" ebenfalls eine wichtige Rolle spielt, wurde davon abgesehen Videokassetten mit Episoden aus unterschiedlichen Staffeln zu erwerben, da deutlich erkennbare Veränderungen erst mit den

Episoden wurden jeweils jene drei ausgewählt, die hinsichtlich der erzählten Geschichte, der formalen Präsentation und bezüglich bestimmter Serienspezifika eine typische Folge markierten[244].

5.3.1 "Sailor Moon" – Mit der Macht des Mondes

Die Zeichentrickserie *"Sailor Moon"*[245], welche die Geschichte über eine Gruppe von Mädchen mit magischen Fähigkeiten erzählt, basiert auf dem gleichnamigen Manga der Japanerin Naoko Takeuchi (vgl. „Basic Sailormoon")[246]und ist sowohl an die griechische und römische, als auch an die japanische Mythologie angelehnt (vgl. „Mythology")[247]. Die Geschichte vereint Liebeskomödie und Actionserie, wobei beide Genreformen in gleichem Maße, sei es zeitlich oder inhaltlich, auftreten. Aufgrund eines immensen Erfolgs wurden von 1993 bis 1997 fünf Staffeln zu insgesamt 200 Folgen und drei abendfüllende Filme produziert, und unzählige Merchandisingartikel auf den Markt gebracht. Doch nicht nur Japan verspürte das „Sailor Moon – Fieber". Nicht weniger als 23 Länder kauften Lizenzen, um den Anime ausstrahlen zu können (vgl. Bernauer et al. 2001, S. 71).

Das Märchen von Sailor Moon und ihren Freunden wurde jedoch nicht nur in etliche Sprachen übersetzt, sondern auch auf die eine oder andere Weise abgeändert. Vor allem amerikanische Vertriebe zensierten bestimmte Szenen und zogen sogar manche Folgen ganz aus dem Verkehr[248].

Fortsetzungsgeschichten auftreten, welche nicht mehr unter dem Titel *„DragonBall"*, sondern unter der Bezeichnung *„DragonBall Z"* ausgestrahlt werden.

[244] Die Vorabkenntnis der Serien erleichterten hierbei die Selektion. So sind etwa verbale, humorvoll in Szene gesetzte, sexuelle Anstößigkeiten, Kämpfe mit witzigen Wortgefechten der Kontrahenten und verbale oder auch physische Auseinandersetzungen zwischen Freunden in *„DragonBall"* in vielen Folgen zu finden, weshalb derartige Episoden das Typische dieses Zeichentricks wiedergeben.

[245] im Original *"Bishoujo Senshi Sailor Moon"*

[246] N.N. (o.J.): Basic Sailormoon Informations.
In: http://members.nbci.com/_XMCM/ahndrayha/SM/Basicinf.htm

[247] N.N. (o.J.): Mythology.
In: http://members.nbci.com/_XMCM/ahndrayha/SM/mythology.htm

[248] Die in Österreich und Deutschland laufenden französischen Übersetzungen, die in dieser Analyse verwendet werden, wurden jedoch nicht abgeändert.

Auch im Internet ist „Sailor Moon" vertreten. In unzähligen Homepages, Websites und Fanclubs können Liebhaber der Serie Informationen zu ihren Helden finden, Fan-Artikel bestellen, in Chatrooms mit Gleichgesinnten fachsimpeln (Bernauer et al. 2001) und sich gegenseitig Videomaterial zum Downloaden anbieten.

Um die Serie „Sailor Moon" in ihren Grundzügen nachvollziehen zu können, muss man die Hintergrundgeschichte kennen. Da die Serie eine abgeschlossene Geschichte erzählt, die einzelnen Folgen also nicht willkürlich voneinander ausgestrahlt werden können, und sich die Charaktere auf die eine oder andere Art weiterentwickeln, ist es beispielsweise schwierig mitten in einer laufende Staffel einzusteigen. Es fehlt das nötige Vorwissen. Die nun folgende Beschreibung soll helfen die Analyse der einzelnen Folgen nachvollziehbarer zu gestalten.

Die Vorgeschichte zum Erdendasein Sailor Moons liegt tausend Jahre zurück. Zu dieser Zeit existierte auf dem Mond das Königreich des „Silber-Jahrtausends". Königin Serenity hatte die Königreiche aller Planeten vereinigt, und es herrschte Frieden im Universum. Die fünf Verteidigerinnen des Friedens hießen Sailor Merkur, Sailor Mars, Sailor Jupiter, Sailor Venus und wurden von der fünften im Bunde, der Tochter Serenitys, Prinzessin Serena (Prinzessin des Mondes) angeführt. Man nannte sie die „inneren Kriegerinnen". Diese fünf waren auserkoren, das Königreich gegen alles Böse zu verteidigen.

Zu dieser Zeit verliebten sich die Mondprinzessin Serena und der Erdenprinz Endymion ineinander. Die Erdenkönigin Perillia wurde eifersüchtig auf ihr Glück, da sie selbst in Endymion verliebt war. So verbündete sie sich mit dem Geist Königin Metallias, der Königin der Dunkelheit, und ein schrecklicher Krieg nahm seinen Anfang. Das Mondreich war der bösen Macht jedoch weit unterlegen, und im Laufe der letzten Schlacht wurden die fünf Verteidigerinnen des Silberkönigreiches getötet, und der Mond völlig zerstört.

Gegen Ende des Kampfes, als nur noch Königin Serenity und zwei Hüter namens Luna und Artemis am Leben waren, nahm Königin Serenity das Symbol der königlichen Familie, den heiligen Silberkristall, und speiste ihn mit ihrer Lebensenergie. Mit dieser Energie und der Macht des Silberkristalls verbannte sie alles Böse in eine andere Dimension. Einen

Teil dieser Macht setzte sie jedoch dafür ein, die fünf getöteten Sailorkriegerinnen und den Prinzen Endymion in eine andere, friedlichere Zeit zu transferieren, damit diese dort wiedergeboren werden. Ihre beiden Berater, Luna und Artemis, verwandelte sie in Katzen, versetzte sie in Tiefschlaf und schickte sie mit in die Zukunft, damit sie, falls abermals Gefahr droht, den Wiedergeborenen zur Seite stehen konnten. Dies forderte die gesamte Lebensenergie Serenitys, und sie starb. Mit ihrem Tod fiel der letzte Schutzwall, und das Königreich des Mondes wurde ausgelöscht.

Tausend Jahre später lebt die 14jährige Bunny im Tokio der Gegenwart. Sie ist schusselig, eine Heulsuse, und alles andere als mutig. Eines Tages trifft sie auf eine schwarze Katze, welche spricht, sich ihr als Luna, als Gesandte des Mondes, vorstellt, und erklärt ihr, dass sie auserwählt sei, das Universum zu retten, da Königin Perillia und ihre vier Generäle einen Weg gefunden haben in diese Dimension zurück zu kehren. Sie wollen nun Königin Metallia wiedererwecken. Da die Wiedergeborenen sich an ihre frühere Identität jedoch nicht erinnern können, ist es Lunas Aufgabe das Sailorteam wieder zusammenzustellen, um die Mondprinzessin zu finden.

Bunny und Luna machen sich auf die Suche und müssen fortwährend mit Dämonen aus dem Reich der Dunkelheit kämpfen. Im Laufe der ersten Staffel erhält Bunny alias Sailor Moon Verstärkung von vier anderen Kriegerinnen: Ami Mizuno (Sailor Merkur), Rei Hino (Sailor Mars), Makoto Kino (Sailor Jupiter) und Minako Aino (Sailor Venus). Außerdem steht ihnen in brenzligen Situationen immer ein geheimnisvoller, maskierter, junger Mann, Tuxedo Mask[249] zur Seite. Seine Waffen sind Rosen, die er einzeln vor seine Gegner auf den Boden wirft und sie damit außer Gefecht setzt. Auch wenn die Kriegerinnen alleine das ein oder andere Mal versagen und den Dämon nicht besiegen können, so gelingt es mit vereinten Kräften jedoch immer.

Königin Perillia gelingt es schließlich mit Hilfe ihrer bösen Macht Tuxedo Mask gefangen zu nehmen, sein Gedächtnis zu löschen und ihn auf die Suche nach dem Silberkristall zu schicken, den beide Parteien, sei es gut, sei es böse suchen. Er scheitert unzählige Male. Als Bunny entdeckt, dass Tuxedo Mask eigentlich Mamoru ist, bewirkt ihre Liebe zu ihm, dass sich die bisher gefundenen Kristalle vereinen, und sich in den Mondstab mit

---

[249] im wirklichen Leben Mamoru Chiba, und wie sich später herausstellt auch Prinz Endymion

dem legendären Silberkristall verwandeln. Durch den Silberkristall kann sich Sailor Moon[250] an ihre wahre Identität erinnern, ihr Dasein als Mondprinzessin. Dafür mußten jedoch alle anderen Sailorkriegerinnen und Tuxedo Mask sterben; doch durch die Kraft des Mondsteins kann Sailor Moon letztendlich nicht nur das Böse besiegen, sondern ähnlich wie ihre Mutter vor tausend Jahren, allen zu einem Neuanfang verhelfen, auch sich selbst. Allerdings wissen sie alle wiederum nichts mehr von ihrer einstmaligen Sailor-Identität.

In den weiteren vier Staffeln wiederholt sich die Geschichte im Großen und Ganzen. Das Böse taucht in immer neuer Erscheinung auf, und die Sailorkriegerinnen bekämpfen es. Doch durchleben die Charaktere im Laufe der Staffeln eine Entwicklung, und es treten neue Akteure auf. Dies sind unter anderem die „äußeren Sailorkriegerinnen" Sailor Neptun, Sailor Uranus, Sailor Pluto und Sailor Saturn, Chibiusa[251] und die drei Sailor Stars. Das Böse versucht weiter den Menschen ihre Energie abzusaugen. In der dritten Staffel haben sie es auf reine Herzen abgesehen und in der vierten Staffel durchsuchen sie die Träume der Menschen nach Pegasus, einem Einhorn aus dem Mondreich, in dessen Horn ein magischer Kristall versteckt ist.

5.3.2 „Dragonball" – Son Goku und seine Freunde

Wie „Sailor Moon" basiert die Zeichentrickserie „DragonBall" auf einem Manga. Dieser wurde 1985 von Akira Toriyama erfunden und erreichte bereits kurz nach seiner ersten Veröffentlichung einen enormen Bekanntheitsgrad. Schon bald aversierte er zu einer der beliebtesten Comics weltweit (vgl. „Dragonball" 2001)[252]. Die Geschichte geht auf eine alte chinesische Legende über den Affenkönig Sun-Wu-Kong zurück (vgl. Urban/Bündgens 2001), welche auf einen Roman aus dem 16. Jahrhundert basiert, welche heute in ganz Asien bekannt ist (vgl. Bündgens 2000a).

Die Serie „DragonBall" wurde in Japan von Toei Entertainment in Zusammenarbeit mit Bird Studios[253] kreiert. Von 1986 bis ins Jahr 1997

---

[250] wie der Zuseher bereits vermutet hat
[251] Serenas und Endymions Tochter aus der Zukunft
[252] N.N. (2001): Dragonball. In: http://www.dragonball.de/index2.php?seite=dragonball
[253] der Firma von Akira Toriyama

wurden über 500 Folgen produziert[254], womit die „*Dragonball*"-Serie zu einer der langlebigsten TV-Comic-Serien aller Zeiten zählt (vgl. „Dragonball – Die TV-Serie" 1998)[255]. Die dritte Staffel, die unter dem Namen „*Dragonball GT*"[256] lief, wurde ausschließlich auf Drängen der zahlreichen Fans und aus vermarktungstechnischen Gründen produziert. Toriyama fungierte hier nur mehr als künstlerischer Berater (vgl. Bündgens 2000b). Da die Fortsetzung der Serie vom Publikum jedoch, verglichen mit seinen Vorgängern, nicht so enthusiastisch aufgenommen wurde, setzte man sie nach nur 64 Folgen wieder ab.

Doch nicht nur in Japan und im restlichen Asien war die Serie ein Erfolg. Auch in Amerika und Europa wuchs die Anzahl der „*Dragonball*"-Fans. Seit ihrer Erstausstrahlung 1986 spielte der Zeichentrick weltweit über drei Billionen Dollar an Merchandisingartikeln und Lizenzgebühren ein (vgl. Beauty 1999b).

Aufgrund des hohen physischen wie auch psychischen Gewaltanteils hat die Serie jedoch auch viele Gegner, darunter vor allem Eltern und Pädagogen, da „*Dragonball*", aber vor allem „*Dragonball Z*" vorwiegend von Kindern zwischen sechs und elf Jahren konsumiert wird (vgl. Beauty 1999a).

So wird vor allem in Amerika[257] unerbittlich zensiert und abgeändert. Man verabsäumt es festzuhalten, dass die Serie in Japan für Jugendliche, und nicht für Kinder und Kleinkinder, produziert wurde, denn die gesamte „*Dragonball*" - Reihe sollte, laut Toei Entertainment, nicht von Kindern unter zwölf Jahren konsumiert werden. Aus diesem Grund ist es auch nicht verwunderlich, dass viele Sender die Serie abändern und sie „kindgerecht" aufarbeiten.

Der deutsche Sender RTL II holte sich die bereits zensierte französische Übersetzung von „*Dragonball*", welche einige brutalere Gewaltszenen aus dem Original strich (vgl. Bündgens 2000c), und führte eigenständige Umänderung durch. So ließ RTL II es sich beispielsweise nicht nehmen,

---

[254] „*Dragonball*": 153 Folgen, „*Dragonball Z*": 291 Folgen, „*Dragonball GT*": 64 Folgen
[255] N.N. (1998): DragonBall – Die TV-Serie. In: http://www.stud.uni-hamburg.de/users/greg/dbtv.html
[256] GT bedeutet so viel wie „Galaxy Touring" oder „Grand Tour"
[257] aber auch bei uns in Österreich und Deutschland

jegliche Art von sexuellen oder gewalttätigen Anspielungen, welche zu Beginn der Serie in vermehrtem Maße auftreten, komplett umzutexten und entsprechende Szenen auch herauszuschneiden (vgl. „DragonBall – Die TV-Serie" 1998)[258]. Demnach schießt bei einem ersten Zusammentreffen zweier Helden einer von ihnen nur mehr mit „Gummikugeln" auf seinen Gegenüber und versucht nicht, wie im Original vorgesehen, diesen zu töten. Weiters werden Gegenstände und Utensilien, so eindeutig sie auch aussehen mögen, aufgrund ihrer scheinbaren Obszönität und Schlüpfrigkeit, einfach neu benannt. So wird aus einem „Mädchenslip", der einem der Helden als Kopfschutz dient, plötzlich „eine Mütze mit Löcher für die Ohren".

Die Geschichte von *„DragonBall"* ist ebenso kompliziert wie jene von *„Sailor Moon"*. Die einzelnen Folgen sind ebenfalls aufeinander aufgebaut, und Geschehnisse von vorherigen Staffeln werden für das Verstehen der späteren Folgen als Basiswissen vorausgesetzt. Die Charaktere entwickeln sich und wachsen von jungen, unerfahrenen Teenagern zu verantwortungsbewussten Erwachsenen heran. In dieser Kurzbeschreibung wird die Haupthandlung der Serie, welche grundsätzlich immer dieselbe ist, erläutert, da die Vielzahl an Charakteren, Schauplätzen und Nebenhandlungssträngen im Laufe der gesamten *„DragonBall"*-Saga ein spezifisches Eingehen auf einzelne Staffeln zu aufwendig machen würde. Da zur Analyse Folgen aus der ersten Staffel („Pilaf-Saga") verwendet werden, ist es jedoch unerläßlich, diese Geschichte näher zu beleuchten.

Hauptheld der Serie ist Son-Goku. Er ist ein Saiyajin und stammt vom Planeten Vegeta. Die Saiyajin sehen wie Menschen aus, haben aber einen Schwanz und schwarzes Haar. Son-Goku verfügt über enorme Kräfte, eine hohe Geschicklichkeit und eine fast einmalige Schnelligkeit. Sein Ziel ist es, die sieben geheimnisvollen DragonBalls zu finden[259], mit welchen man, wenn sie alle gesammelt sind, den Drachen Shen-Long rufen kann, der dann einen Wunsch erfüllt. Doch auch andere Bösewichte suchen die orangefarbenen Kugeln. Zusammen mit vielen verschiedenen Freunden,

---

[258] N.N. (1998): DragonBall – Die TV-Serie. In: http://www.stud.uni-hamburg.de/users/greg/dbtv.html
[259] deshalb auch der Titel

welche in neuen Staffeln hinzukommen[260], macht Son-Goku sich auf die Suche, wobei die Reise der Hauptcharaktere mit unzähligen Gefahren gespickt ist, die meist mit (lustigen) Kämpfen und den verschiedensten Kampftechniken bewältigt werden. Diese nehmen neben der Suche nach den DragonBalls einen beinahe ebenso großen Stellenwert ein. DragonBall lässt sich demnach als eine Mischung aus Abenteuer-, Komödie- und Actionserie charakterisieren. Die erste Staffel der *„DragonBall"*-Serie beginnt mit der „Pilaf-Saga". Hier wird Son-Gokus Vorgeschichte erzählt, und wie er von seinem Heimatplaneten auf die Erde kam. Als kleiner Junge wurde Son-Goku nämlich von seinem Volk zur Erde geschickt, um alle Menschen zu töten. Auf der Reise widerfuhr ihm jedoch ein Unfall, und er verlor sein Gedächtnis, woraufhin er ein lieber Junge und von Son-Gohan, der ihn fand, liebevoll aufgezogen wurde.

Im ersten Teil der Saga ist er noch ein kleiner Junge, der alleine in einem Haus im Wald lebt[261]. Dort trifft er auf Bulma, einem Mädchen aus der Großstadt, und die beiden freunden sich an. Bulma ist auf der Suche nach den sieben legendären DragonBalls, da sie sich von Shen-Long einen Freund wünschen will. Son-Goku besitzt von seinem Großvater (Son-Gohan) selbst eine der Kugeln, und er beschließt sich zusammen mit Bulma auf die Suche nach den restlichen sechs zu machen.

Der erste, der ihnen auf ihrem Weg begegnet, ist Muten-Roshi alias der Herr der Schildkröten. Er schenkt Son-Goku zum Dank dafür, dass dieser seiner Schildkröte geholfen hat, JinJuJin, eine fliegende Wolke. Auf ihrer weiteren Reise begegnen die beiden Oolong, einem Formwandler, der sich in jede beliebige Gestalt verwandeln kann. Nun sind sie zu dritt. Im weiteren Verlauf der Suche stoßen die drei auf zwei Wüstenbanditen namens Yamchu und Pool (ebenfalls ein Formwandler), welche dem Trio folgen, da sie ihnen die DragonBalls rauben wollen. Letztendlich werden sie aber alle zu guten Freunden.

Ihr böser Gegenspieler ist in diesem Fall Prinz Pilaf, ein ewig nörgelnder Zwerg, der die Weltherrschaft anstrebt, wofür ihm jedes Mittel recht ist. Seine zwei Spießgesellen, Sho und Maien, stehen ihm tatkräftig zur Seite, und versuchen den Helden bei jeder Gelegenheit ihre bereits gefundenen DragonBalls abzuluchsen, was ihnen am Ende auch gelingt. Die Freunde

---

[260] und auch sterben
[261] Son-Gohan ist bereits gestorben.

werden im Schloss gefangen gehalten, als Prinz Pilaf den Drachen ruft. Doch Oolong rettet die Situation, indem er dem Bösewicht zuvorkommt und sich von Shen-Long einen Mädchenslip (als Kopfbedeckung) wünscht. Nachdem die DragonBalls nach der Erfüllung des Wunsches wieder in alle Himmelsrichtung verstreut wurden, nimmt Son-Goku das Angebot vom Herrn der Schildkröten an, der ihn trainieren will. Zusammen mit Kuririn, einem fremden, kleinen Mönch, treten die beiden ihre achtmonatige Ausbildung an. Danach beschließt Muten-Roshi, dass seine Schüler am nächsten großen Kampfturnier teilnehmen sollen, an dem Kämpfer aus aller Welt zugegen sind. Auch Yamchu und Muten-Roshi nehmen am Turnier teil. Alle vier kommen in die Endrunde, und während Yamchu und Kuririn ausscheiden, steigen Son-Goku und Muten-Roshi ins Finale auf. Der Herr der Schildkröten gewinnt knapp, und nachdem er seinen Schülern erklärt, dass er ihnen nichts mehr beibringen kann, beschließt Son-Goku sich auf die Suche nach dem DragonBall seines Großvaters zu machen.

So endet die erste Staffel von DragonBall, doch bildet der Abschluss der ersten bereits den Beginn der zweiten Saga[262], und dies setzt sich auch in den weiteren Staffeln fort.

5.3.3 „Arielle, die Meerjungfrau"

Die Zeichentrickserie „*Arielle die Meerjungfrau*"[263] stammt aus dem Hause Disney und entstand 1992 in Anlehnung an den gleichnamigen Trickfilm (vgl. Giez 2001). Neben den aus dem Film bekannten Charakteren wurde eine Reihe neuer Figuren geschaffen, die ausschließlich in der Serie zu finden sind. Weiters auffällig ist, dass die Rahmenhandlung der Serie nicht dieselbe ist wie jene des Films. So gibt es zwar beispielsweise die Seehexe Ursula, die Arielle das eine oder andere Mal schaden möchte, jedoch keinen Prinzen, in den die Titelheldin verliebt ist. Da den Erzählungen in den einzelnen Folgen keine spezielle Vorgeschichte vorausgeht, die für das Mitverfolgen und Verstehen der Serie unbedingt notwendig ist, und die einzelnen Folgen abgeschlossene Geschichten erzählen, kann der Grundcharakter von Disneys „*Arielle die Meerjungfrau*" in wenigen Sätzen zusammengefasst werden.

---

[262] der erneuten Suche nach den sieben DragonBalls
[263] Original: „*The Little Mermaid*"

Die kleine Meerjungfrau Arielle ist eine Prinzessin und lebt mit ihren Schwestern in der märchenhaften Unterwasserlandschaft Atlantika, über die ihr Vater, der mächtige König Triton, herrscht. Zusammen mit ihren Freunden, der Krabbe Sebastian und dem Fisch Fabius, erlebt sie auf ihren Streifzügen allerlei Abenteuer und Spaß. Neue Freunde werden gewonnen und die Bekanntschaft mit merkwürdigen Wasserwesen gemacht. Dabei kommt es hin und wieder zu komplizierten und auch gefährlichen Situationen. Diese zu meistern verlangt den Freunden Einfallsreichtum und Handlungsbereitschaft ab.

5.3.4 „Aladdin"

„Aladdin" war nach „Arielle, die Meerjungfrau", die zweite Zeichentrickserie aus dem Hause Disney, welche 1994 einen erfolgreichen Trickfilm als Vorlage hatte. Anders als bei *„Arielle die Meerjungfrau"* hält sich diese Produktion inhaltlich großteils an die Filmvorlage bzw. schließt an diese an. So beginnt die Serie mit dem Tod des aus dem Film bekannten Bösewichts Jafar. Anders als in der Vorlage sind Aladdin und seine Prinzessin Jasmin jedoch nicht verheiratet, sondern ineinander verliebte Freunde. Die einzelnen Folgen erzählen, wie dies in allen Disney-Produktionen der Fall ist, abgeschlossene Geschichten und können willkürlich voneinander abgespielt werden. So ist auch hier das inhaltliche Grundgerüst schnell beschrieben:

Der ehemalige Dieb Aladdin lebt in Agrabah. Zusammen mit seiner Freundin Jasmin, der Tochter des Sultans und Aladdins Herzensdame, dem Papagei Iago, seinem Affen Abu, seinem Djinni und dem fliegenden Teppich erlebt er in jeder Folge aufregende und gefährliche Abenteuer. Muss das eine Mal Agrabah vor einem riesigen Ungeheuer gerettet werden, so legen sich Aladdin und seine Freunde das andere Mal mit einem mächtigen Zauberer an. Zusammen gelingt es ihnen, das Unglück, Feinde oder nahende Katastrophen abzuwehren, sodass das Gute siegt.

6 US Cartoons vs japanische Anime – Eine Produktanalyse

Vor der Erfassung von Unterschieden und Gemeinsamkeiten der ausgewählten Zeichentrickserien werden die verschiedenen Cartoons in einem ersten Schritt abgegrenzt voneinander untersucht, um von den einzelnen Serien spezifische Analyseportraits erstellen zu können. Diese liefern noch keine explizit formulierten Antworten auf die gestellten Forschungsfragen, beinhalten jedoch das dafür notwendige Potential, welches in einem nächsten Forschungsschritt aufgegriffen und verarbeitet wird. Nachdem zahlreiche Studien belegten, dass Mädchen und Jungen unterschiedliche Fernsehinhalte und Präsentationsformen favorisieren (vgl. Theunert 1996), gingen die Animationsstudios daran spezielle Cartoons für die verschiedenen Geschlechter zu konzipieren. Da für die Untersuchung jeweils ein Zeichentrick für Mädchen und einer für Jungen ausgewählt wurden, werden vor dem länderübergreifenden Vergleich sowohl die beiden Anime als auch die zwei Disney-Produktionen einander gegenüber gestellt. So können später nicht nur dezidiert Aussagen über etwaige Unterschiede zwischen dem japanischen und dem amerikanischen Trickfilm im Allgemeinen gemacht werden, sondern es besteht zudem die Möglichkeit konträre Darstellungsformen und Inhalte in Cartoons aufzuzeigen, die speziell an ein bestimmtes Geschlecht gerichtet sind.

6.1 Einzelanalysen der zu vergleichenden Serien

Vor dem direkten Vergleich von amerikanischen Cartoons und Anime, ist es unabdingbar, Einzelanalysen der jeweiligen Zeichentrickserien durchzuführen. Mittels des bereits beschriebenen Leitfadens und den Sequenzierungsdaten werden für jede Serie inhaltliche sowie formale Gerüste konstruiert, welche jede einzelne Produktion charakterisieren und die Basis für den späteren Vergleich darstellen.

6.1.1 „Sailor Moon – Für Liebe und Gerechtigkeit"

6.1.1.1 Die Erzählweise

Rahmen: (Vor-, Abspann und Trailer)

Im 90-sekündigen Vorspann, welcher sich in der vierjährigen Produktionszeit von „Sailor Moon" auf der visuellen Ebene nie verändert hat, treten alle Haupthandlungsträger der ersten Staffel in Erscheinung, sowohl die Guten als auch die Bösen. Dies wären neben der Titelheldin Sailor Moon, zum einen Sailor Merkur und Sailor Mars, der geheimnisvolle Tuxedo Mask und auf der anderen Seite Königin Perillia als Vertreterin der bösen Seite. Bereits hier wird ersichtlich, dass der Cartoon mit einer Reihe formaler Stilmitteln des realen Spielfilms arbeitet. So sieht man Schwenks, Zooms und Überblendungen. Durch die große Menge an Zooms und teilweise sehr schnellen Schnitten bekommt der Vorspann Dynamik, welche durch die Technomusik unterstützt wird. Die durchschnittliche Schnittgeschwindigkeit[264] ist am Musiktakt angelehnt und der gesungene Text orientiert sich an der Bildebene:

> *„Sag das Zauberwort und du hast die Macht,*
> *halt den Mondstein fest und spür die Kraft.*
> *Du kannst es tun, oh Sailor Moon!*
> *Kämpfe für den Sieg über Dunkelheit,*
> *folge deinem Traum von Gerechtigkeit.*
> *Du kannst es tun, oh Sailor Moon!"*

Jede Folge von „Sailor Moon" beginnt mit einer etwas verwirrend wirkenden Zusammenfassung der Folge (Trailer). Sie besteht aus einer Zusammenstückelung an Handlungsausschnitten der erst folgenden Geschichte. Dazu spricht Bunny, die Titelheldin, aus dem Off drei bis vier erklärende Sätze, die mit den Bildern scheinbar wenig zu tun haben. So sieht man beispielsweise zur folgenden Erklärung Bunnys einen Dämon, Rei vor einem Feuer, die zu Boden fallende Bunny, einen hell leuchtenden

---

[264] etwa alle drei Sekunden ein neues Bild

Bus und als Abschlussbild[265] Sailor Moon: *„Ich kann es auf gar keinen Fall zulassen, dass die Bösewichte verliebte, junge Mädchen entführen. Dafür müssen sie büßen! Es muss wieder Friede einkehren, und verliebte Mädchen müssen respektiert werden! Ich bin Sailor Moon, und im Namen des Mondes werde ich sie bestrafen!"*

In der ersten Staffel folgt nach diesem Potpourri an Bildern die Vorstellung der Titelheldin Bunny, und worum es in der Serie geht. Diese einführende Erklärung ist immer dieselbe, und sieht folgendermaßen aus: Das blonde Mädchen aus dem Vorspann wird gezeigt. Sie stellt sich selbst vor: *„Ich heiße Bunny Tsukino, bin 14 Jahre alt und gehe in die vierte Klasse des Gymnasiums. Mein Sternzeichen ist Krebs. Manchmal bin ich ein wenig schusselig und eine kleine Heulsuse. Eines Tages kam eine seltsame Katze namens Luna zu mir. Sie sagte ich sei auserwählt und müsse von jetzt an gegen alle Bösewichte kämpfen. Am Anfang war mir das ziemlich unheimlich, aber irgendwie komme ich schon damit klar, hihihi."* Das Gesagte wird durch passende Bilder bestätigt.

Im Abspann wird die aus dem Vorspann bekannte Titelmelodie gesungen. Die Technorhytmen werden in langsame, sanfte Klaviermusik umgewandelt, welche den Abspann bestimmen, da auf der visuellen Ebene nicht viel passiert. Das Publikum sieht ein einziges, in sattem Blau gehaltenes, Bild in dessen hinterem Eck eine kleine Schattenfigur zu erkennen ist, deren Haare und Kleid im Wind wehen.

Geschwindigkeit:

Die Erzähler bzw. Erzählerinnen aus dem Off sprechen deutlich und nicht allzu schnell. Zwischen längeren Sätzen werden kurze Pausen eingelegt, damit das Erzählte verarbeitet werden kann. Anders bei manchen Heldinnen und Helden der Serie. So wird das Sprechtempo in gefährlichen Situationen sehr oft stark forciert. Schreien die Mädchen oder stehen sie unter Stress sprechen sie schneller. Jüngere Zuseher haben hier vielleicht Probleme dem Gesagten (Inhalt) zu folgen.

Die Schnittgeschwindigkeit variiert von Szene zu Szene. Gibt es einerseits lange, ruhige Bildpassagen[266] in denen beispielsweise Sailor Moon und

---

[265] wiederholt sich in jeder Episode
[266] mit Schnitten alle 10-15 Sekunden

Mamoru sich innig verbunden in den Armen liegen oder das gesamte Sailorteam harmonisch bei einem Picknick im Grünen sitzt, wird das Tempo bei plötzlich auftauchenden Gefahren und Kampfszenen beträchtlich erhöht[267]. Errechnet man sich die durchschnittliche Schnittfrequenz einer Episode (Folge) erhält man etwa den Mittelwert der beiden Extreme. So erfolgt in „Sailor Moon" etwa alle fünf Sekunden ein Cut.

Kamerabewegungen sind in teilanimierten Zeichentricks wie „Sailor Moon" vermehrt zu finden. Sie verleihen dem Cartoon dadurch jene Dynamik, die ihm durch eingeschränkte Animationen fehlt. Zu- und Wegfahrten auf Gesichter, Schwenks über Landschaften und Fahrten mit und um sich bewegende Figuren verleihen manchen, was die Schnittgeschwindigkeit betrifft, langsamen Szenen, auf andere Art und Weise Schnelligkeit. Vor allem in den Verwandlungssequenzen wird viel auf dieser Basis gearbeitet. Die Mädchen drehen sich aus dem Bild und wieder hinein, es folgen Zu- und Wegfahrten zu bestimmten Körperpartien und die Kamera wandert rund um die Figuren herum. Emotionen wie Furcht, Verliebtheit, Entschlossenheit oder Feigheit werden oft mittels Zufahrten auf die Gesichter der Betreffenden gezeigt.

Ein weiteres Stilmittel um Schnelligkeit zu erzeugen zeigt sich im gezielten Einsatz von Musik, handlungsverstärkenden Geräuschen sowie bewegten Hintergründen. Die Heldinnen und Helden werden nur teilweise ins Bild geschoben, und bunte, blitzende, durch das Bild schwebende Farbflächen und -muster verleihen der Szene trotzdem Dynamik. Dasselbe gilt für Spezialeffekte wie beispielsweise die sogenannten Split Screens. Hier wird der Bildschirm in zwei oder drei Bildausschnitte geteilt, wodurch das Auge sich gleichzeitig auf mehrere Bereiche konzentrieren muss. Obwohl die Schnittfrequenz gleich bleibt, hat der Zuseher den Eindruck die Schnelligkeit sei forciert worden, da er selbst mehr Zeit benötigt, um den gesamten Bildinhalt zu erfassen. Split Screens, bewegte Hintergründe und Geräuschverstärkungen werden hauptsächlich bei diversen Höhepunkten wie Kämpfen oder Verwandlungen verwendet.

---

[267] alle ein bis zwei Sekunden

Auftreten der Konfliktpartner:

Die Reihenfolge des Erscheinens der Konfliktpartner in „Sailor Moon" geht nach einem gewissen Schema vonstatten. Da die Vertreter der Dunkelheit, die Bösewichte der Serie, in ein klar strukturiertes, hierarchisches System eingebettet sind, auf das später noch genauer eingegangen wird, ist auch ihr Auftreten in den einzelnen Episoden einer erkennbaren Reihung unterworfen. Charakteristisch ist, dass jener Bösewicht, der den größten Machtstatus innehat, bevorzugt als erste Konfliktperson in Erscheinung tritt. Dies setzt sich nach unten hin fort. So wird beispielsweise Königin Perillia vor ihren untergebenen Generälen und diese wiederum vor den von ihnen gerufenen Dämonen gezeigt.

Wenn es aber um das physische Zusammentreffen der Konfliktpartner mit den Heldinnen und Helden geht, wendet sich die Reihung. So treffen die Sailorkriegerinnen zwar in jeder Folge auf die Handlanger der mächtigsten Bösewichte[268], kämpfen jedoch bis zum Ende der einzelnen Staffeln stets nur mit den von ihnen geschickten Dämonen. Je näher das Finale der jeweiligen Geschichte rückt, umso mächtiger und stärker werden die Gegner, und den Finalkampf bestreiten immer Sailor Moon und der oder die „Über-Böse".

In jeder Folge haben es die Heldinnen und Helden mit „nur" einem Feind zu tun, der sie (physisch) angreift. Die Erschaffer der Dämonen bleiben passiv. Sie sind vielleicht physisch anwesend, greifen aber nicht in den Kampf ein.

Grundkonflikt der Serie:

Das alles umrahmende Grundthema von „Sailor Moon" ist der ewige Kampf zwischen Gut und Böse. Die Serie ist jedoch um einiges vielschichtiger und komplexer aufgebaut, sodass es einer groben Verallgemeinerung gleichkommen würde, diesen Rahmenkampf als Grundkonflikt zu bezeichnen. Demnach ist es der Wahrheit entsprechender von einem Themenpool zu sprechen. In den verschiedenen Folgen werden jeweils ein oder mehrere Bereiche dieser Hauptinhalte abgedeckt und miteinander verknüpft.

---

[268] wie etwa die Generäle von Königin Perillia

So kämpfen die Sailorkriegerinnen und ihre Helfer in jeder Folge gegen mächtige Feinde und versuchen damit das Leben unschuldiger Menschen und im Endeffekt die gesamte Welt zu retten. Die einzelnen Episoden erzählen vom Idyll, das verloren und wiedergefunden wird, sprich: das Ziel ist die Restauration des Guten (vgl. Kohlschmidt 2001). Neben diesem einen Grundthema „Kampf, Gewalt und Sicherung der Welt" herrscht ein zweiter, ebenso großer Hauptinhalt vor, der sich wie ein roter Faden durch die gesamten Staffeln zieht: die Liebe. Nicht ohne Grund heißt das Motto der Mädchen „Wir kämpfen für Liebe und Gerechtigkeit". Liebe wird hier unter mehreren Aspekten gesehen: Die körperlose Liebe zur Welt, die die Kriegerinnen veranlasst sie zu verteidigen und zu beschützen (Gerechtigkeit), die fortwährende Suche nach der romantischen Liebe, nach einem Partner, dann die Liebe zu Freunden, zur Familie und zu Anderen (Toleranz) und letztlich noch die Liebe zu sich selbst (Hoffnung) (vgl. Bernauer et al. 2001, S. 81). Die Liebe ist es demnach, die den Mädchen ihre unsagbare Kraft verleiht und sie letztendlich immer siegen lässt.

Aus diesen beiden großen Hauptthemen der Serie lassen sich nun zentrale Topics der Serie ableiten, deren Bedeutung und Wichtigkeit von Staffel zu Staffel variiert. So liegt der Schwerpunkt in der ersten Saga beispielsweise darin, dass die Sailors ihre Waffen zu gebrauchen lernen. Auch der Freundschafts- und Vertrauensaspekt wird hervorgehoben. Im Fortlauf der Serie kommen weitere Themen wie der Schutz der Unschuld, die Bedeutung von Träumen und Hoffnungen und die Wichtigkeit des Teamworks hinzu.

Dramaturgie (Aufbau) der Serie:

Der dramaturgische Aufbau der Serie „*Sailor Moon*" verläuft nach einer klar definierten Schiene. Den Beginn stellt der 90-sekündige Vorspann mit der Einblendung des Titels „*Sailor Moon – Das Mädchen mit den Zauberkräften*", gefolgt von einer kurzen einführenden Zusammenfassung der erst folgenden Episode, dem Trailer. Ist dieser abgeschlossen wird der Titel der Folge eingeblendet.

Nun beginnt der etwa zwanzigminütige Hauptteil der Serie. Alle Folgen sind nach einem klaren Schema strukturiert: Idylle – Bedrohung dieser Idylle – Verwandlung – Kampf – Sieg über das Böse – Wiederherstellung der Idylle. Abweichungen vom Grundschema des Serienaufbaus gibt es ausschließlich in den letzten Folgen der einzelnen Staffeln. Jene Episoden lassen nach zwanzigminütigen Kämpfen die Restauration des Friedens vermissen und schließen mit dem Verweis auf die nächste Folge.

Ein zentrales Element der Serie ist die Verwandlung der Mädchen in die Sailorkriegerinnen. Sie steht kurz vor dem Spannungshöhepunkt, bevor der Kampf gegen die dunklen Mächte beginnt. Hierbei rufen die Mädchen ihre jeweiligen Planeten an[269] und verwandeln sich, jede zu ihrer eigenen Musik[270] und auf ihre eigene Art und Weise[271], in die jeweiligen Kriegerinnen. Jedes der Mädchen besitzt einen magischen Zauberfüller mit dem jeweiligen Planetensymbol, mit dessen Hilfe sie zu den Sailors werden können. Nur Bunny, als Sailor Moon, hat in der ersten Staffel einen Mondstab und im Laufe der Serie immer andere Gegenstände, mit denen sie sich verwandeln kann.

Die Serie schließt mit dem Abspann und Schluss- bzw. Titellied.

Handlungsstränge und -führung:

„Sailor Moon" ist nach dem Prinzip einer Fortsetzungsgeschichte aufgebaut, und gliedert sich in zwei verschiedene Ebenen, hat demnach auch unterschiedlich zu gewichtende Handlungsstränge. Zum einen erzählt jede Episode eine in sich abgeschlossene Geschichte[272], zum anderen bilden diese Einzelessays den Rahmen für ein alles umgreifendes Hauptthema. Ein bezeichnendes Merkmal der Serie ist, dass sich Visionen, Träume, Dialoge, etc. in früheren Folgen häufig auf das beziehen, was am Ende geschieht. Es werden dem Publikum also häppchenweise Informationen preisgegeben, die für das Verständnis der Handlung unabdingbar sind.

Die Serie arbeitet hauptsächlich mit einem Haupthandlungs- und mehreren, kleineren Nebenhandlungssträngen, die mit der vorrangigen Geschichte auf die eine oder andere Weise verknüpft sind. Neben der Bekämpfung des Bösen versuchen die Mädchen beispielsweise einen jungen Mann für sich zu gewinnen, Erfolg in der Schule zu haben, vergleichen sich hinsichtlich

---

[269] Sailor Moon ruft z.B. „Macht der Mondnebel – macht auf!" oder Sailor Mars ruft: „Macht der Marsnebel – macht auf!"
[270] liebliche Popmusikklänge
[271] die verschiedenen Waffen der Mädchen werden miteinbezogen
[272] abgesehen von oben erwähnten Folgen am Staffelende

Mut, Vertrauen, Geschicklichkeit und dergleichen miteinander und versuchen mit anderen Sailor Kriegerinnen Freundschaft zu schließen. Neben der Bekämpfung des Bösen haben sie in unserem Sinne noch ein ganz normales Erdendasein. Jedoch auch die Bösewichte werden nicht nur vorrangig im Widerstreit mit den verhassten Sailorkriegerinnen gezeigt. Sie wetteifern untereinander um die Gunst der jeweils Mächtigen, verlieben sich ab und an in eine der Sailors[273] und haben somit neben ihrer Zerstörungsaufgabe noch andere Probleme.

Viele Nebenhandlungsstränge werden durch ihre Ortswahl mit der Haupthandlung verknüpft. Demnach kommt den jeweiligen Schauplätzen eine bedeutende Rolle als Bühnen des Geschehens zu. Immer wiederkehrende Szenerien sind die Schule, das Heim eines der Mädchen oder der Weg dorthin. Natürlich unternehmen die Freundinnen auch allerlei Ausflüge und Abstecher an Allerweltsorte[274], also in eine erweiterte Normal-Landschaft. Eine dritte Kategorie bilden die sogenannten Themen-Orte, die eng mit der jeweiligen Episode zusammenhängen. So besuchen die Mädchen beispielsweise ein Konzert, in dessen Verlauf ein Dämon auftaucht und den Menschen ihre Energie absaugen will. Letztlich gibt es noch die Über-Orte[275], in denen die jeweiligen sardonischen Herrscher ihre niederen Pläne schmieden und an welchem der finale Kampf stattfindet.

Die Inhalte der Nebenhandlungsstränge sind abhängig von den jeweiligen Folgen auf sehr unterschiedliche Art und Weise mit dem Hauptkonflikt verbunden. Sehr oft gibt es thematische Nahtstellen, die das ganze zu einer Einheit machen. So streiten etwa Bunny und Rei, da erstere Rei unterstellt diese wolle ihr Mamoru wegnehmen. Es ist kein Vertrauen da. Im Laufe der Episode und vor allem im Kampf gegen den Dämon erfährt Bunny jedoch, dass sie ihren Freundinnen vertrauen kann und versöhnt sich letztendlich wieder mit Rei. In einigen seltenen Fällen rückt der Kampf zwischen Gut und Böse in den Hintergrund (Nebenhandlungsstrang) und die persönlichen Probleme der Heldinnen und Helden machen eine Folge lang den Grundkonflikt aus. Durchschnittlich werden der Haupthandlung etwa zwei Drittel der Zeit zugestanden.

---

[273] bevorzugt in Sailor Moon
[274] Eisdiele, Kino, Parks, etc.
[275] fremde Dimensionen, Verstecke des Bösen

Neben den beiden, bereits beschriebenen Ebenen[276] arbeitet „Sailor Moon" jedoch noch auf einer dritten Ebene, dem sogenannten „Staffel-Konzept". Dies bedeutet, dass alle Staffeln zusammen eine Ober-Ober-Geschichte ergeben. Das gerettete Idyll am Ende jeder einzelnen Saga sieht anders aus als das vorherige. Der Grund liegt in der Entwicklung der Charaktere. Alle Helden sind reifer, tapferer und auch stärker geworden, bis sie schließlich erwachsen sind.

In „Sailor Moon" wird viel mit paralleler Handlungsführung gearbeitet. Dies geht vor allem auf die Tatsache zurück, dass eine bestimmte Anzahl an Nebenhandlungssträngen miteinander verknüpft werden muss. So wird etwa in einer Folge zwischen der eifersüchtigen Bunny, dem eifersüchtigen Yuuichirou, dem arbeitenden Mamoru und dem Kampf mit dem Dämon hin und her geschnitten.

Spannung (Aufbau, Verlauf und Abbau):

Spannung wird grundsätzlich erstmals formal aufgebaut. Bevor es zu einer inhaltlichen Bedrohung der Figuren kommt, verdeutlichen in erster Linie Musik- und Geräuscheffekte sowie Lichtveränderungen die nahende Gefahr. So verdunkelt sich beispielsweise die Gesamtausleuchtung der Szene und dumpfe, spannungserzeugende Musik setzt ein als in „Tempel der Verliebten" der von den Vasallen der Dunklen Seite verzauberte Bus sich der Haltestelle nähert, an dem unter anderem Bunny und Ami auf denselben warten.

Im Verlauf der Spannungssequenz wird diese ebenfalls durch spezielle formale Tricks aufrechterhalten, wenn nicht sogar weiter in die Höhe getrieben. So erhöht sich in einigen Szenen die Schnittgeschwindigkeit[277], oder die Gegner werden, ihrem Machtstatus dem anderen gegenüber entsprechend, aus unterschiedlichen Perspektiven gezeigt[278]. Einstellungsgrößen spielen hierbei auch eine wesentliche Rolle. Werden Drohungen ausgesprochen oder taucht plötzlich ein Feind unerwartet auf der Bildfläche auf, so werden die Figuren großteils in Nah- Groß- oder sogar in Detailaufnahmen gezeigt. Dies verstärkt den Spannungs- und

---

[276] abgeschlossene Episoden- und übergreifende Staffelgeschichte
[277] Im Gegensatz zum Durchschnittswert, der bei fünf Sekunden liegt, wird in manchen Szenen alle ein bis zwei Sekunden geschnitten.
[278] der Bösewicht meist aus der Froschperspektive, da er der vermeintlich Stärkere und Mächtigere ist

emotionalen Effekt. Der Bösewicht wirkt noch gefährlicher und mächtiger, wenn seine dunklen, kalten Augen in Großaufnahme den Zuseher direkt anzublicken scheinen. Das Publikum kann sich dadurch besser in die Szene hineinversetzen und sich mit den Helden und ihren Ängsten identifizieren, da sie der Gefahr sozusagen selbst ebenfalls gegenüber gestanden haben. So rast ein Dämon auf die Kamera zu, oder eine der Waffen wird in dieselbe Richtung abgefeuert. Der Zuseher wird sozusagen selbst bedroht, und die Szene wirkt deshalb spannender.

In „Sailor Moon" wird Spannung jedoch oftmals nicht durch Erhöhung der Schnittgeschwindigkeit, sondern durch Kamerabewegungen erzielt. So schwenkt das Bild zwischen den sich gegenüberstehenden Kontrahenten hin und her, fährt mit den laufenden, stürzenden oder fliegenden Personen mit oder zoomt auf die Gesichter der Figuren zu.

Spezialeffekte wie Split Screens, Überblendungen und Fokusvariierungen lassen Szenen ebenfalls schneller und spannender wirken. Außerdem arbeitet „Sailor Moon" sehr stark mit Farbwirkungen. Helle, bewegte, pastellfarbene Hintergründe werden vor allem bei den Verwandlungssequenzen eingesetzt. Vor einem malerischen, romantisch wirkenden Hintergrund erhalten die Mädchen ihre Schuluniformen und Zauberkräfte; sie werden zu Sailorkriegerinnen. Die Spannung wird hier neben der neuen Farbgebung vor allem durch die Vielzahl an Kamerabewegungen erzeugt. Obwohl während diesen Szenen sehr wenig geschnitten wird, wirkt die Animation schneller als gewöhnlich, da sich im Bild ständig etwas bewegt, nämlich der Blickwinkel und die Einstellungsgröße.

Auffällig ist auch, dass der Einsatz von Musik im Vergleich zur spannungstechnischen Wichtigkeit von diversen Geräuschen, seien es Schreie der Mädchen und Dämonen, Untermalungen der Bewegungen oder Verstärkungen bestimmter Handlungen, während einer Spannungssequenz zweitrangig erscheint. Vielleicht mag es hierfür auch mit ein Grund sein, dass musikalische Einlagen in spannenden Szenen oft beschwingte, wenn nicht sogar heitere Melodien spielen, was dem ganzen etwas Härte nimmt.

Sogenannte Cliff-Hanger[279] erhöhen das Spannungspotential ebenfalls. So wird Rei in einer Folge von einem Vasallen der dunklen Seite gefangen genommen und an eine Wand gefesselt. Sie ist dabei ohnmächtig geworden. Er sagt: *"Auch wenn du mich nicht beachtest. Deinen Traum kriege ich doch!"* Dann geht er bedrohlich auf Rei zu. Nun erfolgt der Schnitt zu einem anderen Schauplatz.

Gewöhnlich wird jede Folge von Beginn an kontinuierlich auf den (Spannungs-)Höhepunkt, den physischen Kampf der Heldinnen gegen das Böse, aufgebaut. Die Idylle wird mit kurzen Zwischensequenzen, in denen der Zuseher das Unheil nahen sieht, aufgebaut. Diese drohenden Szenen nehmen im Laufe der Episode zu und enden schließlich im Kampf. Zwischenzeitlich unterbrechen ruhige Dialog- oder Stimmungssequenzen den Spannungsaufbau. Die Musik verändert sich[280]. Hier bekommt der Zuseher meist die notwendigen Hintergrundinformationen, und um diese auch verstehen und verarbeiten zu können, ist es unabdingbar, den Szenen ihre Schnelligkeit und Spannung zu nehmen. So kann sich das Publikum ausschließlich auf das Selbstgespräch oder den Dialog konzentrieren.

Auch die Verwandlungsszenen, kurz vor dem Höhepunkt, scheinen die Spannung etwas zu dämmen oder kurzfristig zu unterbrechen, da sie wirken als befänden sich die Mädchen in einer anderen Welt[281].

Nachdem der oder die Gegner besiegt und die „Heile Welt" wieder hergestellt wurde, kommt der abrupte Spannungsabbau. Wie schon bei seinem Aufbau, deutet vor allem die Musik auf der formalen Ebene diesen Wechsel an. Auf der inhaltlichen Basis ist das Abwenden einer Gefahr Auslöser des Spannungsabbaus. Sobald wieder Friede eingekehrt ist, folgt entweder ein Ortswechsel, oder der zuvor verdunkelte Hintergrund erscheint wieder in den harmonischsten Farben. Die Mädchen lachen zusammen, eine gelöste Stimmung breitet sich aus. Dies geschieht in etwa zwei bis drei Sequenzen nach dem Spannungshöhepunkt. Dann folgt das Folgenende und der Abspann.

---

[279] Bei Cliff-Hangern wird nachdem die Spannung einer Szene beinahe bis zum Höhepunkt gebracht wurde, ein Schauplatzwechsel durchgeführt (vgl. Paus-Haase 1991, S. 179).
[280] wird sanft und harmonisch
[281] glitzernder, pastellfarbener Hintergrund im Gegensatz zur bedrohend wirkenden, dunklen Kampfkulisse

Gewalt:

Da der Kampf zwischen Gut und Böse einen Grundkonflikt der Serie darstellt, ist auch das Thema Gewalt in unterschiedlichen Formen präsent. Strukturelle Gewalt zeigt sich in der hierarchischen Machtordnung der dunklen Seite. Auf der Ebene der personalen Gewalt findet man sowohl physische als auch psychische Gewaltszenen. Konzentriert man sich nur auf den Gewaltaustausch zwischen Helden und Widersachern, dominiert, was verbale, gestische und mimische Gewaltakte betrifft, das Böse. Diese in Aussicht gestellte Gewalt manifestiert sich entweder durch Handlungen[282] oder durch sprachliche Äußerungen[283]. Die Widersacher erscheinen als eine permanente Bedrohung. Das Attackieren und Vernichten der Bösewichte wird durch deren eigenes Auftreten legitimiert, da der Einsatz von Gewalt der guten Sache dient und die Welt gerettet werden kann. Das Handeln von Sailor Moon und ihren Freunden gegenüber ihren Feinden wird demnach nicht als Gewalt, sondern als Notwehr oder notwendiges Übel verstanden. Zusätzlich werden Gewalthandlungen abgeschwächt, da nicht mit realen Waffen gekämpft wird, sondern mit der Kraft des Mondlichts, mit Kristallen, Zauberstäben oder Rosen (Bernauer et al. 2001, S. 83), außerdem verschwinden die Gegner anstatt zu sterben. Die Konsequenzen aus den Gewaltakten werden abgeschwächt oder gar nicht gezeigt. So sieht man keine Leichen, kein Blut und auch Verletzungen werden selten gezeigt. Kraftlosigkeit oder Kampfunfähigkeit zeigt sich in der Regel durch bewegungslos am Boden liegende Körper, Schmerzenslaute und ähnlichem.

Gewalthandlungen zwischen Vertretern der „guten" Seite geschehen ausschließlich auf der physischen Ebene, und erscheinen, verglichen mit ihrer Intensität bei Konflikten zwischen Helden und Bösewichten, banal und werden vielleicht gar nicht wahrgenommen. So etwa Rei zu Bunny: *"Du bist so blöd und kindisch!"* und Bunny entgegnet: *"Na und, was geht's dich an?"*. Dann strecken sie sich gegenseitig die Zungen raus.

Ein weiteres Charakteristikum ist, dass Gewalt oft durch humorvolle Gags und schwungvolle Musik abgeschwächt wird. So schneiden etwa die Sailorkriegerinnen aber auch die Bösewichte in manchen Kampfszenen

---

[282] Der Bösewicht geht von hinten unbemerkt auf das augenscheinliche Opfer zu.
[283] Professor: „*Es wird der Tag kommen, da werden ihr bitter bereuen, dass ihr Hotaru heute gerettet habt!*"

sehr komische Gesichter, wenn sie in Bedrängnis geraten. Sehr oft werden witzige Gespräche und Handlungen in jene Szenen integriert, welche die bevorstehende Gewalt bereits vorhersagen. So wird etwa Rei von Tigerauge besucht, der ihr Gewalt antun will. Der Zuseher weiß das, Rei jedoch nicht. Er beginnt mit ihr zu flirten. Sie ignoriert seine Schmeicheleien und schlägt mit einem Besen in die Büsche, in denen sie Bunny vermutet, die sich irgendwo versteckt hält, worauf Tigerauge sie verdutzt ansieht.

6.1.1.2 Darstellung der Handlungsträger

Der Held:

In „Sailor Moon" gibt es eine Reihe von Hauptheldinnen und Helden. Einige von ihnen sind bereits über den Vorspann definiert, wie etwa Sailor Moon[284], Sailor Mars, Sailor Merkur und Tuxedo Mask. Da der Vorspann jedoch trotz Weiterentwicklung der Geschichte und Hinzukommen neuer Hauptcharaktere immer gleich geblieben ist, kann er nicht ausreichend darüber informieren, welche Personen zum festen Inventar gehören.

Bereits in der ersten Staffel komplettiert sich das innere Sailor-Team und die Hauptlhelden der Serie haben sich gefunden. Dies sind die fünf „inneren" Sailorkriegerinnen Sailor Moon, Sailor Merkur, Sailor Mars, Sailor Jupiter und Sailor Venus. Sie bilden den Kern aller weiteren Geschichten. Neben diesen fünf Mädchen gibt es noch zwei weitere Personen, bei denen sich die Entscheidung, ob sie zu Held oder Helfer gezählt werden sollen, als etwas schwierig erweist. Dies wären unter anderem Tuxedo Mask und die kleine Sailor Chibi Moon. Der einzige periodisch auftretende männliche Held, Tuxedo Mask, fungiert zwar hauptsächlich als rettender Arm in größter Gefahr, da er jedoch kontinuierlich beinahe in jeder Folge anzutreffen ist, scheint seine Definition als reine Helfer-Figur nicht auszureichen. Ebenso bei Sailor Chibi Moon. Hier findet sich jedoch das Problem, dass Bunnys Tochter aus der Zukunft, Sailor Chibi Moon, ab ihrem erstmaligen Auftreten in der Serie nicht durchgehend bis Ende des gesamten Cartoons zugegen ist[285]. Während ihrer

---

[284] die der Serie auch den Titel gibt
[285] ab der vierten Staffel nicht mehr dabei.

Anwesenheit zählt sie aber unbestreitbar zu den Hauptcharakteren. So ist es vielleicht am ratsamsten, die zuletzt genannte als „Teilzeit-Hauptheldin" zu bezeichnen, und Tuxedo Mask als Mischung zwischen Held und Helfer zu sehen.

Bunny Tsukino – Sailor Moon – Prinzessin Serena:
Bunny alias Sailor Moon ist die Hauptheldin der Serie, was der Titel bereits verrät. Mit ihr beginnt die Geschichte. Sie ist vierzehn Jahre alt, geht noch zur Schule und lebt zusammen mit ihrem Bruder Shingo bei ihren Eltern. Bunny ist groß, hat eine schlanke Figur und große, blaue Augen. Ein wesentliches Merkmal von Bunny sind ihre langen, blonden Haare, die in zwei Zöpfen vom Kopf bis zu den Kniekehlen hängen und die überdimensional langen Beine. Ihre Brüste sind ansatzweise zu erkennen. Die Schuluniform, die sie während ihrer Verwandlung zu Sailor Moon erhält ist knapp und zeigt viel Bein. Die beiden letzten Merkmale gelten auch für die anderen Sailorkriegerinnen. Ihre ständige Begleiterin ist die Katze Luna.

Bunny ist keine typische Heldenfigur. Sie hat unzählige Eigenschaften die sie gerade nicht dazu prädestinieren, die Verantwortung zu tragen, die ihr auferlegt wird. Sie ist tollpatschig, schusselig, unsicher, äußerst ängstlich[286], feige, nicht allzu gut in der Schule, eine ziemliche Heulsuse, isst und schläft sehr gerne, weshalb sie auch immer zu spät zur Schule kommt, liest liebend gerne Comics und Kritik gegen ihre Person kann sie absolut nicht verkraften. Ihre Stimme ist sehr hoch, und wenn sie weint wirkt sie noch sirenenhafter. Weiße Ängstlichkeits- oder Verlegenheitspunkte und rosa Verliebtheitsherzen rund um ihren Kopf sind etwa formale Stilmittel die sehr oft bei Bunny zu finden sind. Doch gerade dieses „Nicht-Perfekte", diese zahlreichen Fehler machen Bunny sympathisch. Ihre Stärke ist ihr großes, weiches Herz, weshalb sie auch viele Freunde hat, da jeder sie, obwohl sie oft nervt, gern hat. Sie ist demnach eine „ganz normale" Schülerin, mit der man sich leicht identifizieren kann. Ihr größter Wunsch ist es, einen Freund zu finden, und wenn sie ihn gefunden hat (Mamoru), mit ihm glücklich zu werden. Bunny verkörpert sozusagen die Lebendige, Lustige aber auch Labile.

---

[286] deshalb auch der Name Bunny, der nichts anderes als Häschen bedeutet

Als Sailor Moon muss sie gegen unzählige Dämonen und Kreaturen der Dunkelheit kämpfen. Da sie ihre Charaktereigenschaften mit der Verwandlung in die Sailorkriegerin nicht ablegen kann, scheint es oft als würde sie den Gegnern weit unterlegen. Dies wird dann mitunter auch durch unterschiedliche Perspektiveinstellungen unterstrichen, indem Sailor Moon aus der Vogelperspektive und der Gegner aus der Froschperspektive gezeigt werden. Sie weint oft vor einem Kampf, da sie Angst hat und ihr die Situation aussichtslos erscheint. Obwohl ihre Mitstreiterinnen, welche ihr oft gut zureden müssen und mutiger und stärker wirken, führt sie die Truppe an. Sailor Moon ist es auch, die bei einem Kampf den letzten Angriff startet, um den Gegner endgültig zu besiegen. Ihre Waffen sind ihr Stirnschmuck, der sich in eine Art Frisbeescheibe verwandelt, der heilige Gral und verschiedene Zepter.

Anfangs ist es schwer zu verstehen, wieso Sailor Moon gegenüber den anderen Sailors aber auch gegen unzählige Dämonen und Bösewichte solch unsagbare Macht besitzt. Doch im Laufe der Staffeln wird klar, dass Sailor Moon die „reine Liebe" verkörpert, und da der Kampf zwischen Gut und Böse ein Grundkonflikt der Serie ist, besitzt sie somit die stärkste und wie man auch in den Geschichten sieht unbesiegbarste Waffe von allen: die Kraft der Liebe. Dies wird auch deutlich, wenn man sich ihre Waffe, den Mondstein, verdeutlicht. Die Mädchen haben alle individuelle Waffen, die mit ihren jeweiligen Charaktereigenschaften korrespondieren. Sailor Moons Mondstein steht für die reine Unschuld.

Mit der Zeit wird Bunny immer reifer, fängt nicht mehr so leicht an zu heulen und steht ihren Feinden mutiger gegenüber. In der Zukunft wird sie mit Mamoru verheiratet sein, die Mutter von Chibiusa werden und als Neo-Queen Serenity über die Stadt Crystal Tokio herrschen.

Ami Mizuno - Sailor Merkur:

Ami Mizuno alias Sailor Merkur ist die erste Sailorkriegerin, die zu Sailor Moon hinzu stößt. Sie ist vierzehn Jahre alt und geht mit Bunny zur Schule. Ami ist groß, hat eine schlanke Figur und große, blaue Augen. Sie hat blaues, kurzes Haar und wie Bunny überdimensional lange Beine. Ihre Eltern sind geschieden.

Ami ist eine sehr gute Schülerin. Sie gilt als Streberin, weshalb sie auch keine Freunde hat, bevor sie auf Bunny und die anderen Sailors trifft. Sie will einmal Medizin studieren, und um dies verwirklichen zu können, lernt sie sehr viel und geht regelmäßig in Paukstudios. Ami ist sehr ruhig, intelligent, zurückhaltend und hat ein warmes Herz. Sie ist auch diejenige, die Streitereien zwischen den anderen Mädchen schlichtet[287]. Sie repräsentiert den Verstandesmenschen, der aber schwer soziale Kontakte knüpft und manchmal über all der Arbeiterei zu leben vergißt. Diese Zerbrechlichkeit und Schüchternheit wirkt äußerst sympathisch und weckt in vielen „Beschützerinstinkte" (vgl. Bernauer et al. 2001, S. 76). Sie verkörpert sozusagen die Kluge, Beherrschte, die Außenseiterin.

Als Sailor Merkur kann sie in den ersten beiden Staffeln einen Nebel erzeugen, der die Feinde verwirrt, sodass ihre Freundinnen zuschlagen können. Später kämpft sie auch mit einem Wasserstrahl und kann ihre Gegner einfrieren. Die Waffe des Wassers symbolisiert nochmals die Kraft und Stärke von Ami, nämlich ihren klaren Verstand. Als Genie des Teams bedient sie den Minicomputer, mit dessen Hilfe sie ihre Gegenspieler und deren Schwachstellen analysiert. Dies ist ihre eigentliche Stärke, da sie die Situation dadurch sofort im Griff hat und einen Plan entwickeln kann wie die Feinde besiegt werden können. Dies macht sie für das Team zu einem unverzichtbaren Bestandteil.

Rei Hino – Sailor Mars:

Rei Hino alias Sailor Mars schließt als dritte Sailorkriegerinnen zu Bunny und Ami auf. Sie ist ebenfalls vierzehn Jahre alt und geht auf eine Privatschule. Ihre Mutter ist tot, ihr Vater jedoch lebt noch. Rei lebt trotzdem bei ihrem Großvater im Hikawa Tempel. Rei ist groß, schlank, hat große, dunkle Augen, schwarze lange Haare, die sie immer offen trägt und, wie alle anderen im Sailorteam, überdimensional lange Beine.

Rei hat ein recht aufbrausendes Temperament, weshalb sie auch oft mit Bunny zankt, weil diese ewig ihre Comics liest, ihr manchmal unmöglicher erscheint und für alles zu feige ist. Sie ist mutig, gibt nicht leicht auf, ist trotzig, aggressiv und lässt sich durch nichts aufhalten. Im Vergleich zu Bunny hat Rei eine viel tiefere Stimme. Meditiert sie, beschwört sie das Feuer oder brodelt ein irrsinniger Zorn in ihr, wird sie oft mit Schatten im Gesicht, oder den Stirnfransen über den Augen, sodass diese nicht zu sehen sind, gezeigt. Bösewichte werden auch oftmals auf die gleiche Weise

---

[287] vor allem zwischen Bunny und Rei

dargestellt. Doch hinter dieser etwas harten Schale, steckt ein sehr weicher Kern, was sie jedoch fast niemandem zeigt. Rei hat starke paraphysische Fähigkeiten, insbesondere was Dämonenaustreibungen betrifft und kann die Zukunft voraussagen. Diese Gabe ist sehr oft beim Kampf gegen Gegner der Sailorkriegerinnen hilfreich. Sie möchte einmal Shinto Priesterin oder Sängerin werden, darauf hat sie sich noch nicht festgelegt. Rei verkörpert also die Energische, Unerschrockene und Hitzköpfige.

Als Sailor Mars ist sie die Kämpferin eines Kriegsplaneten und schleudert Feuerkugeln, Zaubersprüche und später auch Feuerringe gegen ihre Gegner. Die Waffe der Feuerringe verdeutlicht nochmals die starke Leidenschaft, die von Sailor Mars ausgeht. Ihre Waffen sind stark und verfehlen ihre Wirkung nur selten.

Makoto Kino – Sailor Jupiter:

Makoto Kino alias Sailor Jupiter stößt als vierte Kriegerin zum Team. Sie ist vierzehn Jahre alt und geht zusammen mit Ami und Bunny zur Schule. Sie lebt allein seit ihre Eltern bei einem Flugzeugabsturz ums Leben kamen. Makoto ist sehr groß und kräftig, hat lange braune Haare, die sie immer zu einem Pferdeschwanz hochgesteckt hat und große, grüne Augen. Auch sie hat überproportional lange Beine.

Makoto ist die größte der inneren Sailorkriegerinnen und sehr sportlich und kräftig. Im Grund bräuchte sie die Sailor-Energie gar nicht, da sie auch ohne schon sehr stark ist. So scheut sie sich beispielsweise nicht davor, frechen Jungen entgegenzutreten, ohne dabei den Kürzeren zu ziehen. Makoto ist sehr direkt, ehrlich, manchmal sogar taktlos und braucht ihre Unabhängigkeit. Ihre Leidenschaft gilt dem Kochen und sich ständig verlieben, womit sie ihre Freundinnen in den Wahnsinn treibt, da sie in jedem neuen Schwarm ihre verflossene Liebe wiederzuerkennen glaubt[288]. Sie träumt von einer Hochzeit in Weiß und will später einmal Blumen oder Kuchen verkaufen. Minako verkörpert demnach die Sportliche, Freie aber auch Einsame.

Als Sailor Jupiter besitzt sie neben Sailor Mars eine der stärksten Waffen im Team: den Donnerschlag. Im Gegensatz zu ihrer Freundin setzt sie ihre

---

[288] einen Abiturenten der sie sitzen gelassen hat

Angriffe jedoch meist gezielt ein. Hartnäckig und verbissen kämpft sie bis zum Schluss. Der Donnerschlag symbolisiert große Kraft.

Minako Aino – Sailor Venus:

Minako alias Sailor Venus schließt als letzte zum Team auf. Sie ist ebenfalls vierzehn Jahre alt, geht zur Schule und über ihre Familie ist nichts bekannt. Minako ist groß, schlank, hat blonde, lange Haare und große, blaue Augen. Ihre Haare hält sie mit einer Masche am Hinterkopf zusammen oder trägt sie offen. Sonst hätte man wahrscheinlich Probleme damit sie von Bunny zu unterscheiden. Auch sie hat die gleiche Statur wie ihre Freundinnen. Der Kater Artemis steht ihr noch hilfreich zur Seite.

Minako scheint zuerst klug und zurückhaltend zu sein, doch bald stellt sich heraus, dass sie ebenso chaotisch, ungeschickt und flusenhirnig ist wie Bunny. Minako faulenzt gerne und liebt es, ihren Idolen hinterher zu jagen, da sie selbst auch gerne eines wäre. Sie leidet darunter, dass an ihr, außer ihrem guten Herzen und ihrem Sailor-Dasein, nichts Besonderes ist. Aus diesem Grund will sie auch Sängerin oder ein berühmter Star werden. Minako verkörpert die Sanfte, Liebe, die Mitläuferin.

Minako war eigentlich die erste Sailorkriegerin, die nach der Zerstörung des Silberkönigreiches nach ihrer Wiedergeburt im heutigen Tokio von Artemis gefunden wurde, taucht jedoch in der Serie als letzte der „inneren Sailors" auf. Bis zur Zusammenführung mit den vier Sailorkriegerinnen[289] kämpft sie bereits als geheimnisvolle Sailor-V (Sailor Venus) in verschiedenen Teilen der Welt gegen das Böse. Sie ist sogar so berühmt, dass ein Videospiel nach ihr benannt ist. Da sie mehr Kampferfahrung und -übung hat, gilt sie zu Beginn als die Beste der fünf. Im Gegenteil zu Bunny lässt sich Minako im Kampf jedoch nicht leicht einschüchtern und ist sich ihrer Fähigkeiten voll bewusst. Sie kämpft geschickt und stark, aber nicht überheblich. Nötigenfalls ist sie bereit alles zu riskieren. Ihre Waffen sind der Halbmondstrahl und später die Feuerherzen, die für Sailor Venus' warmes Herz stehen.

---

[289] bevor diese überhaupt von ihrer Bestimmung erfahren haben

Mamoru Chiba – Tuxedo Mask – Prinz Endymion:

Mamoru Chiba alias Tuxedo Mask ist ein junger hübscher Student, der Bunny und ihren Freundinnen in der ersten Staffel bereits ständig über den Weg läuft. Er ist groß, gut gebaut, hat schwarzes kurzes Haar und große, dunkle Augen. Seine Eltern kamen bei einem Autounfall ums Leben und er lebt allein in einem Appartement.

Mamoru ist liebenswürdig, großzügig, geduldig, äußerst korrekt, höflich und stets perfekt gekleidet, ein wahrer Gentleman sozusagen. Außerdem ist er sportlich und sehr intelligent. Trotzdem zählt das Ärgern der tollpatschigen Bunny, die sich darüber fürchterlich aufregt, in der ersten Staffel zu einer seiner Lieblingsbeschäftigungen. Mamoru studiert Medizin um Arzt zu werden und finanziert sich mit verschiedenen, kleineren Jobs ein wenig Geld. Die Mädchen sind allesamt sehr angetan von ihm, mit Ausnahme von Bunny, die ihn zu Beginn nicht sonderlich leiden kann, da er sie immerzu ärgert.

Mamoru taucht als Tuxedo Mask mit schwarzem Anzug, Umhang, Zylinder, Brille und Stock verkleidet in brenzligen Situationen auf, um die Sailorkriegerinnen aus aussichtslosen Situationen zu retten. Dabei wirkt er immer galant und es scheint, als könnte ihn nichts und niemand aus der Fassung bringen. Seine Waffe ist eine rote Rose, welche er den Dämonen und anderen Vertretern der bösen Macht vor die Füße wirft, und sie somit aufhält, damit Sailor Moon sie letztendlich besiegen kann. Zu Beginn weiß er nicht wer hinter Sailor Moon steckt, und auch Bunny hat keine Ahnung, dass ihr heiß geliebter Tuxedo Mask in Wirklichkeit der unausstehliche Mamoru ist.

Außergewöhnlich ist, dass dieser augenscheinliche Traummann selbst jedoch oft genug von der „schwächlichen" Sailor Moon gerettet werden muss. Obwohl sie in vielen Episoden von Tuxedo Mask gerettet wird, besitzt Sailor Moon letztlich betrachtet mehr Kraft und Macht als ihr Liebster. Sie steht ihm über. Es besteht jedoch trotzdem ein gewisses gegenseitiges Schutzbedürfnis.

Chibiusa – Sailor Chibi Moon:

Chibiusa alias Sailor Chibi Moon taucht ab der zweiten Staffel der Serie auf. Sie ist ein kleines Mädchen mit etwa fünf Jahren. Sie ist zierlich gebaut, hat rosa Haare, die in zwei Zöpfen bis zu den Schultern reichen und große, rote Augen. Sie ist aus der Zukunft, und ihre Eltern sind Neo-Königin Serenity und Neo-König Endymion. Demnach werden Bunny und Mamoru in der Zukunft ihre Familie sein. Während ihres Aufenthalts in der Gegenwart hat sie sich bei Bunnys Eltern eingenistet und sich als ihre Nichte ausgegeben.

Chibiusa ist ein kleines, freches Ding, das ihrer späteren Mutter jedoch nicht unähnlich ist. Sie ist vorlaut, will überall dabei sein, hat aber ein gutes Herz und gewinnt sehr schnell Freunde. Chibiusas eigentliche Aufgabe bestand anfangs darin den Silberkristall zu holen, um damit ihre Mutter in der Zukunft zu retten. Sie freundet sich jedoch mit dem Sailorteam an, und bleibt eine Weile in der Vergangenheit. Bunny und Chibiusa geraten sich dabei häufig in die Haare, da sie sich zu ähnlich sind, um friedlich miteinander leben zu können, und das Objekt ihrer ständigen Zerwürfnisse ist meist Mamoru, der von beiden abgöttisch geliebt wird, weswegen es oft zu Eifersüchteleien kommt. Chibiusa will ebenfalls eine Sailorkriegerin werden und wird deshalb als Sailor-Lehrling dahingehend ausgebildet. Ihre beste Freundin ist Hotaru, die spätere Sailor Saturn, und ein fliegendes Pferd namens Pegasus. Ihre Entwicklung während der Serie ist gut zu erkennen, da sie physisch ausmachbar ist. Sie wächst, geht zur Schule und ihre Stimme verändert sich.

Als Sailor Chibi Moon kämpft sie mit ihren Zuckerherzen gegen das Böse. Sie ist die lebende Trophäe im Kampf um das Glück als Familie und tut alles daran, dass Mamoru und Bunny endlich zueinander finden, heiraten und ihre Tochter, also sie selbst, zur Welt bringen. Sie steht sozusagen für die Weitergabe und das Fortbestehen des Guten.

Der/Die Widersacher:

Abgesandte des Bösen und somit die Gegner des Sailor-Teams treten in den verschiedensten Gestalten auf. Da am Ende jeder Staffel die Mächte der Finsternis besiegt werden, sind in jeder Saga neue Gegenspieler für Bunny und Co anzutreffen. Aus diesem Grund können sie spätestens ab der zweiten Staffel nicht mehr über den Vorspann definiert werden, da dieser, wie bereits erwähnt, sich im Laufe der Serie visuell nicht verändert.

Da die für die Analyse auserwählten Episoden aus jeweils verschiedenen Staffeln stammen, sind demnach pro Folge andere Bösewichte präsent. Da die Untersuchung den Gesamtaspekt der Serie erfassen will, ist es wenig hilfreich, jeden einzelnen Vertreter der dunklen Seite genau zu beschreiben. Wesentlich effektiver ist es, hier ein übergreifendes Bild der sailorschen Widersacher zu konstruieren. Dies ist mitunter möglich, da sich die bösartigen Charaktere der einzelnen Staffeln in vielerlei Hinsicht ähneln, sei es physisch oder psychisch.

Die Bösen sind entweder grausame Königinnen, Dämonengeister, der Erleuchtete des Dunklen, der Messias der Stille, die Deadbusters, zahllose Cardiane, Dämonen, Droidos usw. Sie leben allesamt in einer Art Über-Ort, einer anderen, dunklen Dimension, in welche sie sich zurückziehen und ihre Pläne schmieden können. Diese Reiche sind dunkel und mystisch gezeichnet. Sie strahlen Gefahr aus, was in vielen Szenen durch dumpfe, dunkle Musik verstärkt wird. Gefahrverdeutlichende Musik ist überhaupt ein formales Mittel, welches das Auftreten der Bösewichte und ihre Handlungen, Selbstgespräche und Dialoge mitbegleitet.

Die Grundorganisation dieser dunklen Mächte ist hierarchisch durchstrukturiert. An der Spitze steht der bzw. die Mächtigste (das pure Böse), und dessen Vasallen lenken jene Dunkelgeister, die den Sailorkriegerinnen von Folge zu Folge zu schaffen machen. Das Machtverhältnis zwischen den Bösewichten wird oft mittels Perspektivwechseln unterstrichen, indem etwa Königin Perillia aus der Frosch- und ihr Diener Yedithe aus der Vogelansicht gezeigt werden, wenn sie einander gegenüber stehen. Je näher eine Staffel sich dem Ende nähert, umso stärker werden die Gegner und desto mehr Anstrengung kostet es die Mädchen sie zu besiegen. Erst wenn alle Diener des Oberbösewichts besiegt sind, stellt er bzw. sie sich Bunny und ihren Freunden persönlich zum Kampf.

Da jedoch, abgesehen von den Ober-Bösewichten, alle Widersacher der Sailors bestimmte „menschliche" Eigenschaften und Charakterzüge besitzen, sie demnach Gefühle haben und diese manchmal sogar zeigen, kann sich der Zuseher auch mit ihnen identifizieren. So verlieben sie sich beispielsweise ineinander oder auch in irgendeinen Menschen auf der Erde. Diese Liebe liefert dann das plausible Motiv für ihr Handeln, sei es nun gut oder böse. Wird z.B. der Letzte der Generäle, Kunzite, am Ende der ersten Staffel blind vor Wut und entwickelt noch mehr Hass auf Sailor Moon und ihr Team, da er ihnen die Schuld am Tod seines Geliebten Zoisite gibt, so gibt es auch unzählige Gegenspieler, die von Bunny und ihren Freunden bekehrt und auf die gute Seite gezogen werden. Das Thema Liebe kommt also selbst bei den vermeintlich Bösen zum Tragen, und zieht sich wie ein roter Faden durch die gesamte Geschichte.

Weiters werden jene Widersacher, die über einen längeren Zeitraum hinweg auftreten, was das Äußere betrifft, sehr menschlich gezeichnet. Sie werden, abgesehen von zeitweiligen Schatten in ihren Gesichtern, schmäleren Augen und überhaupt farblich etwas dunkler gehaltenen Konturen nicht anders dargestellt als die Vertreter von Liebe und Gerechtigkeit. Dies lässt sie nicht absolut bösartig erscheinen. Hinzu kommt, dass ihre Angriffe auf das Sailorteam von diesen immer abgewehrt werden können, und die von ihnen gerufenen Dämonen und Cardiane in den seltensten Fällen wirklich gruselig und angsteinflössend, sondern eher albern-hysterisch oder satirisch wirken. In allen Geschichten sind ausschließlich die mächtigen Oberbösewichte zu fürchten, welche die Welt versklaven, pervertieren und der Liebe berauben wollen.

Der/Die Helfer und Nebenfiguren:

Neben den speziell aufeinander angepassten Hauptheldinnen und ihren charismatischen Widersachern spielen in der Serie jedoch auch eine große Schar an Helfern und Helferinnen eine wichtige Rolle. Es treten weitere Sailorkriegerinnen, Klassenkameraden, Bunnys Eltern und ihr Bruder, Lehrer, Sportler, Sänger etc. auf, welche in bestimmten Episoden sogar als Hauptfiguren agieren. Sie sind es, die die Folgen und Geschichten ganzer Staffeln vorantreiben, indem sie Stichwortgeber, Opfer die gerettet werden müssen oder zeitweilig scheinbare Konkurrenten für Sailorkriegerinnen sind, die sich jedoch später als Freunde erweisen. Manche von ihnen sind je nach Staffel ständiges Personal in der Geschichte, andere kommen nur sporadisch oder in einer einzigen Episode vor. Gäste werden auf zwei verschiedene Arten in die Serie eingeführt: Entweder sie befinden sich in dem folgenspezifischen Themenort[290] und sind dadurch in Gefahr, da sie von den Bösewichten angegriffen werden bzw., oder sie kennen eines der Sailor-Mädchen und fungieren auf diese Weise meist als Informationsübermittler.

---

[290] sind z.B. Starsänger in einer Oper, oder Pflanzenkundige in einem botanischen Garten

Neben den sogenannten Gästen treten die Katzen Luna und Artemis als auch die äußeren Sailorkriegerinnen in einigen Staffeln als dauerhafte Nebenfiguren auf. So ist es für die Erfassung des Gesamtkomplexes notwendig, sie etwas genauer zu beschreiben.

Luna und Artemis gehörten in ihrem früheren Leben auf dem Mond zum Beraterstab der Königin. Sie sind es, die zu Beginn der Serie das Sailorteam wieder zusammenführen, den Mädchen ihre Verwandlungsstäbe und Informationen über ihre Vergangenheit geben. Sie sind es auch die dem Team ihre Aufgabe erklären. Luna ist die schwarze Katze von Bunny. Sie versucht Bunny die Verantwortung klar zu machen, die ihr auferlegt wurde, und ist oftmals ziemlich entgeistert über deren ungebührliches Verhalten. Trotzdem ist sie sehr Stolz auf ihren Schützling. Der weiße Kater Artemis hingegen gehört zu Minako. Er hat eine heimliche Schwäche für Luna und ihre später gemeinsame Tochter Diana wird der Schützling von Chibiusa sein. Zusammen sorgen sie sich um das Sailorteam und die Welt. Die beiden sind reine Nebenfiguren, da sie für den Ausgang einer Folge oder Geschichte wenig beizutragen haben. Sie versorgen das Publikum mit gewissen Hintergrundinformationen und dokumentieren die Geschehnisse.

Zu den äußeren Sailorkriegerinnen gehören Michiru Kaioh (Sailor Neptun), Haruka Tenoh (Sailor Uranus), Setsuna Meioh (Sailor Pluto) und Hotaru Tomoe (Sailor Saturn). Sie verfolgen ihre eigenen Ziele, die jenen des inneren Sailor-Teams manchmal entgegen zu steuern scheinen.

Michiru und Haruka versuchen die Welt und das Universum zu retten, wofür beide sogar ihr Leben geben würden. Michiru hat blaues, langes Haar und blaue Augen. Sie ist ruhig und besonnen, schwimmt gerne und spielt vorzüglich Geige. Ihre Waffe ist das Wasser, wobei ihre Kraft stärker als jene von Sailor Merkur ist, da ihr Element der Ozean ist. Sie wirkt sehr weiblich. Im Gegensatz dazu hat Haruka blondes, kurzes Haar und dunkelblaue Augen. Sie fährt Motorrad, kleidet sich wie ein Mann, ist hitzköpfig, sehr sportlich und hat eine tiefe, aber weibliche Stimme. Dies ist auch der Grund wieso viele sie für einen Mann halten. Harukas Waffe ist das Schwert des Lichts und ihr Planet, den sie als Geschoss schicken kann. Obwohl es immer nur angedeutet wird, ist klar, dass Michiru und sie ein Paar sind. Sie sind etwas älter als Sailor Moon und ihre Freundinnen und finden deren Verhalten oftmals sehr kindisch.

Setsuna ist die Hüterin des Tores zu Raum und Zeit. Sie ist mit achtzehn die Älteste der Kriegerinnen, hat grünes langes Haar und dunkelrote Augen. Setsuna trägt stets das Zepter zur Pforte der Zeit mit sich, durch welches Chibiusa aus der Zukunft zu Bunny und ihren Freunden und auch wieder zurück zu ihren Eltern gehen kann. Setsunas Waffe ist ihr Planet Pluto, den sie aussenden kann, weiters ist sie dazu imstande die Zeit einzufrieren. Sie arbeitet nicht mit Sailor Neptun und Uranus zusammen, gibt ihnen jedoch Informationen. Ihre primäre Aufgabe besteht hauptsächlich in der Bewachung der Zeitpforte. Aus diesem Grund mischt sie sich auch sehr selten in die Kämpfe zwischen den Sailors und ihren Widersachern ein, außer, das Tor zur Zukunft wird angegriffen. Somit fungiert sie als abseits stehende, erhabene, den Geschehnissen folgende Kriegerin.

Als letzte Sailorkriegerin tritt Sailor Saturn alias Hotaru Tomoe in Erscheinung. Hotaru ist noch ein Kind. Sie ist sehr zierlich, hat schwarzes, schulterlanges Haar und graue Augen. Sie ist oft krank, sehr still, äußerst schüchtern und besitzt die Fähigkeit leichte Wunden zu heilen. Da alle Kinder sie merkwürdig finden, hat sie keine Freunde. Dann taucht Chibiusa auf und die beiden werden unzertrennlich. Hotarus Vater ist Professor Tomoe, der von einem Dämon beseelt ist. Hotaru kam als Kleinkind um, als ein Experiment mit anderen Dimensionen im Labor ihres Vaters daneben ging. Die Wesen aus der fremden Dimension hatten sie wiedererweckt, ihr jedoch den Geist eines bösartigen Dämons (Mistress 9) in ihren Körper implantiert, gegen den nun ihre eigene Seele ständig ankämpft. Sailor Saturn ist die Kriegerin des Todes, und ihre Waffe ist ein Stab, mit dessen Hilfe sie die totale Stille (Zerstörung) auslösen kann. Da ihre Kraft einen ganzen Planeten zerstören könnte, verwandelt sie sich nicht wie die anderen Sailor-Kriegerinnen, sondern erwacht, wenn sie oder die Erde ernsthaft bedroht sind. Sailor Saturn gewinnt schließlich den inneren Kampf mit dem bösen Dämon und kann, nachdem sie nicht mehr gebraucht wird, als Hotaru wiedergeboren werden, ohne jedoch von ihrer Identität als Sailor Saturn zu wissen.

Beziehungen innerhalb Gruppen:
Generell können die wichtigsten, die Geschichte bestimmenden Charaktere in drei Gruppen unterteilt werden. Dies sind das innere Sailorteam, die Vertreter der dunklen Seite und das äußere Sailorteam.

Die Beziehungen zwischen Personen innerhalb der Hauptcharaktere zeichnen sich generell durch große Intensität aus, und obwohl es des öfteren scheint, als gäbe es leichte hierarchische Unterschiede, sind ihre Mitglieder im großen und ganzen gleichberechtigt. Jeder lernt vom anderen, gleichzeitig fungiert er aber auch als „Lehrmeister". Da die Mädchen verschiedene Fähigkeiten besitzen, ist klar, dass jede von ihnen den anderen in bestimmten Gebieten über ist. So kann sich beispielsweise, was Lernen und klares, vernünftiges Denken betrifft, niemand mit Ami messen, Makoto ist im Kochen unschlagbar und Bunny weiß von allen am besten, was selbstlose, reine Liebe ist. Die jeweiligen Schwächen des einzelnen werden durch die Gruppe absorbiert. Ihre große Stärke resultiert demnach aus ihrer Zusammenarbeiten und ihrem gegenseitigen Vertrauen. Auch wenn es oft so scheint, als würden sich etwa Bunny und Rei nicht sonderlich vertragen, haben gerade die beiden die innigste und intensivste Freundschaft. Gute Freunde streiten nun mal. Doch gerade diese zeitweilige Disharmonie zwischen den Mädchen macht sie sympathisch, weil es realistischer wirkt und der Zuseher erkennt trotz allem die tiefe Freundschaft, die die Mädchen verbindet.

Mamoru kann spätestens ab dem Zeitpunkt indirekt zur Gruppe der inneren Sailorkriegerinnen gezählt werden, als er mit Bunny liiert ist. Vergleichbar mit der Beziehung zwischen den Mädchen, lebt und erstarkt die Verbundenheit von Mamoru und Bunny durch ihre gegenseitige Abhängigkeit. Mamoru ist Bunnys Gleichgewicht. Lebt sie nur in der Gegenwart, erinnert er sie an die Zukunft und wirkt sie labil, gibt er ihr Halt. Anders im Kampf: Hier besteht seine Aufgabe darin, die Gegner aufzuhalten bis das Team, vor allem Sailor Moon, bereit ist, diese zu besiegen. Sailor Moon besitzt kampftechnisch gesehen eindeutig mehr Macht und Kraft als ihr Liebster, und muss ihn auch mehrmals aus den Fängen des Bösen befreien. Hier hat sie die Führung, und Mamoru folgt ihr.

Die Beziehung innerhalb der Gruppe der Widersacher ist, wie bereits erläutert, sehr hierarchisch gegliedert. Zwischen den Ober-Bösewichten und ihren Vasallen gibt es ausschließlich eine rein „geschäftliche" Verbindung. Gefühle spielen hier keine Rolle. Aus diesem Grund wirken die Figuren oft sehr kalt und unsympathisch. Die Stellung der Mächtigsten wird auch durch ihr physisches Erscheinungsbild[291] und ihre Sprache[292] offensichtlich. Anders sieht das Verhältnis zwischen Bösewichten mit gleichem Machtstatus aus. Entweder wollen sie sich gegenseitig mit ihren Leistungen übertrumpfen, um der Obrigkeit zu imponieren, können aus diesem Grund auch keine freundschaftliche Beziehung oder etwas annähernd ähnliches zueinander pflegen, oder sie sind sich in gegenseitiger Zuneigung verbunden[293], oder schwärmen zumindest für jemanden aus den eigenen Reihen. Doch Liebesbeziehungen zwischen Bösewichten wird niemals so emotional und intensiv dargestellt, als jene der Guten.

Schließlich wäre da noch das Verhältnis der Gruppe der äußeren Sailorkriegerinnen zu erläutern. Im Grunde kann ausschließlich das Zweiergespann Sailor Neptun und Sailor Uranus als Gruppe bezeichnet werden, da die anderen beiden Sailorkriegerinnen Einzelgänger sind. Die Beziehung zwischen Michiru und Haruka ist jedoch sehr komplex und intensiv.

Haruka scheint der dominierende Partner zu sein. Sie präsentiert sich sehr männlich[294] und ist auch diejenige, von der Handlungsentscheidungen ausgehen. Sie wirkt immer ent- aber auch sehr verschlossen. Michiru ist die einzige, die sie aus ihrer Reserve locken kann. Sie ist das krasse Gegenteil von Haruka: charmant, äußerst weiblich, liebenswürdig. Doch bei genauerer Betrachtung stellt man fest, dass Michiru im Grunde die Fäden in der Hand hält. Sie weiß was sie tun und sagen muss, um das zu bekommen was sie will. Doch es ist ebenso falsch Michiru als Kopf der beiden zu bezeichnen. Wie schon bei Mamoru und Bunny, als auch in den

---

[291] sind größer und kantiger gezeichnet
[292] harsche und oft beleidigende Ausdrücke gegenüber ihren Dienern, sehr viel Befehlsform
[293] z.B. die Generäle Zoisite und Kunzite, beides Männer, wobei Zoisite sehr weibliche Züge hat, und in den meisten Übersetzungen auch von einer Frauenstimme synchronisiert wird
[294] tiefe Stimme, kurze Haare, Outfit, Hobbys

Beziehungen zwischen den anderen Mädchen stellt das Gleichgewicht das Maß aller Dinge dar.

Rollenverhalten:

Die Mädchen des inneren Sailor-Teams verhalten sich anderen gegenüber immer sehr herzlich, freundlich und aufgeschlossen, solange ihre Offenherzigkeit gewürdigt und zurückgegeben wird. Sie hegen keinerlei Vorurteile gegen jemanden, bevor sie ihn oder sie nicht kennen gelernt haben und vertrauen immer auf das Gute im Menschen. Sie verstehen beispielsweise nicht, wieso die äußeren Sailorkriegerinnen nicht mit ihnen gemeinsame Sache machen, wo sie doch augenscheinlich auch auf der richtigen Seite stehen, da sie den Mädchen schon etliche Male geholfen haben.

Diese sind in dieser Beziehung etwas skeptischer. Sie vertrauen nicht so leicht jemandem und sind zu Beginn der Meinung, dass das innere Sailorteam nicht in der Lage wäre sich und die Welt zu verteidigen oder gar zu retten.

Beziehungen zwischen Helden und Widersachern:

Das Sailorteam wird von den Dunkelgeistern und Bösewichten grundsätzlich immer unterschätzt. Diese eigentümlich angenommene Überlegenheit spiegelt sich in ihren Gesprächen mit den Mädchen wider. Sie denken leichtes Spiel mit ihnen zu haben, werden aber im Laufe einer Staffel jedes Mal vom Gegenteil überzeugt. Obwohl die dunklen Mächte offensichtlich größere Kräfte besitzen, können sich die Sailorkriegerinnen durch ihre Gruppendynamik, ihre Freundschaft und ihr Miteinander immer wieder steigern und so das Böse besiegen.

Die Heldinnen erklären ihren Widersachern bei jedem Zusammentreffen, weshalb ihr Handeln falsch ist. Diese Konfrontationskommunikation wird sehr stark dramatisiert und formal durch Spots auf die Sprechenden, flotte Musik und Großaufnahmen unterstützt. Moralische Aussagen dieser Art klingen etwa so: *„Reis Herz ist voller Hoffnungen und Träume auf ein glückliches und friedliches Leben in der Zukunft. Und du böser Schurke, bis so gemein, dass du diese unschuldigen Träume zerstören willst! Wir stehen für Liebe und Gerechtigkeit. Ich bin Sailor Moon, und im Namen des Mondes werden wir dich bestrafen!"*

Die Bestrafung bzw. das Besiegen der Dämonen und dunklen Geister endet mit dem Verschwinden derselben. Der Zuseher weiß nicht, ob der Gegner nun getötet oder nur wieder in seine Dimension, oder woher er auch immer kam, zurückgeschickt wurde. Im Gegensatz dazu werden die Sailors am Ende der jeweiligen Staffeln deutlich erkennbar getötet. Sie liegen bewegungslos am Boden und ihr Dahinscheiden wird auditiv bestätigt. Da sie jedoch durch den selbstlosen Einsatz von Sailor Moon und ihrem letztlichen Sieg über das Böse per Wiedergeburt ins Leben zurückgerufen werden, stellt ihr einstweiliger Tod keinen Abschied für immer dar.

6.1.2 „Dragonball"

Die Erzählweise

Rahmen (Vor- und Abspann, Trailer):

Der 52-sekündige Vorspann zu „*Dragonball*" gibt bereits eine erste, grobe Einführung in die Haupthandlung der Geschichte und stellt dem Zuseher den großen Helden der Serie vor. Mit dynamischen Bildern, teilweise sehr schneller Schnitttechnik und schwungvoller Technomusik gibt der Vorspann einen Vorgeschmack auf das, was den Zuschauer in den darauf folgenden, etwa 20 Minuten erwartet. Der blinkende, rosa Schriftzug „*Dragonball*" stellt den Beginn des Intros. Die Musik setzt ein. Die Bilder zeigen parallel zum Text, dass darin Besungene:

> *„Findet alle sieben DragonBalls,*
> *und eure Wünsche werden wahr.*
> *Kennt ihr das Geheimnis der DragonBalls?*
> *In ihnen steckt die Zauberkraft.*
> *Son-Goku, du bist unser Held,*
> *du kämpfst dich tapfer durch die Welt.*
> *Die Feinde lauern überall,*
> *denn jeder sucht die DragonBalls."*

Neben den titelgebenden DragonBalls werden der Hauptheld Son-Goku, seine Freundin Bulma, Shen-Long der Drache und Prinz Pilaf mit seinen beiden Spießgesellen Maien und Sho, als Vertreter der bösen Seite, gezeigt. Das Ende des Vorspanns wird durch das Leiserwerden und schließliche Verebben der Musik markiert, der Titel der jeweiligen Folge wird gezeigt und eine Schwarzblende leitet in die Geschichte ein.

Obwohl im Laufe der Serie neue Charaktere hinzukommen, wird der Vorspann nicht geändert. Erst als die Serie selbst einen neuen Namen („*DragonBall Z*") bekommt, leitet auch ein neuer Vorspann in die Episoden ein.

Sehr oft werden die jeweiligen Folgen mittels Trailer eingeleitet. Dieser sieht jedoch nicht immer gleich aus. So unterscheidet man grundsätzlich zwei verschiedene Varianten: Entweder werden die Geschehnisse der letzten Folge oder Folgen visuell zusammengefasst, während eine männliche Stimme aus dem Off zwei, drei erläuternde Sätze dazu spricht, oder es erfolgt ein sofortiger Einstieg in die Episode. Jedoch meldet sich auch hier die Off-Stimme zu Wort und erklärt kurz die Situation. So gibt sie beispielsweise darüber Auskunft, wie viele DragonBalls die Helden bereits gefunden haben, wo sie sich gerade befinden oder was sie im Moment versuchen zu bewältigen.

Der Abspann beginnt genau genommen bereits mit den letzten Einstellungen der jeweiligen Episoden-Endszene. Er wird durch das erneute Auftreten der Off-Stimme markiert, welche weise Ratschläge von sich gibt („*Wir sehen, das Training beim Herrn der Schildkröten ist wirklich kein Zuckerschlecken, aber wer den großen Wettkampf gewinnen will, muss hart trainieren!*") oder einfach nur die wichtigsten Geschehnisse der jeweiligen Episode zusammenfasst (*"Der Drache ist also aus seinem langen, tiefen Schlaf gerissen worden."*). Auf der Bildebene erscheint nachdem die letzte Szeneneinstellung mittels Schwarzblende verschwunden und die Off-Stimme verstummt ist, der Titelschriftzug „*DragonBall*", und man sieht Son-Goku auf seiner Überschallwolke durch die Luft fliegen. Dazu erklingt die Titelmelodie. Im Abspann wird demnach die finale Phase des Vorspanns wiederholt, visuell wie auditiv.

Geschwindigkeit

Der Erzähler aus dem Off hat eine angenehme dunkle Stimme, spricht langsam und sehr deutlich. Im Gegensatz dazu sind manche Figuren schwer oder schwieriger zu verstehen, da sie ihren Charakteren entsprechend eine sehr hohe Stimmlage haben, die in gefährlichen Situationen sehr schrill wirkt[295], oder sie nuscheln sogar etwas[296].

Wie dies in vielen Anime der Fall ist, variiert die Schnittgeschwindigkeit auch in *„DragonBall"* von Szene zu Szene. Sind Kampf- oder gefährliche Szenen im Allgemeinen sehr schnell geschnitten[297], so kann es in anderen Sequenzen auch fünf bis sechs Sekunden dauern, bis eine Einstellung geändert wird. Die durchschnittliche Schnittfrequenz liegt bei etwa 3,5 Sekunden.

Ein weiteres, oft verwendetes Mittel in *„DragonBall"*, um den Szenen Bewegung und Schnelligkeit einzuhauchen, besteht in der permanenten Steigerung an Kamerabewegungen jeglicher Art, sobald gefährliche Situationen oder Kämpfe auftreten. Hierbei wird um die Charaktere herumgefahren, auf ihre Gesichter oder wichtigen Körperteile gezoomt, es gibt Mitfahrten mit fliegenden Waffen oder Körpern, etc. Die Teilanimation liefert hier nicht genügend Dynamik, weswegen andere Mittel und Wege gefunden wurden, um Szenen spannender zu gestalten.

Eines der wichtigsten, wenn nicht sogar das wichtigste Instrument zur Erzeugung von Bewegung und Dynamik in *„DragonBall"* sind die Effekte. Doch dazu zählen nicht nur technische Spezialtricks wie Zeitlupen-, Verschwimm-, Fokus[298]- oder Wiederholungseffekte[299]. Viel impulsiver sind hier jene, den Comiccharakter untermalenden Mittel. So werden Lauf- oder Kampfszenen etwa durch schwarze oder weiße „Schnelligkeitslinien" unterstützt, welche vom Körper weg nach hinten verlaufen und somit die enorme Geschwindigkeit, aber auch die Kraft und Stärke der Personen, Gegenstände oder Energiestrahlen verdeutlichen. Striche, Linien und

---

[295] z.B. Bulma
[296] wie etwa Oolong
[297] alle ein bis zwei Sekunden ein Schnitt
[298] Die Schärfeneinstellung zwischen Vorder- und Hintergrund variiert.
[299] Ein und dieselbe Bildeinstellung (z.B. Son-Goku springt schreiend auf die Kamera zu) wird mehrmals kurz hintereinander geschnitten, sodass Son-Goku drei oder mehrere Male schnell auf die Kamera zuzuspringen scheint.

Punkte rund um die Gesichter der Personen unterstreichen ihre Gemütszustände, seien es Angst, Entsetzen, Überraschung, Entschlossenheit, etc. Ein weiteres Charakteristikum was Dynamik und Schnelligkeit betrifft, und dies vor allem bei Kampfszenen, sind farbenfrohe Hintergründe mit sich bewegenden Strichen oder Flächen. Die Parallelität zu gezeichneten Comicheften wird beispielsweise auch durch gelbe, sternförmige Flächen ersichtlich, welche erscheinen, wenn Personen, Gegenstände oder Fäuste gegen etwas oder jemanden prallen, oder durch unrealistische Veränderungen der Körperproportionen[300] und -teile[301].

Licht ist ein weiterer Faktor, der hilft, der Animation mehr Leben einzuhauchen. So blinken bzw. leuchten etwa die DragonBalls, und auch bestimmte Kampftechniken, in denen Energiebündel freigesetzt werden, so stark, dass ihre gesamte Umgebung nur mehr schemenhaft und stark schattiert in bloßem Schwarz-Weiß zu sehen ist. Hinzu wird die Gesamtlichthelligkeit von Bild zu Bild verändert, sodass ein stroboskopartiger Effekt entsteht, sprich: ein blinkender Bildschirm.

Neben den Effekten haben Musik und Ton einen entscheidenden Einfluß auf die dynamische Wirkung der Geschehnisse. In bedrohlichen und deshalb spannenden Szenen wird sehr stark mit Geräuscheffekten gearbeitet. Sie übertönen beinahe die ebenso schnelle Hintergrundmusik und treiben das Geschehen voran. Aber auch hier arbeitet *„DragonBall"* neben realistischen Tonuntermalungen[302] stark mit slapstickartigen Geräuschkulissen. Unzählige „Boings", „Puffs" und „Ratschs" begleiten die Aktionen der Helden.

Auftreten der Konfliktpartner:

Ein grundsätzliches Schema beim Auftritt der Konfliktpartner ist, dass schwächere und leichter zu besiegende, sowie weniger bösartig erscheinende Widersacher sich den Helden als erste in den Weg stellen. Somit wird eine kontinuierliche Steigerung des Spannungsbogens erreicht, womit das Auftreten des „Über-Bösewichts" als Höhepunkt einer Episode erscheint.

---

[300] Yamchus Kopf wächst während eines Wutausbruchs um das Doppelte an.
[301] Muten-Roshi springen beim Anblick eines Mädchenkörpers die Augen beinahe aus den Augenhöhlen.
[302] das Trampeln von Schuhen, das Zuknallen oder Knarren einer Tür, etc.

Als Beispiel: Son-Goku, Bulma und Oolong erreichen bei ihrer Suche nach den DragonBalls eine Stadt. Yamchu und Pool verfolgen sie, um ihnen die Kugeln irgendwann abzunehmen. Sie müssen demnach als Widersacher der drei Freunde gesehen werden, obgleich sie dem Trio nicht in jeder Episode kampfbereit gegenüberstehen. Sie sind jedoch in allen Folgen, in der sie Son-Goku und Co auf den Fersen sind, als erste zu sehen. Sie fungieren demnach als Konfliktpartner Nummer Eins, erscheinen aber relativ harmlos und weniger bösartig. Schon viel schurkenhafter und gemeiner wirken dagegen zwei Männer mit falschen Hasenohren am Kopf, welche sich den Helden als nächste in den Weg stellen. Die Konfrontation verläuft hier schon etwas brisanter, weil physischer Natur. Doch Son-Goku kann beide mit Leichtigkeit besiegen. Widersacher Nummer Zwei wären demnach abgehackt. Nun spitzt sich die Situation zu, da die Besiegten ihren Boss um Hilfe rufen, welcher prompt auch kommt. Er stellt als Konfliktpartner Nummer Drei den Episodenhöhepunkt dar, da die Freunde ihn nur zusammen[303] unschädlich machen können, er demnach sehr viel mehr Macht und Stärke als die vorangegangenen Widersacher besitzt.

Grundkonflikt der Serie:

In „*DragonBall*" werden hauptsächlich zwei Themenblöcke behandelt. Dies wäre zum einen die Suche nach den legendären DragonBalls[304], und zum anderen die stetige Kampfkunstentwicklung der Helden, welche in zahlreichen Kämpfen und Turnieren erprobt und zur Schau gestellt wird. Beide Bereiche liefern nun Ansatzmöglichkeiten für Konfliktpunkte. So lässt sich etwa das altbewährte Schema vom Kampf zwischen Gut und Böse sowohl in die DragonBall-Suche als auch in die Geschichten von Turnieren und Kampftrainings gut einbauen. Die Möglichkeit für die Helden, sich von Shen-Long ihre Wünsche erfüllen lassen zu können, bietet eine breite Angriffsfläche für viele soziale Themenverarbeitungen wie Geschlechterverhalten[305], Machtstreben[306], Selbstlosigkeit[307], etc. Die speziell auf die Kämpfe und Turniere ausgerichteten Folgen werden sehr

---

[303] Yamchu und Pool helfen ebenfalls mit.
[304] Dadurch auch der Titel der Serie
[305] Bulma will die DragonBalls finden, um sich vom Drachen einen netten Freund zu wünschen, und Yamchu will seine Schüchternheit gegenüber Mädchen verlieren.
[306] Prinz Pilaf will mit Hilfe des Drachen die Weltherrschaft an sich reißen.
[307] Anstatt sich selbst etwas zu wünschen, wünschen sich die Personen getötete Freunde oder auch Feinde wieder ins Leben zurück.

stark von Themen wie Fairness, Geschicklichkeit, Ausdauer, Machtdemonstration, Lernprozeduren, etc. beherrscht.

Nun vermittelt die Serie, im Gegensatz zu vielen anderen Zeichentricks, die mit unzähligen pädagogisch wertvollen Ratschlägen und Tipps an den Zuseher herangehen, grundsätzlich nur zwei Botschaften. Zum einen stellt sie die Bedeutung und Wichtigkeit harter Arbeit und harten Trainings in den Vordergrund[308], zum anderen zeigt *„DragonBall"*, dass es keine starre Grenze zwischen Gut und Böse gibt. Zeit, Erlebnisse und Weiterentwicklungen können Personen verändern, zum positiven, aber auch zum negativen. Feinde können zu Freunden konvertieren[309], und die Serie will uns klar machen, dass unser Leben, unsere Beziehungen und unser Schicksal in unseren eigenen Händen liegen, und wir die Macht haben Dinge zu verändern.

Dramaturgie (Aufbau) der Serie:

Grundsätzlich folgt der dramaturgische Aufbau von *„DragonBall"* einem sich durch die Serie ziehendem Muster, welches sich jedoch am Ende einer Saga ändert.

In der Regel führt die männliche Stimme aus dem Off nach dem Vorspann in die jeweilige Episode ein, und die Situation, in der sich die Helden befinden, ist einigermaßen entspannt, was heißen soll, dass sie am Beginn einer Folge von niemandem direkt bedroht sind. In einer kontinuierlichen Zuspitzung des Spannungsbogens, indem verschiedene Widersacher und andere Probleme auftreten, wird die Handlung bis zum Konflikthöhepunkt getrieben. Der Höhepunkt einer Folge kann unterschiedliche Gesichter haben. Zum einen kann es zum Kampf zwischen Helden und diversen Konfliktpartnern kommen, zum anderen stellt das Erscheinen des Drachen in der diesbezüglichen Episode den Episodenhöhepunkt dar. Sind keine potentiellen Gegner verhandeln[310], so markiert die Überwindung des eigenen Selbst[311] den spannendsten Moment.

---

[308] Die Hauptcharaktere der Serie sind allesamt erst durch schwierige Trainings, eiserne Disziplin, Opfer und Erfahrungen so unglaublich stark geworden.
[309] wie etwa Yamchu vom Widersacher zum Freund Son-Gokus wird
[310] Son-Goku trainiert beispielsweise beim Herrn der Schildkröten seine Kampftechnikerweiterung.
[311] sei es bezüglich Ängste, Kraftlosigkeit, Einstellung, etc.

Nachdem das Hauptproblem gelöst wurde, folgt meist eine Entspannungsszene, an deren Ende die männliche Stimme aus dem Off den Rahmen schließt und das Ende der Folge vorausschickt. Nach Beendigung des Epilogs folgt der Abspann.

Anders sieht es jedoch bei den etwa letzten drei oder vier Folgen einer Staffel aus. Hier wird nicht nach der altbewährten Schiene einer in sich abgeschlossenen Episode vorgegangen, sondern nach einer klaren Fernsehserienstruktur. Da die einzelnen Folgen zusammen eine übergreifende Geschichte erzählen, kommt es am Ende klarerweise zum sogenannten Show-Down. So gibt es hierbei nahezu keinen zu verzeichnenden Spannungsabbau, da sich alles auf das finale Handlungsmoment und den Höhepunkt[312] konzentriert und die Spannung dahingehend unentwegt in die Höhe getrieben wird. Die Helden befinden sich bereits zu Beginn der Episode in Gefahr, und stehen am Ende vor einem noch weit größeren Problem. Die sonstige Struktur[313] wird durch das Modell „Bedrohung – Konflikt – größere Bedrohung" abgelöst, was etwas an den Charakter einer Daily Soap erinnert, welche ebenfalls am Ende einer Folge die Spannung nochmals in die Höhe treibt, damit der Zuseher am nächsten Tag wieder einschaltet.

Handlungsstränge und -führung:

Da *„DragonBall"* fernsehserienspezifisch aufgebaut ist, und sich die einzelnen Episoden aufeinander beziehen bzw. eine übergreifende Geschichte erzählen, müssen zwei Ebenen der Handlungsführung betrachtet werden. Zum einen werden in den jeweiligen Folgen meist in sich abgeschlossene Abenteuer erzählt, zum anderen müssen die einzelnen Handlungsstränge und Konflikt auf einer höheren Ebene zu einer Einheit, einer Geschichte, zusammengeführt werden.

Die einzelnen Episoden bestehen in der Regel aus einem, manchmal aber auch aus zwei parallel geschnittenen Haupthandlungssträngen, die je nach Geschichte auf unterschiedliche Art und Weise miteinander verknüpft sind. In der Episode „Shenlong erscheint" werden beispielsweise zwei Haupthandlungsstränge durch Personen, Konfliktthema und Ort

---
[312] den Finalkampf zwischen Gut und Böse
[313] „Idylle – Bedrohung der Idylle – Konflikt – Lösung des Konflikts – Restauration der Idylle"

miteinander verknüpft. Son-Goku, Bulma, Oolong, Yamchu und Pool versuchen aus ihrem Gefängnis in Prinz Pilafs Schloss auszubrechen. Prinz Pilaf hat den Freunden ihre DragonBalls gestohlen und lässt den Drachen Shenlong erscheinen. Diese beiden Hauptthemen werden einerseits durch die Personen verknüpft[314], durch ein gemeinsames Konfliktthema[315] und den Ort[316].

Zusätzliche Nebenhandlungsstränge sind selten und wenn sie tatsächlich auftreten sehr kurz gehalten, da der jeweilige Grundkonflikt so stark in den Mittelpunkt gedrängt wird und so viel Aufmerksamkeit verlangt, dass kein Platz mehr für etwaige Zusatzprobleme oder -handlungen vorhanden wäre.

Spannung (Aufbau, Verlauf und Abbau):

In „*DragonBall*" wird Spannung sowohl auf der inhaltlichen als auch auf der formalen Ebene erzeugt, und dies in etwa gleichem Ausmaß. Inhaltlich geschieht dies entweder durch das für die Helden unbemerkte Erscheinen der Widersacher[317], oder mittels verbaler Äußerungen[318]. Als formale Spannungserzeuger werden vor allem düster dumpfe oder aber auch flotte Musik und Geräusche verwendet. Diese setzen kurz vor Beginn der bedrohlichen Situation ein, und im Gegensatz zu einfachen Begleitklängen wird bei musikalischen Spannungserzeugern die Lautstärke beträchtlich forciert. Manchmal wird auf die musikalische Untermalung der Szenen verzichtet, und die Dynamik und Spannung allein durch Geräusche erzielt. Als Son-Goku etwa mittels seiner Kampfkraft aus dem Gefängnis ausbrechen will, verstärken diesbezügliche Geräusche seine Schläge, seinen Sprung in Richtung Wand und seine Kampfschreie.

Während der Spannungssteigerung werden neben hauptsächlich physischen[319], aber auch psychischen[320] Bedrohungen der Konfliktpartner

---

[314] Diese treffen sich kurz und können einander über Monitore sehen und sprechen
[315] beide Gruppen wollen die DragonBalls und einen Wunsch vom Drachen
[316] das Schloss des Prinzen Pilaf
[317] Das Publikum sieht den Gegner bereits
[318] Prinz Pilafs Helfer haben das Auto von Son-Goku und seinen Freunden durchsucht und den letzten DragonBall nicht gefunden. Sie berichten es Prinz Pilaf, der vor seinen Überwachungsmonitoren steht, über welche die gefangenen Son-Goku und Co zu sehen sind. Sie kommen auf die Idee, dass die Freunde ihn bei sich haben müssen und beschließen sie zu durchsuchen. Dann sehen sie auf die Monitore.
[319] Kämpfe
[320] Die Bösewichte drohen den Helden irgendwelche Greueltaten an.

auf der inhaltlichen Seite, vermehrt formale Mittel benutzt, um den Zuseher vor den Bildschirm zu bannen. Wie bereits im Kapitel über Geschwindigkeit in „*DragonBall*" erwähnt wurde, arbeitet die Serie mit einer ganzen Reihe von Effekten. Diese dienen hauptsächlich dazu, dem Zeichentrick Schnelligkeit zu verleihen, und nachdem Kämpfe und Gegenüberstellungen mit feindlich gesinnten Widersachern zum Grundkonflikt dieses Anime gehört, ist Dynamik und Bewegung ein wichtiges Mittel um den kämpferischen Konflikthöhepunkt spannend zu machen. Neben bewegten Hintergründen, „Schnelligkeitslinien", „Emotionspunkten", etc. spielen die traditionellen Spannungserzeuger wie Schnittfrequenzerhöhung, Perspektivwechsel, Veränderung der Einstellungsgrößen und vor allem auch Lichteffekte eine ebenso wichtige Rolle. Unterschiedliche Perspektiven lassen die Kontrahenten, je nachdem wie sie gezeigt werden[321], stärker oder schwächer wie seinen Gegenüber wirken. Son-Goku wird während seiner Kämpfe oftmals aus der Vogelperspektive gezeigt, doch täuscht diese scheinbare Unterlegenheit. Einerseits will man dem Zuseher den Größenunterschied zwischen den Widersachern vor Augen führen[322]. Andererseits wird vielleicht absichtlich versucht, Son-Goku so darzustellen, als hätte er keine Chance. Da der Zuseher weiß wie stark Son-Goku ist, würde man, wenn es umgekehrt wäre, einen Sieg des Jungen sowieso annehmen. So bleibt die Spannung erhalten. Groß- und Nahaufnahmen nehmen bei Spannungssteigerungen ebenfalls zu, da die Gemütszustände[323] der Figuren in ihren Gesichtern so leichter abzulesen sind.

Was auffällt ist, dass die Spannungskurve bis zum eigentlichen Höhepunkt immer wieder durch kurze Zwischensequenzen unterbrochen wird. Diese wirken wie Verschnaufpausen, da es für den Zuseher relativ anstrengend werden kann, dieser Flut an spannungsgeladenen und schnellen Bildern auf längere Sicht zu folgen. So werden immer wieder Dialoge oder Stimmungsszenen eingebaut, die dem Publikum vielleicht nötige Informationen liefern. Szenenwechsel werden auch sehr häufig dazu benutzt, um die Spannung etwas zu senken. Son-Goku und seine Freunde werden etwa im Labyrinth von einer riesigen Kugel verfolgt. Sie geraten in eine Sackgasse und die Kugel rast auf sie zu. Dann erfolgt ein Szenenwechsel.

---

[321] Frosch- oder Vogelperspektive
[322] Son-Goku ist ja noch ein Kind.
[323] Entschlossenheit, Angst, Überraschung, etc.

Die letztliche Auflösung der Spannung erfolgt rasch und markiert auch schon das nahende Ende der Episode. Der bzw. die Gegner sind besiegt[324] oder die Helden sind über sich hinausgewachsen und haben das scheinbar Unmögliche geschafft[325]. Formal geschieht dies durch akustische Wechsel. So senkt sich zunächst einmal der Lautstärkepegel. Die Musik endet prompt, oder es erklingt eine neue, sanftere Melodie. Zusätzliche, oft unwirkliche, Geräuschuntermalungen enden ebenfalls mit dem Spannungshöhepunkt und werden oft durch realistische Naturgeräusche ersetzt[326].

Gewalt:

Die Verarbeitung von Gewalt spielt durch den Action- und Abenteuercharakter der Serie eine wichtige Rolle. Wird ihr physischer Einsatz einerseits aus Notwehr- und Gerechtigkeitsaspekten begründet[327], stellt auf der anderen Seite, der Kampf an sich und die Weiterentwicklung der eigenen Technik für die Hauptcharaktere einen wichtigen Teil ihres Lebens dar, der hauptsächlich intrinsisch motiviert, also aus der Freude zum Kampf entstanden ist. So freut sich beispielsweise der kleine Son-Goku, wenn er einem sehr starken Gegner gegenüber steht, da dieser ein viel besserer Trainingspartner für ihn ist als ein schwächerer Kämpfer. Dieser eigenmotivierte Kampfeinsatz lässt auch die im Grunde ernsten und gefährlichen Aufeinandertreffen mit Bösewichten zu einer Art Spiel, zu einer guten Übung, werden.

Obwohl der Zeichentrick im Gegensatz zu vielen europäischen oder amerikanischen Produktionen auf der einen Seite mit viel Realismus besticht[328], kontert er andererseits mit einem enormen Maß an Comicmerkmalen, und dies vor allem während den Kämpfen. Bunte, bewegte Hintergründe oder „Schnelligkeitslinien" geben zwar der Animation Dynamik und Bewegung, doch verdeutlichen solche Effekte

---

[324] Das H asenmonster gibt sich beispielsweise geschlagen.
[325] Son-Goku und Krillin haben es auf den großen Berg geschafft und die letzte Flasche Milch ausgeliefert.
[326] wie etwa Vögelgezwitscher, Zirpen der Grillen, Leises Atemgeräusch der anwesenden Personen, etc.
[327] Die Helden werden von Bösewichten angegriffen und müssen sich selbst und andere retten.
[328] Verwundungen und Blut sind zu sehen, bei den technischen Dingen wird viel Wert auf Detailtreue gelegt wie etwa bei Autos oder Computern, etc.

dem Zuseher auch den Zeichencharakter der Serie. Brutale Fußtritte, Faustattacken, Flüge durch die Luft oder Aufprälle nach einem Schlag des Gegners verlieren so den Realitätsbezug, und ihre Wirkung wird dadurch etwas abgeschwächt.

Neben physischen arbeitet „*DragonBall*" auch mit psychischen Gewaltformen, hier vor allem auf der verbalen Ebene. Der Umgangston zwischen den Figuren kann mitunter äußerst rüde und grob sein (Bulma zu Pilaf: *"Du hast anscheinend einen Knoten im Gehirn!"*), und dies nicht nur zwischen Helden und Widersachern. Auch bei Gesprächen innerhalb der „Guten" werden sich nicht selten Schimpfwörter (Bulma zu Oolong: *"Du Volltrottel! Du bist doch blöd!"*), Beleidigungen (Bulma zu Oolong: *"Autofahren kannst du auch nicht. Du bist viel zu doof dazu!"* Pool zu Yamchu, als er ihm eine Wasserfalsche hinhält: *"Hier, das hilft gegen ausgetrocknetes Gehirn!"*) und unliebsame Sätze (Oolong zu Bulma, nachdem sie ihm auf den Kopf geschlagen hat: *"Ich hasse dich!"*) an den Kopf geworfen. Doch werden dieser rauere Umgangston und die ebenfalls reichlich vorkommenden sexuellen Anspielungen oft durch Slapstick-Komik und andere humorvolle Einlagen abgeschwächt und auf die lächerliche Seite gezogen. So fallen Yamchu beispielsweise, als er zufällig einen Blick in Bulmas Ausschnitt ergattert, beinahe die Augen raus, und er ergreift panisch die Flucht. Die jeweiligen Schwächen der Figuren werden herausgearbeitet und humorvoll in Szene gesetzt.

Ein Ansatz struktureller Gewalt lässt sich in der Hierarchisierung der Bösewichte ausmachen, da beispielsweise Sho und Maien, die Gehilfen von Prinz Pilaf, bedeutend weniger Macht besitzen als Pilaf selbst. Doch dieser offensichtliche Machtunterschied, wird durch andere Qualitäten wieder wettgemacht. Maien hat etwa eindeutig mehr Grips als ihr Boss, welcher allgemein wenig furchterregend, sondern eher lächerlich, wirkt.

6.1.2.1 Darstellung der Handlungsträger

Der Held:

Es gestaltet sich äußerst schwierig die Charaktere der Serie in die Kategorien „Held", „Helfer" und „Nebenfigur" einzuteilen, da sie im Laufe einer Staffel nicht in jeder Folge präsent sind. Außerdem wechseln die

Figuren in den einzelnen Episoden ihre Handlungsträgerfunktion, was heißen soll, dass sie in manchen Folgen als Nebenfiguren, in anderen wieder als Haupthelden agieren. Grundsätzlich können somit entweder alle periodisch auftretenden Figuren als Haupthelden bezeichnet werden, da sie für die Geschichte allesamt eine wichtige Rolle spielen, oder man geht von einem einzigen Helden, nämlich Son-Goku, aus und definiert seine Freunde, Weg- und Kampfgefährten als bloße Helfer und Nebenfiguren. Da letzteres die Komplexität der Geschichte jedoch vereinfachen würde, werden demnach folgende Charaktere als Haupthandlungsträger bezeichnet: Son-Goku, Bulma, Oolong, Muten-Roshi und Krillin.

Werden Son-Goku und Bulma bereits über den Vorspann als Haupthelden definiert, so treten Oolong und Muten-Roshi bereits in den ersten Episoden in Erscheinung und sind ab diesem Zeitpunkt ständiger Teil der Geschichte. Krillin taucht erst relativ spät[329] auf, ist jedoch bis Ende der ersten Saga ständig präsent.

Son-Goku:

Son-Goku ist der eigentliche Hauptheld in *„DragonBall"*. Er ist ein kleiner Junge mit schwarzem, in Zacken vom Kopf abstehendem Haar. Da in der Serie ausschließlich die weiblichen Figuren so große Augen haben, dass ihre Augenfarbe zu erkennen ist, kann jene von Son-Goku nicht ausgemacht werden, da seine Augen zwar sehr groß sind, die Pupillen jedoch nur durch zwei kleine, schwarze Punkte angedeutet sind. Er ist trotz seiner Größe kräftig gebaut und trägt hauptsächlich bequeme Kampfanzüge, die mit einem Gürtel um die Taille zusammengehalten werden. Um die Schulter hat er stets den Zauberstab seines Großvaters Son-Gohan hängen, der ihm auch als Kampfwaffe dient. Bei den Worten „Zauberstab erscheine!" wächst dieser so hoch Son-Goku will. So verbannte er beispielsweise drei Bösewichte damit auf den Mond.

Son-Goku ist kein Mensch. Er stammt vom Planeten Vegeta und gehört zur Rasse der Saiyajin. Diese Wesen sind Mischungen aus Menschen und Affen, weswegen der Junge auch einen Schwanz hat. Mit Hilfe dieses Schwanzes kann er sich bei Vollmond in ein riesiges Affenmonster verwandeln, was er selbst jedoch nicht weiß.

---

[329] nach Erscheinen des Drachen Shen-Long

Son-Goku ist ein lieber, sehr naiver kleiner Kerl, der keine Arglist oder Böswilligkeit kennt. Seine Jugend und Naivität wird auch dadurch ausgedrückt, dass er von einer Frauenstimme synchronisiert wird. Jedoch ist er äußerst stark, und versucht durch Trainings und Übungen seine Technik und Kraft zu verbessern. Auf seinen Abenteuern bei der Suche nach den DragonBalls trifft er auf viele Gegner, die ihm Böses wollen, doch scheint Son-Goku den Ernst der Situation nie vollständig zu begreifen. So erwähnt er beispielsweise in den unmöglichsten und bedrohlichsten Momenten, dass er großen Hunger hat. Er sieht in allen Auseinandersetzungen die Möglichkeit eines Kampftrainings. Für ihn scheint alles eine Art Spiel zu sein. Sein Ziel ist es, der beste Kämpfer auf dem Planeten zu werden, und dafür ist er bereit eisern zu trainieren.

Auf seinen Reisen und bei seinen Zusammentreffen mit verschiedenen Menschen, lernt er viel über Land und Leute, und im Laufe der Staffel entwickelt er sich zu einem besseren Kämpfer und Menschenkenner. Über kurz oder lang legt er einen Teil seiner kindlichen Naivität ab, und lernt den Unterschied zwischen Gut und Böse, den er zu Beginn der Serie noch nicht kannte. Aus einem kleinen Jungen wird ein verantwortungsbewusster junger Mann, und am Ende der *„DragonBall"*-Reihe sind seine Veränderungen auch physisch zu erkennen sind, da er gewachsen ist.

Bulma:

Bulma taucht bereits in der ersten Episode auf, und ist auch die erste, die mit Son-Goku in Kontakt kommt. Sie ist ein junges Mädchen mit etwa vierzehn oder fünfzehn Jahren, hat türkises Haar und große, blaue Augen. Bulma ist schlank und hat sehr lange Beine. Ihre Brüste sind ebenfalls zu erkennen und werden in manchen Szenen übergroß und in Detail gezeigt. Bulma ist die Tochter eines Erfinders und selbst, was technische Geräte betrifft, äußerst geschickt. Sie hat beispielsweise einen Kompass zur Aufspürung der DragonBalls erfunden.

Bulma ist sehr eitel und hat ein ausgereiftes Selbstbewusstsein. Sie handelt sehr impulsiv und denkt erst später über ihr Agieren nach. Sie ist überzeugt von ihrer Grazie und Schönheit, und versteht selbst nicht, wieso sie noch keinen Freund hat. Aus diesem Grund ist sie auch aufgebrochen den Wunschdrachen zu erwecken, damit dieser ihr endlich einen süßen Freund beschafft. Bulma ist leicht aufbrausend, ungeduldig, aufmüpfig, stur und sehr oft beleidigend[330]. Wird es jedoch brenzlig, kann man sich absolut auf sie verlassen. Sie zeigt Mut und Courage und lässt sich nicht leicht einschüchtern. Ihr Aussehen passt sehr oft nicht zu ihrer energischen Art, da sie visuell eher zerbrechlich und schutzbedürftig wirkt.

In der ersten Staffel ist offensichtlich, dass sie die Anführerin der DragonBall-Suchenden ist. Sie erteilt Befehle und bestimmt wohin die Reise geht. Im Laufe der Serie entwickelt sie sich zu einer guten und verlässlichen Freundin, tritt aber im Gegensatz zur ersten Staffel jedoch etwas in den Hintergrund.

Muten-Roshi - der Herr der Schildkröten:

Muten-Roshi alias der Herr der Schildkröten ist ein Meister der Kampfkunst. Er ist ein sehr alter Mann mit Glatze und einem bis zur Brust reichenden, weißen Bart. Er trägt immerzu eine schwarze Sonnenbrille auf der Nase und einen Schildkrötenpanzer auf dem Rücken geschnallt. Seine Kleidung besteht aus einem orangefarbenen Kimono und einer blauen Pluderhose, und in der Hand hält er einen hölzernen Stützstock. Er ist sehr dünn und knochrig, was jedoch erst auffällt, wenn er seine Klamotten ablegt.

Muten-Roshi lebt zurückgezogen in einem kleinen Haus auf einer ebenso kleinen Insel. Er ist ein Kampfkunstmeister und wird der Herr der Schildkröten genannt, weil er diese rufen und verstehen kann, und sie ihm gehorchen. So fliegt Muten-Roshi, wenn er seine Insel verlassen muss, auf einer Schildkröte durch das Land. Er trainiert Son-Goku und Krillin und ist ein strenger Meister. Er fordert Ausdauer, Disziplin und Gehorsam. Auf der anderen Seite schließt er seine Schüler sehr bald ins Herz, was er jedoch niemals zugeben würde.

Muten-Roshi ist darüber hinaus ein schlimmer Chauvie, der jungen Mädchen nachsteigt und sich von ihnen sehr schnell erregt fühlt. Er nutzt jede erdenkliche Situation, um ein hübsches Mädchen zu beobachten[331] und

---

[330] vor allem Oolong gegenüber
[331] Er sieht z.B. durch das Schlüsselloch, um einen Blick auf die im Bett liegende Gestalt von Lunch, seiner Haushälterin, zu erhaschen.

zu betatschen[332]. Diese sexuellen Anspielungen werden jedoch immer mittels Humor verharmlost und ins Lächerliche gezogen.

Oolong:

Oolong hat die Gestalt eines Schweins. Er ist ein sogenannter Formwandler, wodurch er sich in alle möglichen Wesen verwandeln kann, dies jedoch nur für etwa fünf Minuten. Er ist etwa so groß wie Son-Goku und trägt dunkelgrüne Hosen mit Hosenträgern.

Oolong stößt als dritter zur Gruppe der DragonBall-Suchenden, und wird im Grunde gar nicht gefragt, ob er sich Bulma und Son-Goku anschließen will. Bulma findet einfach, dass ihnen Oolongs Fähigkeit vielleicht noch von Nutzen sein könnte und nimmt ihn mit. Das Schwein ist sehr feige und verdrückt sich lieber, wenn Gefahr im Verzug ist. Er hat große Minderwertigkeitskomplexe, da er, außer seiner Fähigkeit sich zu Verwandeln, nichts Besonderes kann. So ist auf ihn eigentlich nicht viel Verlass, doch letztlich ist er es, der die Welt rettet, indem er Prinz Pilaf nicht dazu kommen lässt, seinen Wunsch auszusprechen und sich stattdessen selbst seinen größten Traum erfüllt[333].

Oolong macht sich in vielen Situationen mittels Wortspiele über sich selbst lustig (*„Jetzt geht's hier wieder rund, und ich armes Schwein mitten drin!"*) und dient sehr oft dazu, die anderen Helden mutig, tapfer und stark aussehen zu lassen. Oolong rettet eben lieber seine eigene Haut, bevor er sich in waghalsige Abenteuer stürzt, die ihm das Leben kosten könnten. Seine etwas amüsante Erscheinung wird durch seine Stimme unterstrichen, da er etwas nuschelt.

Krillin:

Krillin ist ein kleiner, glatzköpfiger Mönch. Er ist etwa so groß und alt wie Son-Goku, ebenso kräftig gebaut und trägt immerzu einen orangefarbenen Mönchsanzug.

Krillin besticht Muten-Roshi mit einer großen Sammlung Porno-Hefte, damit dieser ihn als Schüler aufnimmt, und wird gemeinsam mit Son-Goku ausgebildet. Er fühlt sich in ständigem Wettstreit mit dem kleinen Son-

---

[332] Als Lunch durch den Schlag Son-Gokus bewusstlos am Boden liegt, versucht Muten-Roshi mit seinem Finger ihre Brust zu berühren.
[333] einen Mädchenslip, den er über den Kopf stülpen kann

Goku und versucht immer besser als der andere zu sein. Krillin ist ausdauernd, verbissen, zielbewusst, als Freund absolut vertrauensvoll und ein guter Kämpfer. Er versucht seine Gefühle immer weitgehend zu verbergen, um sich als tougher und starker Kämpfer zu präsentieren. Nach der anfänglichen Abneigung gegen Son-Goku werden die beiden jedoch sehr gute Freunde. Sein größtes Ziel ist es, das große Kampfsporttunier zu gewinnen.

Der Widersacher:

In jeder Saga tauchen neue, noch gemeinere und stärkere, Bösewichte auf, die sich den Helden in der ein oder anderen Art und Weise in den Weg stellen. Hier muss zunächst einmal zwischen einmaligen Gegnern[334] und periodisch auftretenden Bösewichten unterschieden werden. Sie sind sofort dadurch zu erkennen, dass sie mit Hilfe formaler Stilmittel eingeführt werden. Dazu zählen vor allem dramatische Musik und laute Geräuschuntermalungen. Episodengegner werden am Ende der Folge besiegt und auf die eine oder andere Weise bestraft[335]. Sie scheinen zu Beginn sehr stark, doch können sie von den Helden immer besiegt werden.

Da die zur Analyse gewählten Episoden aus der ersten Staffel stammen, wird auch speziell auf jene periodisch auftretenden Konfliktpartner dieser Saga eingegangen, die mitunter auch noch durch den Vorspann definiert sind.

Im Vergleich zu den späteren Staffeln muss hervorgehoben werden, dass die Gegenspieler der „guten" Handlungsträger in der ersten Geschichte noch weitgehend harmlos und karikaturesk dargestellt werden. Sie sind weit nicht so furchteinflössend und grausam wie sie vielleicht auf den ersten Moment scheinen, und wie sie es ab der zweiten Saga dann tatsächlich werden. Trotzdem verliert der Humorcharakter seine Bedeutung auch später nicht, wenn es darum geht todernsten Situationen die Härte zu nehmen oder bösartige Wesen durch Wortspiele oder Situationskomik etwas ins Lächerliche zu ziehen.

---

[334] erscheinen nur speziell in einer Folge
[335] auf Mond verbannt, irgendwo eingesperrt, getötet, aber auch geläutert

Yamchu:

Yamchu ist ein Wüstendieb und etwa fünfzehn oder sechszehn Jahre alt. Er hat langes, gewelltes, schwarzes Haar und eine durchtrainierte Figur. Er ist ein guter Kämpfer und hält sich mit kleinen Diebstählen über Wasser. Sein Weggefährte und bester Freund ist Pool. Er trägt orangefarbene Hosen, ein grünes ärmelloses Oberteil, blaue Stiefeln und ein oranges Tuch um den Hals.

Yamchu ist ehrgeizig, mutig und ausdauernd, doch er hat ein großes Problem. Er ist Mädchen gegenüber fürchterlich schüchtern und fällt jedes Mal beinahe in Ohnmacht, wenn er eines sieht oder mit einem reden muss. Dies ist auch der Grund, weshalb er Bulma die DragonBalls klauen möchte, da er sich von Shen-Long wünschen möchte, seine Scheu vor dem anderen Geschlecht zu verlieren. Er verliebt sich später auch in Bulma, die er bereits während der ersten Zusammentreffen sehr hübsch findet. Nachdem er den vermeintlichen Gegnern einige Male aus brenzligen Situationen geholfen hat, werden sie Freunde.

Man erkennt bereits beim ersten Auftreten Yamchus, dass der Bursche im Grunde nicht zu den Bösewichten gehört, da er sehr sympathisch und liebenswert dargestellt wird. Seine Wandlung ist demnach nicht verwunderlich.

Pool:

Pool ist wie Oolong ein Formwandler, hat aber eine undefinierbare Gestalt. Er ist ebenfalls ein Tier, doch welches ist nicht zu erkennen. Pool ist sehr klein, sein Fell ist blau-weiß, und er hat Ähnlichkeit mit einer Katze. Zusammen mit Yamchu bestiehlt er durch die Wüste ziehende Menschen und folgt ihm, als dieser Bulma die DragonBalls abknüpfen will.

Im Gegensatz zu Oolong ist Pool nicht feige, sondern beteiligt sich aktiv an den Kämpfen mit etwaigen Widersachern. So verwandelt er sich etwa in einen Vogel und schnappt dem Karottenmonster Bulma aus der Hand, welche dieser in eine Karotte verwandelt hat. Pool kann noch am ehesten als Nebenfigur bezeichnet werden, da er zwar immer zugegen ist, doch eigentlich keine wirklich tragende Rolle spielt. Trotzdem ist er in bestimmten Momenten die wichtigste Figur am Set, da er durch seine Fähigkeit sich zu verwandeln der einzige ist, der die drohende Katastrophe noch abwenden kann[336].

Prinz Pilaf:

Prinz Pilaf ist der Ober-Bösewicht der ersten Saga. Er ist ein kleiner, ewig nörgelnder Zwerg mit hellblauer Hautfarbe und spitzen Ohren. Er trägt eine rot-blaue Kappe, und seine Klamotten erinnern an alte Märchenfilme. Um Pilafs Hals liegt eine Krempe, und sein Überrock reicht bis zu den Knien. Er wohnt in seinem dunklen Schloss irgendwo im Niemandsland.

Pilaf ist fies, hinterlistig, gemein und nörgelt ständig an seinen beiden Helfern herum, wenn ihm etwas nicht passt. Er möchte die DragonBalls in seinen Besitz bekommen, um sich vom Drachen die absolute Weltherrschaft zu wünschen. Dafür würde er alles geben. Da er einen der DragonBalls sein Eigen nennt, wartet er darauf, dass die Freunde mit den übrigen Kugeln zu ihm kommen, damit er sie ihnen dann abluchsen kann. Er ist davon überzeugt der Klügste und Beste zu sein, obwohl dem bei weitem nicht so ist. Maien, seine Technikspezialistin, ist der intelligente Kopf der Truppe, doch versucht Pilaf ihre Ideen und Vorschläge für seine eigenen auszugeben. Da Maien nur seine Helferin und Untergebene ist, traut sie sich nicht, dem zu widersprechen.

Doch so schrecklich Prinz Pilaf auch tut, in manchen Situationen kommt seine bloße Lächerlichkeit in voller Offenheit ans Licht. So etwa, als er Bulma aus ihrem Gefängnis zu sich bringen lässt, da sie frech geworden ist. Alle fürchten das Schlimmste, da Pilaf dies angekündigt hat, und selbst seine Helfer, Sho und Maien, zittert. Schließlich holt Pilaf zum Schlag aus und gibt Bulma ein „schreckliches Küsschen". Diese Verharmlosung des „Bösen" wirkt ironisch und amüsant.

Maien und Sho:

Maien und Sho sind die beiden Helfer von Prinz Pilaf. Maien ist eine junge Frau und hat schwarzes, langes Haar. Markant sind ihre asiatisch geformten, grauen Augen, welche vielleicht das einzige Kennzeichen sind, dass sie zu den „Bösen" gehört, da sie dadurch etwas düsterer und gefährlicher wirkt. Sie ist groß, schlank und hat eine gute Figur. Sho

---

[336] wie etwa beim Kampf mit dem Karottenmonster

hingegen ist ein Hund, ist klein, hat ein braunes Fell und trägt einen dunkellila Anzug, der wie ein Katzenkostüm aussieht. Beide wohnen bei Prinz Pilaf im Schloss und sind ihm treu ergeben.

Was auffällt ist, dass bei beiden Charakteren keine speziellen Eigenschaften zu erkennen sind. Sie sind nicht gemein, hinterlistig oder bösartig, jedoch auch nicht freundlich, warmherzig oder hilfsbereit. Sie wären demnach keiner Partei zuzuordnen, wenn nicht von vorneherein klar wäre, an wessen Seite sie stehen. Sie sind weder gut noch schlecht, sondern nur ein hilfloses Werkzeug des bösen Prinz Pilaf.

Der/Die Helfer und Nebenfiguren:

Da alle periodisch auftretenden „guten" Charaktere zu den Haupthelden gezählt wurden, gibt es in der ersten Staffel von *„DragonBall"* keine ständig auftretenden Helfer und Nebenfiguren. Die Helden machen zwar mit der ein oder anderen Person, die dann in späteren Staffeln wichtigere Rollen spielen werden, Bekanntschaft[337], doch haben diese selbst in der einen Folge ihres Auftretens keine allzu große Wichtigkeit. Sie fallen nicht einmal groß auf, denn das Hauptaugenmerk liegt nach wie vor auf den Helden der Serie. Nebenfiguren oder Helfer haben meist nur die Aufgabe, Informationen zu geben, die Helden vor Gefahren zu warnen oder als Opfer von den Helden gerettet zu werden. Sie sind so konzipiert, dass sie keinen bleibenden Eindruck hinterlassen, demnach wahllos austauschbar sind.

Beziehungen innerhalb einer Gruppe:

Die im Laufe der Serie immer größer werdende Gruppe um Son-Goku hat ein sehr freundschaftliches Verhältnis, obwohl der Umgangston des öfteren ziemlich grob ist. Die Freunde beschimpfen sich und streiten, wenn es aber hart auf hart kommt, halten sie zusammen, jedenfalls die meisten. Das Verhältnis der Personen ist vergleichbar mit jenem zwischen Geschwistern. Sie zanken sich und können sich manchmal nicht ausstehen, doch im Grunde haben sie sich sehr gern und würden alles für den anderen machen. Oolong ist jedoch ein spezieller Fall, da er in gefährlichen Situationen lieber das Weite sucht und seine Freunde im Stich lässt, um wenigstens seine eigene Haut zu retten. Dies hat er schon in einigen Folgen bewiesen. Trotzdem ist er schließlich der Held, indem er seine Furcht einen Moment

---

[337] So lernt Son-Goku etwa in einer Episode seine spätere Frau ChiChi kennen.

überwindet, und durch seinen mutigen, jedoch auch etwas selbstsüchtigen, Einsatz die Welt vor der Herrschaft Prinz Pilafs beschützt. Man kann also über seinen eigenen Schatten springen, wenn man nur will.

Was auffällt ist, dass keiner der Helden über dem anderen steht. Sie haben generell betrachtet etwa den gleichen Machtstatus. Je nach Situation wirkt natürlich manchmal einer von ihnen besser und mächtiger als der andere, doch gleicht sich das gesamtheitlich gesehen wieder aus, da jeder der Helden unterschiedliche Fähigkeiten besitzt, die ihn in bestimmten Situationen besser erscheinen lassen. Son-Goku ist etwa ein grandioser Kämpfer, hat aber keinerlei Lebenserfahrung und ist deshalb sehr naiv. Bulma ist eine begabte Erfinderin, sehr mutig, aber deshalb auch oft leichtsinnig und sie läuft oft Gefahr überschnell zu handeln. Jeder der Helden hat also seine Schwächen, jedoch zusammen ergeben sie eine tolle Einheit, die schwer zu schlagen ist.

Die Beziehung zwischen Prinz Pilaf und seinen beiden Helfern ist weniger tief und wird durch das unterschiedliche Machtverhältnis der Personen bestimmt. Maien und Sho haben ihrem Boss zu gehorchen, und verrichten sie ihre Aufgaben nicht in zufriedenstellender Manier, dann spricht Prinz Pialf auch Drohungen aus. Angst ist demnach ein Faktor, der einen bedeutenden Anteil an dem Beziehungsverhältnis trägt. Auch wenn die Untergebenen schlauer sind, oder etwas besser können, würden sie Prinz Pilaf niemals widersprechen. Als Pilaf etwa bemerkt, dass der letzte DragonBall bei den Gefangenen im Gefängnis sein muss, schlägt Maien vor, Schlafgas in die Kammer zu leiten und die Gefangenen anschließend zu durchsuchen. Pilaf sieht zuerst irritiert auf Maien und meint anschließend, dass er soeben die gleiche Idee hatte. Maien lässt den Kopf hängen und entgegnet: *"Natürlich Prinz Pilaf, Sie sind unendlich klug!"*.

Beziehungen zwischen Helden und Widersachern:

Das Stereotyp, dass die Bösewichte und anderen Vertreter der dunklen Seite sehr viel mächtiger und stärker dargestellt werden, und dies auch durch ihr Verhalten und ihre Umgangsweise mit den Helden der Serie ausdrücken, kann in *„DragonBall"* nicht beobachtet werden. Son-Goku und seine Freunde haben keine Angst vor diversen Widersachern. Dies drückt sich in ihrem Umgangston und ihrem Verhalten aus, da sie ihre Feinde auch auslachen, beleidigen oder sich über sie lustig machen.

Die Gegenspieler der Helden sind in der Regel davon überzeugt stärker als alle anderen zu sein, was sehr oft zu amüsanten Szenen führt, wenn sie beispielsweise von einem der Helden nicht ganz ernst genommen werden, und dies dann momentan gar nicht glauben können. So etwa als Bulma Prinz Pilaf die Zunge rausstreckt und meint: *"Dir haben sie wohl einen Knoten ins Gehirn gemacht!"*.

6.1.3 „Arielle, die Meerjungfrau"

6.1.3.1   Die Erzählweise

Rahmen: (Vor-, Abspann, Trailer)

Die Serie *„Arielle, die Meerjungfrau"* wird mit einem etwa 55-sekündigem Vorspann eingeleitet, in welchem bereits alle Haupthandlungsträger in Erscheinung treten. Die ersten Bilder zeigen eine durchs Meer schwimmende Arielle. Angenehme und sanfte Musik begleitet sie; es wird jedoch nicht gesungen. Als das Unterwasserschloss zu sehen ist, tauchen auch andere Meeresbewohner auf. Die Musik wird schwungvoller und schneller. Arielle und eine Reihe von Fischen, Krebsen, Tintenfischen, etc. musizieren, tanzen und lachen zusammen. Die beiden Freunde Arielles, Fabius der Fisch und Sebastian die Krabbe, werden neben den zahlreichen anderen Tieren herausgehoben. Die gesamte Szenerie ist geprägt von einer gewissen Idylle und dem friedlichen Nebeneinander der hiesigen Bewohner, wobei die Bilder in Pastellfarben getaucht sind.

Plötzlich wird die Szene dunkler, Haie nähern sich und bedrohen Arielle. Die Gefahr wird formal ausschließlich durch die düstere Einfärbung verstärkt, da sich musikalisch und einstellungsmässig im Gegensatz zur vorherigen Szene nichts verändert. Ein großer „Meermann" mit Dreizack und Krone, König Triton, schießt helle Pfeile aus seinem Dreizack auf die Haie, welche flüchten. Arielle fällt ihm dankbar um den Hals. Hier wird die Musik nun langsamer und bekommt den typischen "Ende Gut – Alles Gut"-Charakter. Auch die Bilder werden wieder in romantische Farbstimmungen getaucht[338]. Nachdem Arielle mit Fabius und Sebastian ins Meer abgetaucht ist, wird der Titel der Serie *„Arielle – Die Meerjungfrau"* eingeblendet. Mit der darauf folgenden Schwarzblende endet die Musik

---

[338] z.B. orange-roter Sonnenuntergang

und auch der Vorspann. Mit den ersten Bildern wird der Titel der jeweiligen Folge eingeblendet und sofort in die Geschichte eingestiegen. Es gibt demnach keinen Trailer, der in die jeweilige Episode einführt.

Bereits im Vorspann der Serie wird die Technik der Vollanimation ersichtlich. Alle gezeigten Figuren, Tiere und Charaktere bewegen sich, und das lässt die Szenen sehr dynamisch erscheinen. Um zusätzlich Bewegung in die Geschichte zu bringen, werden Zu- und Wegfahrten von den Personen, als auch Mitfahrten mit den Schwimmenden gemacht. Die Schnittgeschwindigkeit des Vorspanns ist mit 1,5 Sekunden/Einstellung sehr hoch, doch hat der Zuseher trotzdem keine Probleme das Gezeigte zu verarbeiten.

Der Abspann von „*Arielle, die Meerjungfrau*" ist unspektakulär. Über ein Standbild vom in grün und blau gehaltenen Meeresgrund werden Daten zur Serie eingeblendet. Die Melodie des Vorspanns ist zu hören.

Geschwindigkeit:

Die Serie arbeitet ohne Off-Erzähler, und die einzelnen Geschichten erklären sich im Laufe der Episode selbst. Die Charaktere sprechen allesamt sehr deutlich, nicht allzu schnell und für Kinder leicht verständlich.

„*Arielle, die Meerjungfrau*" wirkt schon alleine dadurch sehr dynamisch, dass in der Serie die Technik der Vollanimation angewendet wird. Dies bedeutet, dass, auch wenn Figuren miteinander sprechen und auf der Bildebene nicht viel passiert, immerzu Bewegung herrscht, sei es in Form von vorbeischwimmenden Fischen, sich im Wasser bewegenden Haaren oder gestikulierenden Personen, die ihre Worte mit Händen und Füssen unterstreichen wollen. In diesem Zusammenhang ist es interessant, dass jedoch die jeweiligen Hintergründe in der Serie absolut starr und unbewegt sind[339]. Zudem sind die Sequenzen äußerst schnell geschnitten, und dies generell in beinahe jeder Einheit. So beläuft sich die durchschnittliche Schnittfrequenz auf etwa 3 Sekunden, wobei einzelne Sequenzen meist nicht schneller oder langsamer geschnitten werden[340]. So gibt es also im

---

[339] was vor allem durch die Kostenintensität und einem enormen Aufwand an Arbeit und Zeit zu erklären ist

[340] Zwei Drittel aller Sequenzen haben eine Schnittfrequenz mit 2 bis 3 Sekunden pro Einstellung.

Grunde keine Geschwindigkeitserhöhung bzw. -senkung durch Veränderung der Schnittfrequenz.

Anders sieht dies bei musikalischen Einlagen aus. Sie sind emotionale wie auch situative Verstärker, Spannungsauf- und -abbauer, dienen der Verniedlichung und geben der Serie den gewissen kindlichen Charme, sei es in Form von Hintergrundmusik, in Form von wahrnehmbarer Dramatik- oder Schnelligkeitserhöhung oder durch gesangliche Einlagen der Haupthelden. Die Musik zieht sich wie ein roter Faden durch alle Episoden und haucht ihnen zusätzlich Bewegung ein. Ähnlich wie in „Tom und Jerry" unterstreichen Pauken-, Klaviertöne und etliche andere Orchesterinstrumente Aktionen und Handlungen der Figuren, was den oftmals realistischen Körperbewegungen und Bildern entgegenwirkt. So ertönt beispielsweise ein Paukenschlag, als Sebastian mit Wucht in das Klavier geschleudert wird.

Auf der Bildebene braucht es zwecks vollanimierter Figuren keiner allzu großen Geschwindigkeitsverstärker. Es werden zwar mitunter viele Kamerabewegungen[341] und auch die ein oder andere Effektmontage[342] verwendet, doch fällt ihr Einsatz nicht allzu sehr ins Gewicht, da Musik und Vollanimation den Mittelpunkt der Aufmerksamkeit einnehmen. Die formalen Mittel des Realfilms erhöhen natürlich die Geschwindigkeit der Seriengestaltung, doch werden sie hier nur ergänzend eingesetzt, um den Bewegungsfluss abzurunden.

Zeichnerisch sind es vor allem die in Form von weißen Kreisen dargestellten Luftblasen, die den ganzen Handlungen und Bewegungen der Charaktere Dynamik verleihen. Sie erscheinen immer dann, wenn sich Figuren ruckartig bewegen, schnell schwimmen oder stark gestikulieren, und zeigen somit auch, dass sich die Personen unter Wasser befinden.

Auftreten der Konfliktpartner:

Da *„Arielle, die Meerjungfrau"* sehr stark auf der sozialen Ebene arbeitet und die Beziehungen und Probleme der Hauptfiguren eine bedeutende Rolle spielen, rückt die Thematik des Aufeinandertreffens von Gut versus

---

[341] Mit-, Zu- und Wegfahrten
[342] Fokuseffekt, Überblendungen

Böse in den Hintergrund, ja wird sogar in manchen Episoden überhaupt nicht aufgegriffen.

Kommt sie jedoch zum Tragen, geschieht dies auf zwei Arten: Entweder trifft Arielle auf ihre altbekannte Widersacherin, die Tintenfisch-Hexe Ursula, oder ein einmaliger Gegner erscheint zu Beginn einer Folge und wird im Laufe dieser besiegt. Ihnen ist jedoch gemein, dass ihr Auftreten erst nach der Einführung in das eigentliche Thema geschieht. Sie sind demnach für die Hauptgeschichte der Episoden zweitrangig. So erscheint beispielsweise in „Rettet den Wal" in erster Instanz Pünktchen, der Killerwal und sucht die Freundschaft der Meeresbewohner, wobei Arielle ihm zu helfen versucht. Nachdem das Hauptthema demnach eingeführt wurde, erscheint der böse Walfänger, der Pünktchen gefangen nimmt, was die Rettungsaktion seitens Arielle und ihrer Freunde nach sich zieht. In der Folge „Die Geschichte zweier Krabben" geht es in erster Linie um den Konkurrenzkampf zwischen den Krabben Sebastian und Zeus. Das in Erscheinung treten der Hexe Ursula und ihre gemeinen Machenschaften werden in die Hauptgeschichte eingeflochten.

Grundkonflikt der Serie:

Wie bereits erwähnt, beschäftigt sich *„Arielle, die Meerjungfrau"* zum Großteil mit den „innermenschlichen" Problemen der Figuren. Themen wie Freundschaft, Nächstenliebe, Selbstlosigkeit, Vorurteilslosigkeit, Hilfsbereitschaft, Güte usw. bezeichnen den Grundcharakter der Serie. Arielle, die Hauptheldin, erlebt mit ihren beiden besten Freunden, dem Fisch Fabius und der Krabbe Sebastian allerlei Abenteuer, in denen sie vielen Charakteren begegnet, Freundschaften schließt, ihre eigenen Probleme und die anderer löst. Sie ist der Inbegriff an Anständigkeit und Güte, verkörpert sozusagen das absolut „Gute". In jeder Episode werden neben der Verarbeitung dieser sozialen Thematiken somit auch pädagogisch relevante, moralische Botschaften vermittelt. Nur ein Beispiel: Der Killerwal Pünktchen wird von den Meeresbewohnern ob seiner Gattung gefürchtet, obwohl er das friedlichste und freundlichste Wesen ist, das man sich vorstellen kann. Arielle freundet sich mit dem Wal an, da sie sich Pünktchen ohne jegliche Vorurteile in den Weg stellt und überzeugt letztendlich alle anderen Bewohner von Atlantika, dass man sich lieber selbst ein Bild von jemandem macht, bevor man sich vorschnell eine Meinung über ihn bildet.

Neben dieser sozialkritischen Grundstruktur, nimmt die Gegenüberstellung von Gut und Böse eine kleine Nebenthematik ein, die der ersteren jedoch gewichtsmäßig unterstellt ist. Wie bei allen Disney-Werken gibt es auch in *„Arielle, die Meerjungfrau"* die Verkörperung des wahrhaft Bösen, und dies traditionell in der Gestalt einer Frau, der Tintenfisch-Hexe Ursula. Sie ist die einzige Vertreterin der „dunklen Seite", die sich Arielle immer wieder in den Weg stellt. Alle anderen Bösewichte treten meist nur ein einziges Mal in Erscheinung. Wie bereits erwähnt ist der Konflikt zwischen Gut und Böse einem episodischen Hauptthema unterstellt und findet sich in den einzelnen Folgen somit oft als Geschichte in der Geschichte wieder. Das Verwunderliche dabei ist, dass dieser scheinbare Nebenhandlungsstrang des öfteren einen beträchtlichen Anteil an der Gesamtdauer der Serie einnimmt und auch für den letztlichen Konflikt eine bedeutende Rolle spielt, also demnach im Grunde als Haupthandlungsstrang angesehen werden muss[343]. Da der inhaltliche Kern der Episode als auch seine Botschaft für die Zuseher auf der zweiten Erzählebene liegt, kann er jedoch trotzdem als zweitrangig eingestuft werden. Um die Verwechslung mit „echten" Nebenhandlungssträngen zu umgehen, können solche Erzählungen als zweitrangige Haupthandlungsstränge bezeichnet werden.

Dramaturgie (Aufbau) der Serie:

Grundsätzlich sind alle Episoden nach einem einheitlichen Muster strukturiert, welche dem durchschnittlichen, dramaturgischen Handlungsbogen entspricht, der in den meisten Serien verwendet wird. Dieser sieht in der Regel wie folgt aus:

Zu Beginn einer Folge herrscht eine Art „Normalzustand", was heißen soll, dass niemand in erkennbarer Gefahr ist und die Hauptdarsteller friedlich ihren Tätigkeiten nachgehen. Ein bestimmtes Ereignis bringt diese Idylle aus dem Gleichgewicht, und die daraus folgenden Geschehnisse spitzen sich bis zum Konfrontationshöhepunkt zu. Die Gefahr wird letztlich jedoch abgewehrt, und es kehrt wieder der ursprüngliche „Normalzustand" ein.

---

[343] so auch in der Folge „Die Geschichte zweier Krabben"

Die Serie „*Arielle, die Meerjungfrau*" arbeitet grundsätzlich auch nach diesem Strickmuster, doch mit einigen, folgenspezifischen Abänderungen. So wird des öfteren eine drohende Gefahr[344] schon vor dem Einblenden der momentan, idyllischen Lebensverhältnisse der Hauptcharaktere gezeigt, und dadurch im vorherein die später folgende Störung des friedlichen Zusammenseins prognostiziert. Die Verarbeitung zweier nebenhergehender Geschichten, die sich letztlich überschneiden, hat zur Folge, dass sich der strukturelle Aufbau der Serie etwas verkompliziert, da zwischen zwei Erzählebenen hin und her geschalten werden muss, es vielleicht unterschiedliche Spannungsbögen gibt, und die Geschichten aber am Ende zu einem gemeinsamen Höhepunkt finden müssen. In „Die Geschichte zweier Krabben" wird einerseits der Konflikt zwischen den zwei Krabben, andererseits von den bösen Machenschaften der Hexe Ursula erzählt. Zwischen den Erzählebenen wird hin und her geschnitten, wobei das Springen von der Krabbenstory zur Hexenverschwörung immer als Spannungsabbau empfunden wird. Das Zusammenfinden der unterschiedlichen Geschichten markiert das Einleiten des Folgenhöhepunkts. Die Hexe bedroht die Königsfamilie, und die Krabbe Zeus besiegt sie. Die Auflösung einer Gefahr oder eines Problems stellt immer das Ende einer Folge dar.

Da sich sich die Episoden nicht unbedingt aufeinander beziehen, sondern jeweils einzelne, in sich abgeschlossene Geschichten erzählen, ist die Reihenfolge ihrer Ausstrahlung mehr oder weniger willkürlich. Der Killerwal Pünktchen kommt zwar beispielsweise in zwei nicht aufeinander folgenden Erzählungen vor, doch werden bei seinem zweiten Auftritt wichtige, für das Verständnis notwendige Informationen gegeben, und somit stellt das Sehen seines ersten Serienerscheinens keine zwingende Notwendigkeit dar, um der Story folgen zu können.

Handlungsstränge und -führung:

In der Regel, setzt sich eine Folge aus zwei unterschiedlichen Geschichten zusammen, wobei eine der beiden immer die Hauptstory, mit der an die Zuseher gerichteten ethischen Botschaft, darstellt. Zwischen den

---

[344] Die Hexe Ursula bespitzelt den Königspalast, oder ein Sturm tobt auf dem Meer.

Erzählungen wird entweder hin und her geschaltet[345], wobei die Geschichten am Ende zu einem gemeinsamen Höhepunkt zusammenfinden, oder aber es beginnt die zweite Geschichte im direkten Anschluss an die erste[346]. Hierbei ist anzumerken, dass ersteres hauptsächlich bei Verknüpfungen von gleichgestellten Geschichten geschieht, und letzteres in der Regel beim Zusammenfügen von Haupt- und Nebengeschichten eingesetzt wird. Es gibt demnach sowohl parallele als auch lineare Handlungsführungen.

Die Bezeichnung der Geschichten als Haupt- bzw. Nebenhandlungsstränge ist relativ schwierig, da die Gestaltung der jeweiligen Erzählungen innerhalb der einzelnen Episoden sehr stark variieren. Erscheinen das eine Mal beide Stories inhaltlich als auch formal ausgewogen gibt es das andere Mal große Gewichtungsunterschiede[347]. Im Falle einer Aufspaltung in Haupt- und Nebenhandlungsstrang geht der kürzere, weniger wichtige Teil, der Haupterzählung voraus. Der Nebenhandlungsstrang ist meist eine einführende Erklärung für die Handlungsweise der Charaktere und Geschehnisse in der danach folgenden Hauptgeschichte. So werden Arielle, Fabius und Sebastian etwa nach einem Sturm an einen Strand angeschwemmt, an dessen Ufer sich ein Haus befindet. Musik ertönt aus dem Haus. Arielle ist neugierig wer oder was dies sein könnte und schickt Sebastian in das Gebäude. Am Ende dieser „Vorgeschichte" tanzt ein Mädchen in graziösen Bewegungen aus dem Haus. Arielle will sich auch so bewegen können, und trifft in der darauf folgenden Hauptstory auf eine taubstumme Meerjungfrau, die den Zauberseestern aufsuchen will, um sich ihren sehnlichsten Wunsch, nämlich singen zu können, erfüllen zu lassen. Arielle schließt sich ihr an, um ihren nun sehnlichsten Wunsch, wie ein Mensch tanzen zu können, wahr werden zu lassen.

Diese Verknüpfung von Haupt- und Nebenhandlungsstrang ist charakteristisch für die Serie. Sie erfolgt grundsätzlich auf der inhaltlichen Ebene, hier jedoch auf unterschiedlichster Art und Weise. Sind es das eine

---

[345] wie etwa in „Die Geschichte zweier Krabben" zwischen dem Krabbenkonflikt und den Planentwürfen der bösen Hexe gewechselt wurde

[346] wie etwa in „Rettet den Wal" als zuerst die Meeresbewohner von der Gutmütigkeit des Killerwals überzeugt wurden und er im Anschluss daran entführt und von Arielle gerettet werden musste

[347] einen Haupt- und einen Nebenhandlungsstrang

Mal in beiden Geschichten zu findende Personen[348], flechten das andere Mal gemeinsame Konfliktthemen[349] ein Berührungsband zwischen den Stories. Da hier hauptsächlich die lineare Erzählweise angewandt wird, sind formale Verknüpfungspunkte nur dort zu finden, wo die eine Geschichte in die nächste übergeht. Auch hier ist keine standardisierte Vorgehensweise erkennbar.

Für das Verknüpfen der parallel laufenden Haupthandlungsstränge kann auch kein Muster festgemacht werden. Oft geschehen Schnitte zwischen den Schauplätzen der beiden Geschichten durch trickreiche Überblendungen beinahe identischer Gegenstände. So erscheinen beispielsweise Arielle und ihre Freunde durch den Einsatz leichter Fokus-Effekte plötzlich in einer Kugel wieder, wobei nach einer kurzen Wegfahrt ersichtlich wird, dass diese Kugel in Ursulas Höhle liegt und diese die Helden dadurch beobachtet. Solche und andere formalen Verknüpfungen sind häufig zu finden. Von einer der Parteien gefundene Gegenstände und ans Tageslicht beförderte Informationen, die beide interessieren oder Orte, die für beide Stories relevant sind, verknüpfen die nebeneinander herlaufenden Geschichten.

Interessant wird es erst dann, wenn beide Erzählebenen am Schluss zu einer einzigen verschmelzen. Hier muss sowohl inhaltlich als auch formal eine große Schnittstelle gefunden werden, um eine sinnvolle Zusammenführung zu ermöglichen. Dies setzt jedoch voraus, dass bereits vorher, also während dem getrennten Ablauf der Geschichten, kleine Nahtstellen angebracht wurden. Die Episode „Die Geschichte zweier Krabben" ist hierfür ein Musterbeispiel. Die Krabben Sebastian und Zeus führen im Laufe der Folge einen Wettstreit durch, der den Besseren von ihnen bestimmen soll. Sebastian ist neidisch auf Zeus, da dieser überall gewinnt. Durch den Bau einer Krabbenarena für den Wettkampf wird ein magischer Stein zutage befördert. Die Hexe Ursula beobachtet dies und will den Stein für sich (→ erste Nahtstelle). Sie macht sich an Sebastian, den Schwächeren, ran, um durch seine Hilfe an den Stein zu gelangen (→ zweite Nahtstelle). Am Ende der Episode bricht sie in den Palast ein, und nachdem der Wettstreit für beendet erklärt wurde, finden sich alle im Palast ein und treffen dort auf Ursula (→ Verschmelzung).

---

[348] wie etwa Pünktchen, der Wal
[349] Musik und Tanz in „Ein Traum wird wahr"

Spannung (Aufbau, Verlauf und Abbau):
Im Laufe einer Episode gibt es ständig Steigerungen und Auflösungen von kurzen Spannungsmomenten. So taucht etwa eine Schwanzflosse an der Meeresoberfläche auf, die Arielle und ihre Freunde in Angst und Schrecken versetzt, sich jedoch kurze Zeit später als Pünktchen, der Killerwal, entpuppt, also keine Gefahr für die Freunde bedeutet. Oder die böse Hexe Ursula wird in einer kurzen Zwischensequenz eingeblendet, und man erfährt von ihren hinterlistigen Plänen. Solche und ähnliche Situationen werden kontinuierlich in die Geschichte miteinbezogen um das Publikum zu bannen, und bringen sie bis zum finalen Höhepunkt. Diese inhaltlichen Spannungserzeuger bzw. -löser werden formal unterstützt. In der Regel geschieht dies durch den Einsatz von Musik und Geräuschen. Um die Spannung zu verstärken, erklingen dramatischere Melodien, die Tonlautstärke wird erhöht und eine Vielzahl an Geräuschen[350] vermittelt dem Zuseher Authentizität. Zusätzlich kommt es in solchen dramatischen Momenten zu Einstellungsvergrößerungen. Um die emotionalen Ausdrücke der Charaktere intensiver widerzugeben, werden oftmals nur ihre Köpfe oder ihr Oberkörper ins Bild gebracht.

Da viele Episoden von einer sozialthematischen Ausrichtung gekennzeichnet sind, ist es wichtig, innerhalb der Geschichte immer wieder kurze Spannungsmomente zu erzeugen. Fehlt ein erkennbarer Konfliktpartner, so wird dessen Platz von im Grunde unwichtigen Nebenfiguren und von gefährlichen Handlungsorten eingenommen. So etwa müssen Arielle und ihre taubstumme Freundin in „Ein Traum wird wahr" an vielen verschiedenen Orten vorbei, um zum Zauberseestern zu gelangen. So etwa durchwandern sie den Gruselwald mit riesigen angsteinflössenden Fischen, betreten die Höhle des Grauens und durchqueren die Schlucht der Killerkrabben. Solche Spannungserzeuger fesseln das Publikum und man ist emotional sofort stärker in die Geschichte involviert.

Die Spannungsauflösung erfolgt in der Regel in erster Linie durch die inhaltliche Abwendung der Gefahr in Kombination mit einer Entdramatisierung auf der musikalischen Ebene.

---

[350] Schreie, Wasserplatschen, etc.

Gewalt:

Der sozialthematische Hauptcharakter der Serie hat zur Folge, dass physische gewalt- und actionbeinhaltende Szenen in den Hintergrund gedrängt werden. Die Helden geraten zwar in beinahe allen Episoden einmal in die ein oder andere brenzlige Situation, doch typische Gewaltakte wie Kampfszenen oder gegenseitige Anfeindungen sind darin nicht zu finden. Physische Gewalt tritt in der Regel durch Bedrohungen auf. So will etwa die Hexe Ursula das Meeresreich regieren und versucht mit allen nur erdenklichen Mitteln, Arielle und ihre Familie zu vernichten. Vernichtung steht hier jedoch nicht als Synonym für Tod. Die Hexe verwendet beispielsweise Magie, um die Königsfamilie in Würmer zu verwandeln, und somit den Thron für sich zu beanspruchen.

Die etwas häufiger vorkommende Art von Gewalt ist psychischer und struktureller Natur. So leben die Meeresbewohner in einer Monarchie. Der König, Triton, steht an der Spitze dieser Pyramide und beschützt seine Untertanen. Arielle kann sich als seine Tochter mehr herausnehmen als andere, doch untersteht sie ebenfalls dem Willen des Herrschers. Dabei muss hervorgehoben werden, dass diese unterschiedliche Machtpositionierung sehr oft als unwesentlich dargestellt wird, da König Triton seiner ewig nicht gehorchen wollenden Tochter niemals böse sein kann oder sie sogar bestraft. Der ansatzweise angedeutete strukturelle Gewaltcharakter des Unterwasserreichs wird somit abgeschwächt und als mehr oder weniger unwesentlich hingestellt. Deutliche Machtunterschiede sind jedoch bei den Bösewichten zu finden. So befiehlt beispielsweise die Hexe Ursula ihren beiden untergebenen Aalen, die ihr widerstandslos gehorchen. Auch bei einmal auftretenden Gegenspielern sind Abstufungen in ihrer Bösartigkeit, und damit einhergehend in ihrer Gewaltbereitschaft, auszumachen. In „Rettet den Wal" nehmen zwei Menschen Pünktchen, den Killerwal, gefangen. Der Ältere von beiden hat das Sagen und stellt den eigentlichen Bösewicht dar, wogegen der Jüngere von Beginn an sympathischer dargestellt wird, und letztendlich zur Rettung des Wals beiträgt, ihm also ein guter Kern zuerkannt wird.

Trotz der sozialen Thematik der Serie ist der psychische Gewaltanteil relativ klein. In den einzelnen Episoden kämpfen die Figuren mit so manchen Ärgernissen, empfinden Gefühle wie Neid, Wut oder

Enttäuschung, aber lassen ihre Emotionen nur sehr selten in Form von Gewalt, ob nun körperlicher oder verbaler, aus. Verbale Gemeinheiten und Beschimpfungen als auch physische Handgreiflichkeiten stehen nur den Bösewichten zu. So nimmt die Hexe Ursula ihre beiden Gehilfen[351] nicht selten mit ihren Tentakeln in den Würgegriff, oder lässt sich über bestimmte Figuren aus (Ursula über Sebastian: *"Diese blöde Krabbe stiehlt mir den letzten Nerv!"* oder ebenfalls zu Sebastian: *"Na, du arme, kleine Möchtegern-Super-Krabbe!"*).

Dies zeigt bereits die Zielgruppenausrichtung des Cartoons. Egal welche Arten von Problemen auftauchen, die Heldinnen und Helden lösen sie ohne Einsatz von Gewalt und Aggression.

6.1.3.2 Darstellung der Handlungsträger

Der Held:

Die Serie verzeichnet eine einzige Heldin, Arielle, welche durch den Titel und Vorspann definiert ist. Obwohl in einigen Episoden Helfer und Nebenfiguren ins Rampenlicht gerückt werden, ist Arielle die tragende Person in der gesamten Serie. Es werden ihre Abenteuer, ihre Probleme, Hoffnungen und Träume erzählt.

Arielle:

Arielle ist eine zierliche, gut gebaute Meerjungfrau. Sie hat langes rotes Haar, ist sehr schlank und hat einen grünen Schwanz. Ihr Oberkörper ist nackt, und ihre Brüste werden durch eine Art „Muschelbikini" verdeckt. Sie hat ein hübsches Gesicht, große, grüne Augen und eine helle, melodische, wohlklingende Stimme. Sie ist die jüngste Tochter von Triton, dem König der Unterwasserwelt Atlantika und wohnt zusammen mit ihren Schwestern im Palast am Meeresgrund.

Arielle ist der Inbegriff von Vollkommenheit. Neben ihren makellosen äußerlichen Vorzügen, besticht sie durch viel Herz und Verstand. Sie ist gutmütig, liebevoll, witzig, etwas verspielt, vorurteilslos, freundlich und hat für jedermann ein Ohr offen. An ihr haftet kein einziger negativer Charakterzug, und das macht sie auf gewisse Weise unwirklich. Auch

---

[351] zwei hässliche Aale

wenn sie etwa gegen die Regeln und Gesetze ihres Vaters verstößt, macht sie dies nicht zu ihrem eigenen Vergnügen, aus Langeweile oder um König Triton zu ärgern, sondern hat dafür immer einen äußerst sozialen und selbstlosen Grund. So schwimmt sie beispielsweise zu den Menschen, obwohl es ihr verboten wurde, um ihren Freund, den Wal, zu retten.

In ihren Abenteuern versucht sie in erster Linie, anderen bei der Lösung ihrer Probleme zu helfen, und denkt erst in zweiter Instanz an ihr eigenes Seelenheil. So rettet sie etwa Pünktchen, den Wal, vor der Gefangenschaft, versucht Sebastian die Unnötigkeit seiner beinahe schon krankhaften Eifersucht auf dessen Jugendfreund Zeus verständlich zu machen, oder unternimmt eine gefährliche Reise mit der taubstummen Meerjungfrau Gabriela, um dieser bei der Erfüllung ihres größten Traums behilflich zu sein. Arielle verkörpert demnach in diesen klassischen disneyischen Heile-Welt-Geschichten die reine Tugend und soll somit eine Vorbildfunktion und einen Idolcharakter für das kindliche Publikum darstellen.

Der/Die Widersacher:

Da ausschließlich die Hexe Ursula eine ständig präsente, jedoch nicht in allen Episoden vorkommende Rolle als Gegenspielerin von Arielle und deren Freunden darstellt, gibt es eine Reihe einmalig auftretender Bösewichte. Einige Folgen kommen sogar ganz ohne den Konflikt zwischen Gut und Böse aus.

Den Episodenwidersachern ist gemein, dass ihr Ziel nicht die Zerstörung oder Vernichtung der Helden ist, sondern ihr Hauptaugenmerk auf etwas gänzlich anderes gerichtet ist, das in erster Linie einmal nichts mit der Hauptheldin zu tun hat. So etwa nehmen Menschen Pünktchen den Wal gefangen, um ihn als Attraktion in ihrem Zirkus dem Publikum vorzuführen. Dies kann Arielle natürlich nicht zulassen, und so wird der Zirkusbesitzer zum Widersacher, da seine Handlungen den Vorstellungen Arielles entgegenwirken. Natürlich werden die jeweiligen Bösewichte mit einer Reihe schlechter Eigenschaften ausgestattet, da ansonsten das Verhalten der Hauptheldin nicht oder nur schwer zu rechtfertigen wäre. So ist der Fänger von Pünktchen etwa ein cholerischer, geldgieriger, rücksichtsloser Schurke, der keinen Gedanken daran verschwendet, wie es seinen Tieren geht.

Die Hexe Ursula:

Die Hexe Ursula ist eine große, dicke, hässliche Krake. Sie hat eine lilagräuliche Hautfarbe und kurze, weiße, vom Kopf stehende Haare. Ursula hat ein Doppelkinn und lange, zu spitzen Krallen gefeilte Fingernägel. Sie trägt ein schwarzes, trägerloses Kleid, das zu dicken Tentakeln ausläuft. Ursulas dicke Lippen sind rot geschminkt, sie trägt hellblauen Lidschatten, lange wie falsch wirkende Wimpern, Ohrringe und eine Halskette mit einem goldenen Schneckenanhänger. Ihre Stimme ist rauh, sehr oft schrill und sie hat das typische diabolische „Hexengelächter". Ursula lebt zusammen mit ihren beiden ebenso hässlichen Aalen in einer Höhle. Die beiden Tiere sind Ursulas sehende Augen. Sie lauern beim Palast und unbemerkt lauschen und beobachten sie die Geschehnisse dort. Die Augen der Aale fungieren als Fernrohre, und Ursula kann in ihrer Zauberkugel alles mitverfolgen, was ihre Gehilfen auskundschaften.

Ursula verkörpert sozusagen alles Böse in der Serie. Sie ist hinterlistig, gemein, schreckt vor keiner Tat zurück und steht somit im krassen Gegensatz zur Hauptheldin Arielle. Ihr Hauptziel ist es, das Meer zu regieren, und dafür muss sie König Triton stürzen, um den Thron für sich zu beanspruchen. Um dies zu erreichen, ist ihr jedes Mittel recht. Ihre Pläne sind ideen- und abwechslungsreich, doch letztlich schlagen ihre Intrigen immer fehl, und sie hat das Nachsehen. Doch auch sie wird nie endgültig besiegt. Dadurch gibt es eine weitere Möglichkeit einen Konflikt bereits bekannter Vertreter der Gut- versus Bösefront aufeinander treffen zu lassen und dabei aufzuzeigen wie sinnlos im Grunde der Versuch ist der Heldin und ihrer Welt etwas zuleide tun zu wollen, da schließlich das Gute immer siegt bzw. siegen muss.

Der/Die Helfer und Nebenfiguren:

Neben einer Vielzahl an Tieren und Menschen auftretenden Nebenfiguren, die meist in nur ein oder zwei Episoden zu sehen sind, gibt es noch drei Figuren, die bereits durch den Vorspann definiert sind. Dies wären zum einen die Freunde und Helfer Arielles, Fabius der Fisch und Sebastian die Krabbe, und zum anderen der König von Atlantika, Arielles Vater Triton. Sie haben einen besonderen Stellenwert in der Serie, da sie in bestimmten Episoden die Rolle des Hauptheldens einnehmen und werden aus diesem Grund auch einzeln untersucht. Alle anderen Charaktere stehen Arielle oder einer der anderen ständig präsenten Hauptfiguren des Cartoons hilfsbereit zur Seite, sind freundlich und liebenswürdig, kämpfen vielleicht mit der ein oder anderen Charakterschwäche[352], sind aber im großen und ganzen relativ unscheinbar und austauschbar.

Fabius:

Fabius ist ein kleiner, runder Fisch. Sein Körper ist gelb mit blauen Längsstreifen, und er hat blauen Flossen. Seine kindliche Stimme klingt hell und klar. Er ist einer von Arielles besten Freunden und wohnt zusammen mit ihr und Sebastian im Palast.

Er ist freundlich, mutig und abenteuerlustig und begleitet Arielle auf all ihre Abenteuer. Er hat jedoch Komplexe wegen seiner Größe und wünscht sich von ganzen Herzen einmal ein großer, furchterregender Fisch zu werden, den sich niemand mehr auszulachen traut.

Sebastian:

Sebastian ist eine kleine, rote Krabbe. Er hat einen sehr großen Mund und ebenso große Augen. Seine Stimme ist tiefer als jene von Fabius. Sebastian wohnt wie Fabius und Arielle im königlichen Palast, ist neben Fabius Arielles bester Freund und ist der Meinung, er sei der erste königliche Berater.

Sebastian hat eine Reihe schlechter Eigenschaft wie etwa Neid auf Personen die in irgendetwas besser sind als er, Übereifrigkeit um König Triton zu gefallen, Besserwisserei in jeglichen Belangen und etliches mehr. Er ist mürrisch, leicht gekränkt, in manchen Situationen äußerst anstrengend und hat ein sehr lautes und loses Mundwerk. Sebastian ist etwas tollpatschig und manövriert sich selbst nicht selten in gefährliche Situationen. Doch all diese etwas negativ erscheinenden Charakterzüge werden durch sein großes Herz ausgemerzt. Mit seinen oftmals unmöglichen Verhaltensweisen versucht er nur über seine immense Liebenswürdigkeit, Hilfsbereitschaft und Großherzigkeit hinwegzudeuten, da es ihm irgendwie peinlich ist, dies so offenkundig zu zeigen. So wirkt Sebastian in vielen Situationen albern und amüsant.

---

[352] da sie schließlich der Hauptheldin in keinen Belangen das Wasser reichen dürfen

Sein größter Wunsch ist es, einmal Krabbe des Jahres zu werden. Er braucht Anerkennung und Zuneigung wie andere ihr tägliches Brot und versucht immer auf Arielle aufzupassen. Sebastian ist jene Figur, welche die Handlungen auflockert, und der Serie den gewissen humorvollen Touch gibt. Sebastian ist unterhaltsam und amüsant. Er ist jener typische Disney-Nebencharakter, der erstens ob seiner offensichtlichen Fehlbarkeit die Hauptheldin noch perfekter erscheinen lässt und zweitens für die ebenso wichtige Lachgarantie sorgt.

König Triton:

König Triton ist ein großgewachsener, muskulöser „Meermann". Er hat weißes langes Haar und einen weißen langen Bart, der ihn weise und würdevoll aussehen lässt. Auf seinem Kopf trägt er eine goldene Zackenkrone, die seinen Machtstatus symbolisiert. Triton ist braungebrannt und seine Handgelenke sind von goldenen Armreifen umgeben. Die meiste Zeit trägt er einen Dreizack in der Hand, welches neben der Krone seine königliche Erscheinung vervollständigt. Tritons Schwanz ist wie der seiner Tochter Arielle grün.

Triton ist der König des Meerreiches Atlantika, beschützt sein Volk vor Gefahren und Eindringlingen und hat sieben Töchter. Er wirkt stark, intelligent, strahlt eine würdevolle Aura aus, und versucht ständig Arielle von ihren gefährlichen Abenteuern abzuhalten, was ihm jedoch nie gelingt. Auch wenn er manchmal streng und ungerecht erscheint, will er nur das Beste für seine Tochter. So bestraft Triton sie etwa niemals, obwohl Arielle ihm eigentlich so gut wie nie gehorcht. Dafür hat er ein zu gutes Herz und liebt seine Tochter viel zu sehr. Außerdem versteht seine Jüngste es vorzüglich, ihn zu umgarnen und ihren Willen durchzusetzen.

Triton ist somit oftmals gegenwärtig und im selben Augenblick auch wieder nicht. Er steht schützend im Hintergrund und tritt auf den Plan, wenn er gebraucht wird, oder aber auch erst dann, wenn alles vorbei ist und Arielle ob ihrer Unvorsichtigkeit getadelt werden muss. Er ist Erzieher, und im selben Augenblick zu Erziehender. Arielle lehrt ihm Offenherzigkeit, Nächstenliebe und viele andere „gute" Eigenschaften.

Beziehungen innerhalb einer Gruppe:

Arielle, Fabius und Sebastian haben eine sehr ausgeglichene Beziehung, in welcher keiner der drei eine vorrangige Machtposition innehat. Sie sind Freunde, und jeder von ihnen kann tun, lassen und sagen was er will. Sie helfen sich gegenseitig aus brenzligen Situationen oder anderen Problemen, trösten sich, wenn es dem anderen schlecht geht und verbringen beinahe jeden Tag zusammen. Das Kennzeichnende an ihrem Zusammensein ist die Harmonie ihrer Beziehung. Sie streiten sich so gut wie nie, lernen bei jedem Abenteuer etwas dazu und würden für den anderen ihr Leben lassen, falls es nötig wäre.

Anders die Beziehung zwischen den Bösewichten. Hier bestimmen hierarchische Systeme das Zusammenleben. Die Hexe Ursula befehligt beispielsweise ihre Gehilfen, die Aale. Diese haben zu gehorchen, oder sie werden bestraft, verstoßen oder vernichtet. Auf die unterstellten Bösewichte wird in der Serie auch gar nicht näher eingegangen. Sie sind zwar präsent, doch mehr auch nicht. Von ihrer Persönlichkeit ist nichts näher bekannt. Der Hauptwidersacher, der mächtigste der gegnerischen Seite, wird eingehender beleuchtet und vorgestellt.

Auch bei einmalig auftretenden Bösewichten steht der unterschiedliche Status der jeweiligen Figuren im Zentrum ihrer Beziehung. So werden die Beziehungen zwischen Gut und Böse noch prägnanter gegenübergestellt und die jeweiligen Seiten voneinander abgehoben.

Beziehungen zwischen Helden und Widersachern:

Die Vertreter der „Guten" unterschätzen ihre Gegenspieler niemals. Sie wissen von der Gefahr, die von ihnen ausgeht und versuchen so gut wie möglich das Böse zu besiegen. Sehr oft spielt sogar Angst eine bedeutende Rolle in der Beziehung zwischen Arielle und ihren Widersachern. Die Heldin der Serie fürchtet sich meist vor ihren Gegenspielern, was natürlich nicht bedeutet, dass sie sich der Gefahr nicht stellt oder sie zu überwinden versucht. Angst zu haben bezeugt, dass man den jeweiligen gegenüber ernst nimmt, die Gefahr, die von ihm oder ihr ausgeht, erkennt. Ein weiteres Charakteristikum zwischen Helden und Bösewichten ist, dass es zu Beginn meist so scheint, als wären die Guten weit unterlegen, vor allem körperlich und was ihre Möglichkeiten sich zu verteidigen betrifft. So besitzt die Hexe Ursula beispielsweise Zauberkräfte und weiß diese geschickt einzusetzen. Daß das Gute letztendlich jedoch immer gewinnt ist Disneytradition.

Das Manko der Bösewichte ist meist, dass sie oftmals glauben, leichtes Spiel mit Arielle und ihren Freunden zu haben. Dies zeigt sich in verbalen Äußerungen (Ursula zu ihren Aalen: *"Ihr zwei werdet Triton etwas spionieren. Er hat bestimmt eine Schwachstelle. Beobachtet alle in seiner Nähe. Es gibt bestimmt einen Dummkopf, mit dessen Hilfe ich den Dummkopf zerstören kann!"*) als auch in Gestik und Mimik[353], wenn sie den verhassten Personen gegenüberstehen. Diese Unterschätzung der gegnerischen Seite ist in vielen Episoden Ursache Nummer Eins für ihre (erneute) Niederlage.

6.1.4. „Aladdin"

6.1.4.1 Die Erzählweise

Rahmen: (Vor-, Abspann, Trailer)

Die in etwa 20-minütige Zeichentrickserie *„Aladdin"* wird mittels eines 55-sekündigen Vorspanns eingeleitet. Die immense Schnittgeschwindigkeit[354], die Kameraeinstellungen, und Kamerafahrten sowie das eigentümliche, sehr exotisch klingende Lied[355] lassen bereits zu Beginn des Cartoons erkennen, dass Abenteuer- und Actionelemente den Hauptcharakter der Serie ausmachen. Dies zeigt sich zudem dadurch, dass neben allen Hauptcharakteren des Zeichentricks auch etliche Bösewichte in den Vorspann eingebaut werden, welche den Helden, nach dem Leben trachtend, nachjagen. Was auffällt ist, dass die Szenen in der Regel in Totalen oder Halbtotalen gezeigt werden, und Großaufnahmen eher seltener vorkommen. Doch obwohl Spannung und Dynamik meist durch das Aufzeigen emotionaler Faktoren erhöht wird, ist dies hier nicht unbedingt notwendig, da Schnitt, Musik, Geräusche und Kamerabewegung für genügend Schnelligkeit sorgen.

---

[353] geringschätziges Hochziehen der Augenbrauen, verhöhendes Grinsen, etc.
[354] alle 1,4 Sekunden ein neues Bild
[355] mit asiatischen Zupf-, Klavier und Blasinstrumenten

Das Visuelle und Auditive ergänzt sich und verstärkt somit die Wirkung des anderen. Der Liedtext verleiht den Bildern zusätzliche Spannungsmomente, erzählt jedoch nichts von den Serienhelden. Diese werden ausschließlich auf der visuellen Ebene vorgestellt. So knistern die Feuerschwaden, das Erscheinen des Djinnis wird mit einem Puff-Geräusch vertont, und das Fliegen des Teppichs wird akustisch verstärkt.

Das Besungene soll die Exotik der Handlungsumgebung, die für die Charaktere immense Bedeutung von Magie und Zauber und den Abenteuercharakter der Serie verdeutlichen:

„Komm mit mir, dieses Land bietet dir allerhand. Hier sind Abenteuer furios!
Und vertraut mir, sein Zauber ist weltweit bekannt: Sesam öffne dich! Jetzt geht's los!
Arabische Nächte, wie die Tage vorher,
sind freudig brisant, auch recht amüsant,
und erstaunen dich sehr.
Arabische Nächte, wie die Tage vorher,
sind wie jeder weiß viel heißer als Eis,
und das immer mehr!
Hat ein Messer und Schwert, hier hat Mut seinen Wert. Es ist schwer, doch das wär'
gelacht!
Trau dich nur, komm vorbei, geh zum Teppichverleih,
und flieg hin zur arabischen Nacht!"

Indem die Figuren während des Vorspanns aus den unterschiedlichsten Blickwinkeln gezeigt werden, und da neben der hohen Schnittfrequenz die Kamerabewegungen den Szenen enorme Dynamik verleihen, wird am Ende desselbigen die Geschwindigkeit merkbar herabgesetzt. So zeigen die letzten Einstellungen ruhigere Szenen, das Ende der Musik wird durch deren Verlangsamung angedeutet, und die Schwarzblende nach Einblendung des Titels, *„Disneys Aladdin"*, markiert schließlich das tatsächliche Aus des Vorspanns. Die Bezeichnung des Titels der jeweiligen Episode erfolgt parallel mit der Einblendung des ersten Bildes und verblasst nach etwa drei Sekunden wieder.

Der Abspann gestaltet sich wenig kreativ. Vor der Totale des Sultanspalastes laufen die Daten zur Serie[356] ab. Die Szene wird durch die Titelmelodie (jedoch ohne Gesang) unterstützt.

Geschwindigkeit:

„*Aladdin*" arbeitet ohne die Kommentierung durch einen Off-Erzähler. Die Figuren sprechen in der Regel deutlich, nicht zu schnell und sind somit leicht verständlich. Eine Ausnahme stellt hier der Lampengeist Djinni dar. Er verwendet unzählige verschiedene Dialekte, seine Worte überschlagen sich des öfteren beinahe ob ihrer Erzählgeschwindigkeit und somit wirken viele, im Grunde ruhige, Situationen hektisch und schnell.

Ein weiteres Element, das der Serie einen gewissen Geschwindigkeitsrhythmus verleiht, ist seine Produktionstechnik. Durch die vollanimierten Bilder herrscht in allen Szenen, ob nun bei hektischen Kämpfen oder entspannten Gesprächen, von vornoherein ein bestimmtes Maß an Bewegung und Dynamik. Haare bewegen sich und Figuren gestikulieren während sie sprechen. So kommt es in keiner einzigen Situation zum tatsächlichen Stillstand der Bilder. Diese ständige Bewegung geht jedoch ausschließlich von den Frontfiguren und Gegenständen aus. Der Hintergrund ist starr und nicht animiert. Was die Schnittfrequenz betrifft, rangiert „*Aladdin*" im breiten Mittelfeld. Obwohl der Vorspann, was Geschwindigkeit und Schnittanzahl anbelangt, ein enormes Tempo eingeht, verflüchtigt sich dies mit Beginn der Episoden. Die Durchschnittsfrequenz liegt bei 4,01 Sekunden/Einstellung. Auch gibt es in Folge der Schnittanzahl innerhalb der einzelnen Sequenzen keine außerordentlichen Geschwindigkeitserhöhungen bzw. -senkungen, da die verschiedenen Frequenzen keine allzu großen Schwankungen aufweisen.

Auf der formalen Ebene werden Handlungen und Szenen noch zusätzlich durch Kamerabewegungen und dem zwar spärlichen, jedoch trotzdem erwähnenswertem Einsatz von Comicelementen[357] und Slapstickmerkmalen[358] dynamischer gestaltet, erwähnenswert deshalb, weil Disney schließlich das Aushängeschild für größtmögliche Realitätsnähe in Zeichentricks verkörpert und das Verstärken des Cartooncharakters mittels

---

[356] Produzenten, Animatoren, Musik, etc.
[357] Schnelligkeitslinien
[358] Augen treten aus den Höhlen

oben genannter Effekte diesem Ziel eindeutig entgegen steuert. Was die Kamerabewegungen betrifft, bewegt sich diese mit stürzenden, fliegenden oder reitenden Figuren mit und verstärkt dadurch den Eindruck der Schnelligkeit. Auch Schwenks zwischen verschiedenen Personen, Gegenständen oder über Landschaften werden häufig verwendet. Seltener sind Weg- oder Zufahrten auf Figuren oder Gegenstände. Je schneller, dramatischer und gefährlicher eine Situation wird, umso mehr Kamerabewegungen sind zu verzeichnen.

Neben diesen visuellen Geschwindigkeitsverstärkern fällt der akustischen Untermalung der Serie bezüglich ihrer Dynamisierung eine wesentliche Rolle zu, da sie allgegenwärtig ist. Sie begleitet die Helden in ruhigen als auch in gefährlichen Situationen, ist Hintergrundmusik oder wahrnehmbarer Spannungserzeuger und präsentiert sich in Form von realistischen Geräuschen oder bloßen Bewegungsverstärkern[359]. Das Visuelle wird durchgehend auditiv unterstützt und erscheint somit in vielen Szenen[360] noch bewegter und schneller, gleichzeitig bietet die Musik jedoch auch die Möglichkeit eine Spannungsauflösung einzuleiten und somit die Erzählgeschwindigkeit zu drosseln.

Steht in bestimmten Szenen die Handlung im Vordergrund[361], so wird die Atmosphäre durch schnelle bzw. langsame, in allen Fälle aber laute Melodien erzeugt, die bei Beginn von Gesprächen und Dialogen leiser wird und in den Hintergrund rückt.

Auftreten der Konfliktpartner:
Die Konfrontation zwischen Gut und Böse ist das Hauptelement in „Aladdin". Es tritt in jeder Episode ein neuer Gegenspieler der Helden auf, wobei dieser ein bereits bekannter[362] oder aber ein einmalig erscheinender[363] Charakter ist. Ihnen gemein ist, dass sie Aladdin und seinen Freunden bereits in den ersten Sequenzen über den Weg laufen. Ihr Auftreten markiert den Beginn der jeweiligen Geschichte, wobei die gängige Thematik der Idylle und ihre Zerstörung durch das Erscheinen der

---

[359] sei es durch computergenerierte oder instrumentelle Töne
[360] vor allem bei Handlungs- bzw. Spannungshöhepunkten
[361] Kämpfe, der Flug auf dem Teppich, das verliebte Zusammensein von Aladdin und Jasmin, etc.
[362] der böse Zauberer Mogelrat
[363] der Koboldchef Kefir

Widersacher hier oftmals übergangen und sofort mit der Konfrontation eingestiegen wird.

Obwohl Figuren nicht selten als Marionetten und Handlanger der Oberschurken benutzt werden, und diese anfangs noch als vermeinliche Gegner erscheinen, wird sehr schnell klar, wer der eigentliche Feind ist. So zerstört beispielsweise das tanzende Nashorn Samir jede Nacht die Stadt Getsistan, welche tagtäglich von einigen Kobolden wieder aufgebaut werden muss und scheint somit der Gegenspieler von Aladdin zu sein, der die Stadt retten soll. Doch bereits bevor klar wird, dass Samir von Kefir, dem Chef der Kobolde, mittels Magie als Werkzeug für seine raffgierigen Pläne benutzt wird, weist das Verhalten und die Darstellung Kefirs darauf hin, dass er der eigentliche Bösewicht ist.

Grundkonflikt der Serie:

Die Serie „*Aladdin*" kennzeichnet sich inhaltlich vor allem durch die Verarbeitung des Konflikts zwischen Gut und Böse aus, beschäftigt sich demnach also hauptsächlich mit sogenannten Actionthemen. Die Helden werden zu Beginn einer Episode mit einem Gegner konfrontiert, der Gefahr und Leid über eine Stadt, seine Bewohner oder die Hauptcharaktere selbst bringt. Doch wie stark, unbesiegbar und bösartig ein Gegner auch erscheinen mag, so gelingt es den Vertretern von Recht und Ordnung trotzdem immer wieder diese zu bezwingen und in die Flucht zu schlagen. Hier wird neben des Actioncharakters der Serie das Miteinbeziehen sozialer Themen deutlich, da die Helden in den meisten Fällen ihre Widersacher nur mit Hilfe des anderen, in Teamwork, besiegen können, was wiederum ausschließlich dann möglich ist, wenn die Freunde sich gegenseitig vertrauen, respektieren und sich auf einander verlassen können. Die Bedeutung der Freundschaft zwischen den Hauptfiguren wird in den meisten Folgen auf die eine oder andere Weise abgehandelt[364]. So verliert Aladdin beispielsweise in der Episode „Eine Maschine zum Verlieben" sein Vertrauen in seinen Flaschengeist Djinni, nachdem dieser bei der Konfrontation mit einem Gegner versagt hat. Djinni ist dadurch selbst am Boden zerstört und denkt zu Beginn, dass Aladdin Recht hat und er ein Versager ist. Doch als er letztendlich dann bei einem erneuten Angriff des fiesen Mechanikles als einziger die Gefahr erkennt und alle rettet, sieht

---

[364] meist in Form eines Nebenhandlungsstrangs

Aladdin ein, dass er einen Fehler gemacht hat, als er seinem besten Freund nicht vertraute: *„Djinni, wir vertrauen dir!"*

Obwohl die Serie beinahe ausschließlich mit männlichen Helden arbeitet[365], kommt der einzigen weiblichen Hauptrolle, Prinzessin Jasmin, in manchen Episoden besondere Bedeutung zu. Sie verkörpert nicht das hilflose, schutzbedürftige und naive Mädchen, das mehr zur Zierde und zur Heraushebung der männlichen Stärke dient, sondern zeigt, dass Frauen mitunter genauso ihren Mann stehen und die Welt retten können. So wird neben der Verarbeitung sozialer Inhalte wie etwa Freundschaft, Vertrauen, Respekt, etc. auch die Thematik der Darstellung der Geschlechter in die Serie integriert. In diesem Sinne kann *„Aladdin"* als eine Mischung aus Actioncartoon und eine Art sozialkritische Zeichentrickserie mit pädagogisch wertvollen Botschaften für den Zuseher betrachtet werden.

Dramaturgie (Aufbau) der Serie:

„Aladdin" arbeitet grundsätzlich mit dem bekannten und gängigen Grundschema des dramaturgischen Aufbaus einer Serie, welche eine eingangs gezeigte Idylle durch ein bestimmtes Ereignis[366] aus dem Gleichgewicht bringt. Diese Gefahr für den Idealzustand wird im Laufe der Episode versucht abzuwenden, und nachdem die Helden schließlich in einem finalen Kampf[367] den Bösewicht besiegen konnten, stellt sich die von allen angestrebte Idylle wieder ein.

In vielen Fällen wird die Darstellung dieser perfekten Harmonie jedoch übersprungen, und die jeweilige Folge steigt bereits mit der Bedrohung durch den Episoden-Bösewicht ein. So beginnt eine Folge etwa damit, dass riesige Maschinen die Stadt Agrabah in Schutt und Asche legen. Kommen idyllische Szenen vor der ersten Konfrontation mit dem Gegner, so bestechen sie mit zeitlicher Kürze. Aladdin wird demnach bei einem romantischen Stell-Dich-Ein mit Jasmin nach nur zwanzigsekündiger Laufzeit der Serie von einem bösartigen Magier entführt. Der große Hauptteil liegt demnach in der Bekämpfung des Widersachers und den Einfällen und Ideen der Helden wie sie dies bewerkstelligen könnten, da

---

[365] oder vielleicht gerade aus diesem Grund
[366] meist durch das Auftreten des Konfliktpartners
[367] Handlungshöhepunkt

die Auflösung bzw. Abwendung der Gefahr und die damit verbundene Restauration der Idylle in nur wenigen Szenen[368] dargestellt wird.

Handlungsstränge und –führung:

Die Serie „*Aladdin*" arbeitet in der Regel mit einem einzigen Haupthandlungsstrang, welcher jedoch in manchen Episoden inhaltlich dermaßen aufgebläht wird, dass in einer einzigen Geschichte unterschiedliche Probleme verschiedener Charaktere zum Tragen kommen. So etwa in der Folge „Das Geheimnis von Dagger Rock". Aladdin wird von einem bösen Magier entführt und muss von seinen Freunden befreit werden. Obwohl die Rettung im Vordergrund steht, werden bis zum tatsächlichen Showdown auch andere Themen verarbeitet. Mitunter lernt Jasmin was es heisst ein Mann zu sein[369], der Affe Abu und der Papagei Iago zeigen nach einigem Zögern ihre Loyalität und Freundschaft gegenüber Aladdin, indem sie beschließen sich trotz ihrer Größe und scheinbaren Machtlosigkeit an der Rettung zu beteiligen, und Djinni wird erneut deutlich, dass Aladdin ihn über alles liebt, da er für ihn sein eigenes Leben auf's Spiel setzt. Diese Teilgeschichten sind so eng mit der Hauptgeschichte verwoben, dass sie nicht als eigenständige Nebenhandlungsstränge bezeichnet werden können, jedoch auch nicht die Präsenz von Haupthandlungssträngen besitzen.

Diese inhaltliche Vielfalt bewahrt die einzelnen Episoden trotz ihres einzelnen Haupthandlungsstrangs davor langweilig zu werden. Zusätzlich wird nicht linear, sondern parallel zwischen verschiedenen Handlungsorten hin und her geschnitten, was dem Zuseher Abwechslung und in vielen Fällen auch Spannung (Cliffhanger) bringt.

Spannung (Aufbau, Verlauf und Abbau):

Die Serie wird von unterschiedlich langen Spannungsbögen durchzogen, welche die Handlung bis zum Höhepunkt[370] treiben, wobei die einzelnen dramatisierenden Handlungsabschnitte, je näher sie dem Finale rücken, immer länger dauern.

---

[368] oftmals in einer einzigen Sequenz
[369] Sie muss sich als solcher verkleiden, um mit den Palastwachen mitreiten zu können, da ihr Vater Jasmin verboten hat bei der Befreiungsaktion mitzumachen.
[370] der finalen Auseinandersetzung zwischen Gut und Böse

Bereits der Beginn einer Episode bietet dem Zuseher in vielen Fällen eine spannungsgeladene Szenerie, liefert sozusagen einen direkten Einstieg in das sich anbahnende Abenteuer. Im Laufe einer Geschichte haben die Helden und Heldinnen eine Reihe gefährlicher Situationen zu durchwandern. Zwischen den einzelnen, kleinen Abenteuern werden spannungssenkende, ruhigere Sequenzen eingebaut, in denen sich Figuren unterhalten, in Selbstgesprächen über ihre nächsten Schritte sinnieren oder ähnlich wie in einem Resümee das bereits Geschehene nochmals Revue passieren lassen. Obwohl diese Spannungslöser zeitlich betrachtet nur sehr kurz zum Einsatz kommen, da bereits nach einer ruhigeren Sequenz begonnen wird auf den nächsten Zwischenhöhepunkt hinzuarbeiten, kann sich der Zuseher während dieser kleinen Verschnaufmomente wieder etwas regenerieren und sich für den kommenden Höhepunkt vorbereiten. Cliffhanger[371] werden ebenfalls, wenn auch spärlich verwendet und können mitunter spannungssenkend wirken.

Inhaltlich wird Spannung hauptsächlich durch das Auftreten der Widersacher und das darauf folgende Zusammentreffen von Gut und Böse erzeugt. Eine oder mehrere Figuren werden bedroht[372] oder Gegenstände werden zerstört[373], was wiederum zur Bedrohung und Gefahr für ein oder mehrere Figuren führt. Die Spannungserzeugung beim Konflikt zwischen den Helden und ihren Gegenspielern geschieht erstens durch die physische Gefahr, als auch durch den verbalen Schlagabtausch der Figuren (psychisch), sowie die inhaltliche Beruhigung einer Szene in der Regel durch die Abwendung der Gefahr herbeigeführt wird.

Formale Unterstützung hinsichtlich inhaltlicher Spannungserzeugung geschieht in Form von Musik, Geräuschen, Kamerabewegungen, Schnitten, Kameraeinstellungen sowie einer Reihe von anderen Effekten.

Je mehr die ununterbrochen präsente, musikalische Hintergrundmelodie durch Lautstärke und Geschwindigkeit in den Vordergrund rückt, und je schneller und lauter aktionsbegleitende Geräusche sind, umso näher rückt die Szene dem jeweiligen Handlungs- und demnach Spannungshöhepunkt.

---

[371] Zum Zeitpunkt größter Gefahr wird vom Ort des Geschehens zu einem anderen gewechselt, ohne dass der Zuseher weiß, ob der Held oder die Heldin sich aus der brenzligen Lage befreien konnte.
[372] Der Zauberer Mogelrat entführt Aladdin.
[373] Riesige mechanische Skorpione zerstören die Stadt Agrabah

Auch der vermehrte Einsatz von Kameraschwenks und -zooms kennzeichnet den fortwährenden Prozess der Situationszuspitzung und bewirkt durch die Geschwindigkeitsforcierung eine Erhöhung des Spannungsmoments. Speziell die Spannungserhöhung durch die unterschiedlichen Kamerabewegungen fällt ins Auge, da sich diese hauptsächlich auf die Handlungshöhepunkte beschränken und nur in actionreichen Szenen vermehrt verwendet werden.

Im Gegensatz dazu verdeutlichen die unterschiedlichen Kameraeinstellungen die Spannungserhöhungen und etwaigen Emotionsausbrüche nur unwesentlich. Die meisten Sequenzen werden mit Totalen oder Halbtotalen eingeleitet und weiters hauptsächlich in Halbeinstellungen[374] dargestellt. Spannungsunterstützende Groß- oder Detailaufnahmen sind selten.

Obwohl Disney für seine möglichst realistischen Aminationsillusionen bekannt ist, ist anzumerken, dass „Aladdin" mit einer Reihe von comichaften und slapstickähnlichen Mitteln arbeitet, um den Handlungen mehr Dynamik und Spannung zu verleihen. So umgeben etwa „Schnelligkeitslinien" sich bewegende Figuren, Puffwölkchen entstehen, wenn Djinni sich verwandelt oder irgendwo unerwartet erscheint, hell leuchtende Glitzerpunkte umrahmen bestimmte Charaktere, Augen springen aus den Augenhöhlen, etc. Diese visuellen Spielereien sind einerseits meist mit Aktionen und Handlungen des Lampengeistes Djinni zu finden und kommen andererseits nicht in allzu großem Ausmaß vor. Aus diesem Grund wirken die Szenen nicht überzogen oder übermäßig unwirklich, da der Djinni schließlich eine magische, eine unrealistische, Figur ist, und Zauberei bedarf mitunter gewisser übernatürlicher Darstellungsweisen.

Was bestimmte, auch in Realfilmen verwendete Spezialeffekte betreffen, so arbeitet die Serie „Aladdin" sehr viel mit Blenden. Sowohl Überblendungen zwischen verschiedenen Szenen, als auch das zeitweilige Positionieren von Schwarzblenden innerhalb einer Handlungseinheit werden sehr häufig verwendet. Dienen Blenden zwischen unterschiedlichen Sequenzen hauptsächlich dazu, langsam von einem Geschehnis zum nächsten zu wechseln und dem Zuseher diesen Ortssprung im Voraus

---

[374] Halbnah oder Nah

visuell deutlicher zu machen, so kommt der Schwarzblende innerhalb einer Handlungseinheit eine gänzlich andere Aufgabe zu. Sie wird dazu benutzt, um bestimmte Aktions- und Spannungsmomente in die Länge zu ziehen. So stehen die Helden vor einer Sandwüste, aus der sich plötzlich schrecklich aussehende Zombies erheben und bedrohlich auf die Freundesgruppe losgehen. Hier folgt nun eine Schwarzblende. Der Zuseher wird ähnlich wie bei einem Cliffhanger im Ungewissen gelassen. Doch nach zwei- bis dreisekündiger „Auszeit" wird wieder an jener Stelle eingestiegen, an welcher sich Sekunden zuvor das Bild verdunkelt hatte. Die ohnehin vorhandene Spannung der Situation wird durch die Schwarzblende sozusagen noch zusätzlich in die Länge gezogen.

Auf der visuellen Ebene sind es demnach Kamerabewegungen und Spezialeffekte, welche das Spannungspotential aufrechterhalten und seine kontinuierliche Steigerung bis an die Spitze treiben.

Gewalt:

Mit der steten thematischen Verarbeitung des Aufeinandertreffens von Gut und Böse geht die Miteinbeziehung verschiedenster Gewaltaspekte, sei es struktureller, physischer oder psychischer Natur, einher. So lassen sich demnach in *„Aladdin"* eine beträchtliche Menge an Gewaltszenen finden, die jedoch in vielerlei Hinsicht abgeschwächt sind.

So ist etwa der Lampengeist Djinni eine beliebte Anlaufstelle für etwaige gegnerische Gewaltübergriffe. Nicht selten wird er zersägt, zerstampft, getreten oder durch die Luft geschossen, doch da er der einzige unter den Helden ist, der nicht nur unwirklich und fantastisch ist, sondern auch formal als nicht existierende Figur dargestellt und präsentiert wird, wirken solche harten physischen Attacken nicht wirklich bedrohlich oder lebensgefährdend. Mit ein Grund dafür ist, dass Djinni sich nach seiner scheinbaren Vernichtung, unverletzt und ein heiteres Sprüchlein auf den Lippen, zurückmeldet und sich seinem Angreifer mit vielen amüsanten Verwandlungen und Einfällen entgegen stellt. Humor ist ein allgegenwärtiger Bestandteil der Serie und schwächt gewalthaltige Szenen und ihre Wirkungen um ein Vielfaches ab.

Nichtsdestotrotz beinhaltet *„Aladdin"*, ob seines Actionreichtums, naturgemäß viele Gewaltszenen. Das Auftreten der Bösewichte geht in der

Regel mit Gewaltattacken gegen Gegenstände[375] und/oder gegen Personen[376] einher, die meist durch verbale Schlagabtäusche zwischen den Kontrahenten gespickt sind, z.B. folgender: Mogelrat zum gefangenen Aladdin: *"Nicht mehr lange und Djinni gehört mir."* Aladdin: *"Das wird nie passieren!"* Mogelrat: *"Und wer sollte mich daran hindern? Aladdin, du?"* Aladdin: *"Spiel dich nicht so auf!"* Mogelrat : «*Ich habe das Schwarzsandland mit einem Streich erobert. Ich habe mich zum mächtigsten Zauberer emporgearbeitet. Und das ist erst der Anfang! Schon bald beherrsche ich die sieben Wüsten."* Aladdin: *"Gratuliere. Und auf wie vielen Partys bist du eingeladen?"*. Der gegenseitige Machtstatus wird[377] in der Regel ausschließlich durch physische Gewaltakte demonstriert, wobei ihre Konsequenzen nicht deutlich werden, da verletzte Personen keine körperlichen Schäden aufweisen und keine Tote zu verzeichnen sind, sondern „nur" Gegenstandsschäden offensichtlich werden.

Inhaltlich lassen sich mitunter auch Formen psychischer Gewalt finden, und dies nicht nur zwischen Gut und Böse, sondern ebenfalls in der Verhaltensstruktur der Heldenfiguren untereinander. So ist Jasmin, als einzige periodisch auftretende Frau der Serie, ihrem Vater unterstellt, dem sie sich jedoch oftmals widersetzt, da sie eigenmächtig Entscheidungen trifft und damit letztlich die Katastrophe abwendet. Auch Aladdins Freunde Djinni, Abu und Iago stehen abgesehen von einigen einzelnen Episoden, in denen sie in den Vordergrund treten, dem Haupthelden der Geschichte an Autorität, Intelligenz und Mut hinten nach. In den meisten Folgen ist einer der Hauptfiguren beleidigt oder gekränkt, weil Aladdin seine bzw. ihre Stärke, Intelligenz, Tapferkeit, Effizienz, etc. nicht erkennt, und auf die Hilfe des oder der anderen verzichten will. Da jedoch die Freundschaft und das gegenseitige Vertrauen einen großen Stellwert in der Thematik von *„Aladdin"* einnimmt, muss Aladdin am Ende der jeweiligen Episode erkennen, dass er seinen Freunden Unrecht getan hat, da sie dann meist diejenigen sind, welche den Bösewicht besiegen und die Gefahr abwenden. Somit werden die zeitweilig verarbeiteten strukturellen und psychischen

---

[375] Häuser und ganze Städte werden zerstört
[376] Mit Feuerbällen oder anderen Waffen werden Charaktere beschossen, Figuren werden gefangen genommen, etc.
[377] vor allem von den Bösewichten

Gewalttätigkeiten dazu verwendet, aufzuzeigen, dass diese falsch und verletzend sind.

6.1.4.2   Darstellung der Handlungsträger

Der Held:

Der Hauptheld der Serie ist der Junge Aladdin. Er ist durch Titel und Vorspann definiert, und somit werden in den jeweiligen Abenteuern der einzelnen Episoden hauptsächlich seine Heldentaten erzählt, obwohl es vereinzelt vorkommen kann, dass in einer Folge einer seiner Freunde den Platz des Hauptprotagonisten einnimmt.

Aladdin:

Aladdin ist ein gutaussehender, dunkelhäutiger, arabischer Jüngling. Er hat schwarzes Haar und dunkle Augen. Aladdin ist mittelgroß, gut gebaut, aber wirkt trotzdem nicht übermäßig muskulös. Er trägt in der Regel eine helle Pluderhose, welche mit einem breiten Stoffgürtel um die Taille zusammengehalten wird, ein lila Gilet auf nacktem Oberkörper und eine rote Kappe. Kleidung und Ausstrahlung verleihen ihm somit einen exotischen Touch, und heben die Tatsache hervor, dass die Geschichte im Osten, im Orient, spielt.

Aladdin ist eine Vollwaise bzw. erfährt der Zuseher nie, ob seine Eltern noch leben und wenn ja, wo sie sich aufhalten und warum ihr Sohn nicht bei ihnen ist. Aladdin lebt zusammen mit seinem Affen und seinem Lampengeist Djinni in den Strassen von Agrabah. Bevor er Djinni, und aus dem daraus folgenden Abenteuer, Prinzessin Jasmin kennen lernt, verdient er seinen Lebensunterhalt als Dieb. Mit der Freundschaft zur Sultanstochter und dem Lampengeist entsagt er jedoch dem Gaunerdasein und kämpft mit seinen neuen und alten Freunden gegen Bösewichte aller Art an, die seiner Heimatstadt und den darin wohnenden Menschen Leid antun wollen. Obwohl er im Palast ein und aus geht, eine innige Beziehung zu Jasmin pflegt und die Stadt beschützt, wird im Grunde nicht klar, welchen Status er besitzt, oder ob er neben seinem Heldentum einen Beruf ausübt.

Aladdin ist die Verkörperung des tapferen, starken, intelligenten Helden. Er ist jederzeit bereit sein Leben für seine Liebsten, aber auch für andere, hilflose Opfer zu geben. Furchtlos stellt er sich seinen Feinden gegenüber, selbst wenn diese schier übermächtig erscheinen. Irgendwie findet er immer eine Möglichkeit die Katastrophe abzuwenden. Da seine Freunde mit dem ein oder anderen „schwachen" Charakterzug gezeichnet sind, wirkt Aladdin noch perfekter und unfehlbarer. Obwohl er keinerlei Hinterhältigkeit und Bösartigkeit besitzt, passiert es jedoch nicht selten, dass er seine Freunde[378] vor den Kopf stößt, indem er ihnen bestimmte Aufgaben nicht zutraut, oder an ihren Fähigkeiten zweifelt. Dies geschieht erstens natürlich meist ungewollt, denn als perfekter Held würde man schließlich nie die Absicht hegen, seine Freunde absichtlich kränken zu wollen, und zweitens durch Aladdins Drang seine Gegner so schnell wie möglich unschädlich zu machen. Sein diesbezügliches Selbstbewusstsein und sein stark ausgeprägter Beschützerinstinkt lassen ihn auch oft machohaft erscheinen, was zur oben erwähnten Problematik beiträgt. Alles in allem ist Aladdin jedoch der durch und durch gute Überheld, der sich seinen Abenteuern und Aufgaben selbstlos und sympathisch stellt.

Der/Die Widersacher:

Obwohl einige wenige Widersacher Aladdins in mehreren, voneinander unabhängigen, Episoden auftreten, werden die Helden der Serie in der Regel in jedem neuen Abenteuer mit einem neuen Bösewicht konfrontiert. Somit können die Gegenspieler der Hauptfiguren nicht durch den Vorspann oder ihr periodisches Auftreten definiert werden, da kein personifiziertes Böses existiert. Trotzdem lassen sich eine Reihe gemeinsamer Merkmale erkennen.

In den meisten Episoden sind die Bösewichte männlich. Die Einführung in die Serie geschieht bereits in den ersten Handlungssequenzen, wobei die Bösartigkeit der Widersacher sofort eindeutig festgemacht werden kann. Diese klare Zuordenbarkeit erfolgt jedoch nicht nach einem immer wiederkehrenden, für alle Figuren anzuwendenden Grundmuster, sondern variiert von Person zu Person. Wird der Oberbösewicht das eine Mal als kleiner, untersetzter Kobold mit Fistelstimme und kleinen, hinterlistig funkelnden Augen dargestellt, präsentiert sich der Feind das andere Mal als junger, gutaussehender Magier mit dunkler, sonorer Stimme und kalten, abschätzig wirkenden Augen. Die Widersacher werden bereits formal in

---

[378] vor allem Djinni

einer Art und Weise dargestellt, dass daraus nur noch der Rückschluss auf ihre offensichtliche Bösartigkeit gezogen werden kann, da sie gänzlich anders aussehen als Aladdin, dessen Freunde und alle anderen „gut" definierten Charaktere. Neben der Abgrenzung durch ihr spezifisches Erscheinungsbild, wird ihre Zuordnung zur Gruppe der Feinde Aladdins spätestens dann ersichtlich, wenn sie sowohl physisch als auch psychisch Drohungen gegenüber ehrbaren Charakteren aussprechen oder dementsprechende Handlungen setzen.

Die meisten Gegenspieler Aladdins sind egoistisch, hinterhältig, gefühllos, sehr selbstbewusst[379] und schrecken auch vor Gewalthandlungen nicht zurück, um ihr Ziel[380] zu erreichen. In der Regel kämpfen sie mit mächtigen Waffen jeglicher Art[381], doch scheuen sie sich alle vor einer ehrlichen, fairen Auseinandersetzung. An ihrer Seite befehligen sie ein oder mehrere Untergebene, welche für die niederen Arbeiten wie etwa Auskundschaftungen, Überbringung von Ultimaten an die Gegner, etc. zuständig sind, und ihren Herrschern bedingungslos gehorchen. Diese Diener des Bösen treten in unterschiedlichen Gestalten auf. So untersteht dem Obermagier Mogelrat etwa ein hässlicher, sprechender Aal, der Erfinder Mechanikles befehligt seine selbst gebauten Roboter und Kefir, der Chefkobold, unterweist eine Schar von Kobolden. In allen Fällen haben die Vasallen der Bösewichte keinerlei Macht oder Entscheidungsfreiheit, sondern fungieren ausschließlich als Werkzeuge ihrer Befehlshaber.

Was auffällt ist, dass vielen Widersachern durch Gefühlsanwandlungen, Gefühlsausbrüche oder Bemerkungen, die an und für sich fehl am Platz scheinen, ihre Härte und Böswilligkeit genommen wird. Oft wirken sie dadurch sogar etwas lächerlich. So werden Mechanikles und seine metallenen Skorpione etwa von Aladdin besiegt, indem er die Roboter und ihren Erbauer mit Wasser übergießt. Als Mechanikles flieht, wringt er seine Kleidung aus und meint: „Noch ist nicht aller Tage Abend." Und nun in einem weinerlichen Ton: „Weiß er denn nicht, was Wasser Seide antut?"

Ein weiteres Charakteristikum, das Aladdins Gegenspieler gemein haben, ist, dass sie, ob ihrer Selbstsicherheit und ihrer nicht selten auftretenden Selbstüberschätzung, dazu neigen, die Helden nicht ernst zu nehmen oder

---

[379] wenn nicht sogar selbstverliebt
[380] die Zerstörung einer Stadt, die absolute Macht, Reichtum, etc.
[381] selbst gebaute Roboter, Magie, Hinterlist, etc.

sie zu unterschätzen. Hier ist wichtig festzuhalten, dass in dieser Beziehung nicht der einzelne Held, sondern die gesamte Gruppe gemeint ist. Teamwork ist ein wichtiger, thematischer Aspekt in vielen Episoden. Der Bösewicht konzentriert sich auf eine Person und vernachlässigt es, die anderen im Auge zu behalten. So hält etwa der Magier Mogelrat Aladdin gefangen, um durch ihn an den Lampengeist Djinni zu gelangen. Er verschwendet keinen Gedanken daran, dass etwa die zierliche Jasmin ihren Freund befreien könnte, da sie nur ein zartes Mädchen ist, und so wird er letztendlich durch Jasmins Zutun besiegt.

Der/Die Helfer und Nebenfiguren:

Aladdins ständige Begleiter und Freunde treten sehr oft in den Vordergrund einer Geschichte. Sie sind erstens für die Charaktergebung der Serie entscheidende Figuren und tragen zweitens dazu bei, Aladdin als den Jungen darzustellen, der er ist: der freundliche, meist unfehlbare, selbstlose Überheld. Ihre Charakterschwächen und Fehlhandlungen und ihre dadurch resultierende Menschlichkeit, heben Aladdin auf ein Podest, das er ohne den Vergleich mit seinen Freunden niemals erreichen würde. Alle Nebenfiguren sind mittels Vorspann definiert, und treten in beinahe allen Episoden auf.

Djinni, der Lampengeist:

Djinni ist ein Lampengeist mit halb-phänomenalen, halb-kosmischen Kräften[382]. Seine Haut trägt die Farbe Blau, wobei Djinni abgesehen von seinen Beinen, welche nicht vorhanden sind und stattdessen nach unten zu einem Spitz zusammenlaufen, ansonsten eine menschliche Gestalt hat. Er trägt einen goldenen Ohrring, einen dünn rasierten Kinnbart, der sich von einem Ohr zum anderen zieht, hat große Augen und einen ebenso großen Mund. Sein Alter ist nicht bekannt, doch aufgrund seines Geist-Daseins ist dies unerheblich und demnach wirkt Djinni auch alterslos. Aufgrund seiner Stimme, der blauen Hautfarbe und seiner Statur ist erkennbar, dass Djinni männlichen Geschlechts istEr besitzt die Fähigkeit sich in jede beliebige Gestalt, sei es Mensch, Tier oder Ding, zu verwandeln, wobei jedoch immer ersichtlich bleibt, wer hinter dieser Figur steckt, da er trotz aller Transformationen die ihn kennzeichnende blaue Haut aufweist. Weiters ist

---

[382] laut Djinni selbst

er in der Lage sowohl kleine als auch große Gegenstände herbeizuzaubern. Der phantastische Ursprung Djinnis wird durch seine formale Präsentation unterstrichen. Verwandelt er sich, tanzen Sterne und bunte Farbpunkte im Bild umher, oder dichte, rosafarbene Wolken umhüllen die Stelle, an der er stand. Zusätzlich werden seine Bewegungen und Taten oftmals durch unrealistisch wirkende Geräusche verstärkt, deren Verwendung aus Slapstickzeichentricks bekannt ist. Djinni versteht es auch, mit seinen verschiedenen Verwandlungen unterschiedliche Akzente und Dialekte zu sprechen, was vor allem für humoreske Zwecke benutzt wird[383].

Da es laut Djinni-Gesetzen die Pflicht eines jeden Lampengeistes ist, demjenigen zu dienen, in dessen Besitz sich die Lampe befindet, war Aladdin zu Beginn der Serie Djinnis Meister. Als dieser ihm jedoch die Freiheit schenkt, bleibt Djinni bei ihm, da sie dicke Freunde geworden sind und hilft Aladdin bei dessen gefährlichen Abenteuern so gut er kann.

Djinni verkörpert die für Disney typische, amüsant wirkende, und aus diesem Grund auch äußerst wichtige Nebenfigur an der Seite des Helden. Er verleiht der Serie Witz und der Hauptfigur Größe, da er jeder noch so gefährlichen Situation immer etwas Lustiges abgewinnen kann, seine oft unüberlegten Handlungen zu amüsanten Ergebnissen führen und Aladdin in Folge Djinnis Unvollkommenheit im Vergleich stets als der Klügere, als der perfekte Held, erscheint. Djinni ist smart, hat unaufhörlich einen Scherz auf den Lippen, liebt es mit seinem besten Freund Aladdin durch die Lande zu ziehen und das Leben zu genießen. Er ist durch und durch loyal, für jeden Spaß und für jedes Abenteuer zu haben und würde sein Leben jederzeit für seine Freunde geben. Da Djinni in jeder Lebenslage Scherze zu machen pflegt, nimmt er den Situationen ihre Gefährlichkeit und Ernsthaftigkeit. Er verspottet die Bösewichte, lässt sich durch nichts beeindrucken und nimmt es selbst dann gelassen, wenn er selbst zersägt, in die Luft gesprengt oder auf andere Art und Weise getötet wird, da er ein Geist und demzufolge unverwundbar ist.

Doch seine Unbekümmertheit, sein Bestreben zu beschützen, seine Schusseligkeit und seine vorschnellen Handlungen verschlimmern in vielen Episoden die ohnehin gefährliche Situation. Obwohl alle seine Aktionen

---

[383] So spricht er als Frau verkleidet hoch und schrill, verwendet Wiener, Berliner und andere Dialekte oder gibt sich als Franzose, Amerikaner, etc. mit dementsprechender Akzentuierung in seiner Ausdrucksweise.

aus ehrbaren Gründen in Angriff genommen werden, muss in der Regel Aladdin Djinnis Fehler wieder ausbügeln. Hier kommt es manchmal zu Spannungen, da Djinni sich nach etwaigen Beinahe-Katastrophen immer schuldig fühlt, sich daraufhin meist theatralisch und übertrieben entschuldigt (*„Ich habe alles zerstört. Ich bin ein Narr, ein unfähiger, schusseliger Narr! Von nun an werde ich immer auf dich hören! Ich tue alles was du sagst! Bitte verzeih mir!"*) und Aladdin ihn darauf hinweist, dass er das nächste Mal vorsichtiger und bedachter sein soll. Djinni verliert nach Eigenfehlern und Kritik meist sein Selbstvertrauen, da er trotz seiner Agilität, seiner Liebe zu Spiel, Spaß und Vergnügen und seiner Unbekümmertheit sehr sensibel und unsicher ist. Am Ende einer Folge wendet sich jedoch alles zum Guten, da Djinni durch Eigenleistung sein Selbstwertgefühl und das Vertrauen seiner Freunde zurückgewinnt.

Prinzessin Jasmin:

Prinzessin Jasmin ist die Tochter des Sultans von Agrabah und lebt mit ihrem Vater im Palast. Sie hat langes, schwarzes Haar, dunkles, große Augen und eine zarte, gut gebaute Figur. Genau wie Aladdin heben ihr dunkler Teint, ihre exotische Bekleidung und der orientalische Schmuck ihre arabische Abstammung hervor. Jasmin trägt große Ohrringe und in der Regel ein rosafarbenes Kleid mit passender Schleife im Haar.

Jasmin und Aladdin verbindet ein inniges Band der Freundschaft und Liebe miteinander, wobei nicht klar wird, in welchem Verhältnis die beiden zueinander stehen. Die Vermutung, dass sie verlobt sind, liegt ob Aladdins Status im Palast jedoch nahe. Die Tochter des Sultans kämpft in vielen Episoden zusammen mit ihren Freunden gegen jene, die ihrer Stadt, ihrem Volk oder ihren Freunden Leid antun wollen.

Als einzige periodisch auftretende weibliche Protagonistin verkörpert Jasmin das Bild der Frau, oder ihr Aussehen, ihren Stellenwert, ihre Rechte und ihre Charakterzüge. Obwohl sie ihrem Vater untersteht, und auch Aladdins Leben weniger Einschränkungen auferlegt sind als dem ihren, ist sie eine Frau mit eigenem Willen, die sich durchzusetzen weiß[384]. Ihr zierliches Äußeres und die süße, helle Stimme wecken bei Männern immer

---

[384] Auch wenn sie damit die Gesetze, Regel und Befehle ihres Vaters brechen muss (So stiehlt sie sich etwa in einer Folge als Junge verkleidet aus dem Palast, obwohl der Sultan ihr dies verboten hatte).

wieder den Beschützerinstinkt, obgleich Jasmin sehr wohl in der Lage ist sich selbst zu helfen. Sie ist liebenswert, freundlich, mutig, selbstlos und intelligent, doch auch eigensinnig, ungehorsam und in mancherlei Hinsicht etwas naiv. Ähnlich wie die anderen Nebenfiguren der Serie hat Jasmin in den meisten Abenteuern einen maßgebliche Anteil am Erfolg bei der Bezwingung des Bösen, doch erntet letztendlich immer Aladdin die Lorbeeren für den Sieg, da er die rettende Idee hatte oder den vernichtenden Schlag ausführte[385]. Aladdin ist der Held, seine Freunde „nur" Gehilfen.

So scheint Jasmin trotz ihrer Fähigkeiten, ihrer Intelligenz und ihrer Aktivität in vielen Episoden hauptsächlich hübsches Beiwerk zu sein, das zwar nicht absolut hilflos ist, dem man aber dennoch nicht zutraut eine Gefahr alleine, ohne männliche Hilfe, abzuwenden[386]. Sie ist gleichzeitig emanzipiert und gefangen in einer von Männern beherrschten Welt, selbstständig und von Männern wie ihrem Vater oder Aladdin abhängig, stark und schwach. Ein gutes Beispiel bietet hier die Folge „Das Geheimnis von Dagger Rock", da diese Bi-Polarität hier gut zu erkennen ist. Aladdin wird gefangen genommen, der Sultan schickt seine fähigsten Männer für dessen Befreiung und verbietet Jasmin, sich der Rettungsgruppe anzuschließen. Doch sie missachtet den Befehl ihres Vaters, stiehlt sich heimlich aus dem Haus und rettet schlussendlich ihren Freund Aladdin. Auf den ersten Blick scheint diese Geschichte ein ideales Beispiel für weibliches Heldentum, für die Emanzipation der Frau, zu sein, doch bei näherer Betrachtung ist dem nicht so. Jasmin verkleidet sich als Mann, um den Palast überhaupt verlassen zu können[387], und Djinni begleitet sie auf ihrem Weg. Der Geist beschützt sie, passt auf sie auf. Echte Helden brauchen jedoch keine Anstandsdamen oder Beschützer, sie können auf sich selbst aufpassen. Jasmin hat zwar alle Attribute und Charakterstärken eines wahren Helden, doch ist sie erstens eine Frau und zweitens die Freundin des Helden[388], wodurch ihre Stellung schon vorbestimmt ist.

---

[385] Außer eine Nebenfigur tritt in einer Episode als Hauptheld in Erscheinung.
[386] wenngleich die Episode „Das Geheimnis von Dagger Rock" das Gegenteil behaupten
[387] was ein männlicher Held mit Sicherheit nicht getan hätte
[388] und somit gezwungen, seine Eigenschaften und seine Makellosigkeit zu unterstreichen

Abu, der Affe:

Abu ist Aladdins kleiner, brauner Affe. Dies wird bereits durch sein Outfit deutlich, da er wie Aladdin ein lila Hütchen und ein Gilet trägt. Abu spricht nicht, sondern artikuliert sich für den Zuseher unverständlich, in Form von schrillen Kreischlauten, die jedoch von seinen Freunden verstanden werden.

Abgesehen von jenen Folgen, in denen er zur Hauptfigur wird, steht Abu, was seine Bildschirm- und seine Handlungspräsenz in den jeweiligen Abenteuern betrifft, stark im Hintergrund. Er versucht zwar, soweit es ihm aufgrund seiner Größe und seiner Fähigkeiten möglich ist, bei den Kämpfen gegen diverse Bösewichte seinen Teil beizutragen, doch beschränkt sich dieser in der Regel auf Daumen drücken und motivierende Zurufe abseits des Geschehens. Abus Handlungen und Aktionen wirken sehr oft amüsant, da er seinen Freunden gerne mehr helfen möchte und dadurch oft Situationen entstehen, in denen er beispielsweise einem übermächtigen Gegner angriffslustig gegenüber steht und ihn zum Kampf auffordert, obwohl auf den ersten Blick deutlich wird, dass der kleine Affe keine Chance hat gegen den Gegner zu bestehen.

Iago, der Papagei:

Iago ist ein kleiner, roter Papagei, der zusammen mit Jasmin im Palast wohnt. Er kennzeichnet sich durch einen überdimensional großen, orangen Schnabel, blauen Flügel- und blauen Schwanzspitzen aus, und ist im Gegensatz zu Abu in der Lage zu sprechen.

Iagos Bildschirmpräsenz verdeutlicht seine Funktion in der Serie, da er wie Abu zwar ständiges Personal ist, jedoch selten eine bedeutungsträchtige Aufgabe zu erfüllen hat. Er kommentiert das Geschehen, gibt in der Regel wenig wertvolle Ratschläge und verkörpert somit einen weiteren „Witzfaktor", da seine Handlungen und Kommentare komisch und lustig wirken. Iagos Charakter zeigt ebenso wie jener aller anderen Nebenfiguren Schwächen auf. Er ist selbstsüchtig, feig, träge und faul, pessimistisch, liebt den Luxus und drückt sich wenn irgendwie möglich vor jeder Arbeit oder verantwortungsvollen Aufgabe. Doch da Iago den Vertretern der „guten" Seite zuzuordnen ist, wird diese beträchtliche Anzahl an schlechten Eigenschaften durch wesentlich stärker ausgeprägte Charakterstärken aufgehoben. So weigert er sich zu Beginn eines Abenteuers meist strikt seinen Freunden zu helfen, sein Luxusleben im Palast zu verlassen oder sich selbst als Köder für einen Bösewicht herzugeben. Diese Grundeinstellung ändert sich jedoch im Lauf einer Episode, da Iago feststellen muss, dass ihm seine Freunde doch wichtiger sind als seine materiellen Freuden, und so tut er schließlich das Richtige. Iago vertritt somit den pessimistischen, schlecht gelaunten Charakter, der für den Zuseher aber aufgrund seiner formalen, äußeren Ausstrahlung[389], seiner Stimme[390] und seiner Handlungen und Reden mehr belächelnswert und amüsant als ernstzunehmend wirkt.

Der fliegende Teppich und Der Sultan von Agrabah:

Der fliegende Teppich hat ein orientalisches Muster, ist viereckig und vier Knoten mit Fransen zieren jedes seiner Ecken. Er ist ebenfalls zur Freundesgruppe von Aladdin zu zählen und hilft in jeder Folge die Widersacher unschädlich zu machen. „Unterhält" er sich mit jemandem, steht er in der Regel aufrecht auf zwei seiner Eckfransen und gestikuliert mit den oben befindlichen Teppichenden. So wird er in gewisser Weise vermenschlicht, indem er auf zwei Fransen steht und die anderen beiden als Hände benutzt. Wie Abu verstehen seine Freunde ihn ohne Schwierigkeiten, womit er nicht nur ein Beförderungsmittel, sondern eine Figur mit Charakter wird.

Der Sultan von Agrabah ist ein kleiner, untersetzter, alter Mann mit weißem Vollbart. Er trägt in der Regel einen hellen, mit Goldrändern verzierten, exotisch wirkenden Anzug mit dazu passendem Kopfschmuck. Er lebt zusammen mit Jasmin, vielen Dienern und Wachen in seinem Palast in Agrabah und regiert sein Land.

Der Sultan spielt in der Serie eine untergeordnete Rolle, da er trotz seinen periodischen Auftritten für den Ausgang einer Geschichte nichts beizutragen hat. Er ist gutmütig, gutgläubig, freundlich, verspielt und liebt sein Volk. Viele gefährliche, zwielichtige oder seltsam erscheinende Situationen überfordern ihn restlos, was nicht nur durch seine Tatenlosigkeit, sondern etwa auch durch seine Art zu sprechen und seine

---

[389] Er ist klein, gestikuliert stark, hat ein reiches Mienenspiel und seine Federnfarbe Rot, welche schrill und fröhlich wirkt, steht in starkem Kontrast zu Iagos pessimistischem Charakter.
[390] etwas krächzend, hoch, wechselt rasch zwischen laut und leise

Stimme verdeutlicht wird. So schwingen in des Sultans Reden immer Unsicherheit und sogar etwas Naivität mit, was ihn gegenüber dem Zuseher an Autorität und Macht verlieren lässt. Aus diesem Grund ist es auch nicht erstaunlich, dass Jasmin sich ihrem Vater widersetzt[391], und dieser, wenn Gefahr für sein Land und sein Volk droht, Aladdin mit der Vernichtung des Bösewichts beauftragt. Oft hat es denn Anschein als sei er mehr ein Kind als ein erwachsener Mann. Der Sultan wirkt wie ein sympathischer Opa, der lieber mit seinen Enkelkindern spielt als sich der Konfrontation mit einem Gegner zu stellen.

Beziehungen innerhalb einer Gruppe:

Der Held und die Nebenfiguren der Serie sind die einzigen gruppenbildenden Figuren der Serie, wobei zwischen den einzelnen Charakteren unterschiedliche Verhältnisse vorherrschen. Hier gibt es die Beziehung zwischen Aladdin und seinem Lampengeist Djinni, jene zwischen Aladdin und Jasmin und letztlich noch das große, alle umfassende, Netz an gruppendynamischen Verhältnissen.

Aladdin und Jasmin haben aufgrund ihrer innigen Gefühle füreinander eine tiefe Beziehung, die sich auf vielfältige Art und Weise, jedoch vor allem wenn einer der beiden in Gefahr ist, zeigt. Ohne zu zögern würden sie ihr Leben für den anderen lassen. Wie schon in den Einzelportraits beschrieben, ist Jasmin eine starke, intelligente Frau, was aber, das gesamtheitliche Gefüge betrachtend, untergraben wird. Der Mann, also Aladdin, ist der Held, der seine Geliebte zu beschützen und wenn nötig zu retten hat, und Jasmin verkörpert die hilflose Frau, die ohne männliche Begleitung verloren scheint.

Aladdin und Djinni verbindet ein ebenso starkes Band der Freundschaft, dessen Existenz in jeder Folge erneut bewiesen wird. Djinni ist seinem ehemaligen Meister treu ergeben, und auch Aladdin würde keine Sekunde zögern, seinen Freund aus einer noch so gefährlichen Situation zu befreien. Doch auch hier ist die Beziehung nicht ausgewogen, da Djinnis Eigenarten und Aladdins heldenhafte Perfektion beide in ein unausgewogenes Beziehungslicht rücken. So begeht Djinni immer wieder unnötige Fehler, welche Aladdin anschließend ausmerzen muss. Der vor Energie regelrecht

---

[391] wenn auch nicht in offenkundig (in Konfrontationen), sondern indem sie etwa heimlich aus dem Palast schleicht

sprühende Lampengeist braucht sozusagen einen Freund, der ihn zur rechten Zeit wieder auf den Boden der Tatsachen zurückbringt, wenn er außer Kontrolle zu geraten beginnt. Obwohl Djinni aufgrund seiner Magie über unsagbare Kräfte verfügt, ist Aladdin der Stärkere, Mächtigere von beiden, da er mit Köpfchen und wohl überlegt handelt. Doch ohne Djinnis Unvollkommenheit würde der Überheld Aladdin nicht als solcher hervortreten, und somit verdeutlicht diese intensive Freundschaft zwischen den ungleichen Charakteren den Status des Serienhelden Aladdin.

Das allgemeine Beziehungsgeflecht zwischen den Vertretern der „guten" Seite ist hauptsächlich dadurch gekennzeichnet, dass alle Charaktere durch ihre Handlungen, Denkweisen, Eigenschaften und Gespräche den großen Helden Aladdin noch größer erscheinen lassen. Jeder von ihnen hat zwar etwas zur Lösung eines Problems beizutragen, ist wichtiger Bestandteil des „Teams", doch begeht er bzw. sie bis dahin etliche Fehler, weswegen der Überheld seine Freunde über deren Lapsi aufklären, oder selbst zum letzten vernichtenden Schlag gegen einen Bösewicht ansetzen muss, da anscheinend sonst niemand dazu in der Lage ist.

Beziehungen zwischen Helden und Widersachern:

Trotz der diversen Anzahl an Bösewichten, mit denen Aladdin und seine Freunde in ihren Abenteuern zu kämpfen haben, ihrer unterschiedlichen Charaktergebung und formalen Präsentation, haben sie dennoch eines gemeinsam: Sie begehen den Fehler ihre Gegner zu unterschätzen. Da alle Widersacher Aladdins mit spezifischen Eigenheiten[392] ausgestattet sind, wirken sie zudem oftmals ungefährlicher als sie vorgeben wollen und in gewissen Momenten mitunter sogar belustigend und lächerlich. Somit steht bereits bei einer Gegenüberstellung zwischen Held und Bösewicht Aladdin immer als der Überlegene, als der schlussendlich überragende Sieger fest, wodurch der Zuseher nicht wirklich um seinen Helden bangen muss, da von vornherein klar ist, dass er gewinnen wird. Dies geschieht sowohl auf der formalen als auch auf der inhaltlichen Ebene. Selbst gefangen genommen trotzt Aladdin seinen Feinden, droht ihnen und beleidigt sie. Ein gutes Beispiel hierfür wäre eine Szene aus „Das Geheimnis von Dagger Rock". Aladdin wurde von einem bösen Magier namens Mogelrat entführt

---

[392] unter anderem Tollpatschigkeit, Selbstzweifel (trotz nach außen getragener Selbstsicherheit), ungewollte Selbstironie, etc.

und in dessen Höhle an eine Wand gefesselt. Doch obwohl Mogelrat im Vorteil ist, versetzt Aladdin ihm verbal einen Schlag nach dem anderen, sodass dieser wütend wird und ihn töten möchte. Der Held zeigt jedoch keine Furcht, ja wird formal betrachtet sogar mächtiger dargestellt als sein Geiselnehmer. So ist Aladdin ausschließlich aus der Froschperspektive oder Augenhöhe zu sehen. Dies ist einerseits dadurch zu erklären, dass er über Mogelrat an die Wand gefesselt ist und somit ausschließlich der Höhenunterschied aufgezeigt werden will, kann andererseits jedoch auch durch Aladdins moralische Überlegenheit interpretiert werden.

Die inhaltliche Thematik, der Konflikt zwischen Gut und Böse, und der stereotype Sieg des Helden wird somit bereits in der Beziehung zwischen den Widersachern charakterisiert und aufgearbeitet, womit das Ende einer Konfrontation vorausgesehen werden kann

6.2 Der Vergleich zwischen den Serien

Vor der tatsächlichen Gegenüberstellung der amerikanischen und japanischen Zeichentrickserien werden in einem ersten Schritt die beiden Produkte gleichen Landesursprungs miteinander verglichen, um bereits hier etwaige auftretenden Unterschiede hinsichtlich formaler und inhaltlicher Darstellungsformen aufzuzeigen, da aufgrund ihrer Zielgruppenspezifität neben einer Vielzahl an Gemeinsamkeiten auch Kontrastpunkte zu erwarten sind. Anschließend sollen die hier ausgearbeiteten Similaritäten bzw. Unterschiede den Vergleich der Anime mit den US Cartoons erleichtern. In einem letzten fazitären Kapitel werden die aufgestellten Forschungsfragen aufgegriffen und mit den vergleichenden Ergebnissen in Beziehung gesetzt.

6.2.1 Shoujo- vs. Shonen-Anime

Japanische Zeichentricks haben im Westen den Ruf, aus einer großen, fließbandähnlichen Produktionsmaschinerie zu stammen, weswegen ihnen oft nachgesagt wird, dass sie von schlechter Qualität und aufgrund ihrer Unität grundsätzlich beliebig austauschbar sind. Diese Behauptung enthält zwar einen wahren Kern, kann jedoch trotzdem nicht befürwortet werden, da der japanische Zeichentrick aufgrund seiner Genrevielfalt inhaltlich und formal so zahlreichen Facetten aufweist, dass etwaige, in einer Reihe von Anime zu findende, Eigenheiten nicht auf das gesamte Genre generalisiert werden können. Der hier stattfindende Vergleich nur zweier verschiedener Anime zeigt bereits, dass neben bestimmten formalen und auch inhaltlichen Gemeinsamkeiten[393] doch eine Vielzahl an Unterschieden in zielgruppenvariierenden Zeichentricks ausgemacht werden können.

Um deutlich zu machen, inwieweit Mädchen- und Jungentricksendungen sich voneinander abgrenzen, in welchen Punkten sie harmonieren und ob aus diesen Gemeinsamkeiten vielleicht Rückschlüsse über typische japanische Stilmittel bzw. typische inhaltliche Thematisierungen geschlossen werden können, fasst der erste Abschnitt jene Aspekte zusammen, die in beiden Anime zu finden sind. Geschlechtsspezifische Unterschiede können im Anschluss daran, mit Aufzeigen der variierenden inhaltlichen als auch formalen Präsentation der Zeichentrickserien, erhoben werden.

6.2.1.1 Gemeinsamkeiten

Die erste, in beiden Anime zu findende, sofort ersichtliche Eigenheit, besteht in ihrer speziellen Produktionsform, der Teilanimation. Diese aus Kostengründen oft präferierte Trickfilmherstellung in japanischen Trickfilmen lässt die Figuren und Gegenstände starr und unbeweglich, die gesamten Handlungen weniger dynamisch erscheinen. Daraus resultierend ergeben sich eine Reihe weiterer Merkmale, die für den japanischen Cartoon kennzeichnend sind. Um die offensichtlichen Mängel zu umgehen, arbeiten die Animatoren mit bestimmten Effekten und Tricks, welche beim Zuseher trotz fehlender Bewegung der Figuren den Anschein von Dynamik und Schnelligkeit erwecken. So wird etwa in diversen Szenen sehr schnell geschnitten[394], Split Screens teilen das Bild in mehrere Abschnitte[395] oder bewegte, meist aus Linien und unterschiedlichen Farben bestehende

---

[393] wovon viele im Westen als die stereotypen Anime-Merkmale gehandhabt werden
[394] alle ein bis zwei Sekunden ein Schnitt
[395] Da somit vom Publikum mehrere Bilder gleichzeitig erfasst werden müssen, erscheint die Handlung schneller, obwohl sich etwa die Schnittgeschwindigkeit, die Musik oder sonstige formale Stilmittel, mit denen Spannung und Bewegung erzeugt wird, nicht geändert hat.

Hintergründe, lenken von der starren Frontfigur ab[396]. Der größte Nachteil dieser eingeschränkten Animationstechnik zeigt sich jedoch dann, wenn die Zeichentrickcharaktere ihre Handlungen und Gedankengänge gestisch unterstreichen, ihre Gefühle und Emotionen zeigen sollen. Doch auch hier zeigen die Zeichner Kreativität und umgehen das Problem mit Hilfe einigen bereits aus dem Realfilm bekannten Techniken oder eigens zu diesem Zweck aus dem Comic-Genre übernommenen Stilmitteln. Eine dieser ideenreichen Möglichkeiten die Nachteile der Teilanimation zu umgehen findet sich im oft diskutierten, im Westen als typisch erachteten, äußeren Erscheinungsbild der in Anime agierenden Personen. Im sogenannten „Kindchen-Schema" gezeichnete hellhäutigen Gesichter mit großen Kulleraugen, nur angedeuteten Nasen und winzig kleinen Mündern sind so wenig asiatisch, dass die Frage nahe liegt, wieso japanische Zeichner ihre Helden und Heldinnen nicht nach ihrem eigenen Abbild erschaffen. Doch auch die Antwort liegt nahe: Da die Augen bekanntlich die Seele eines Menschen, seine Hoffnungen und Ängste wiederspiegeln, und japanische Trickfilme aufgrund ihrer teilanimierten Produktion Schwierigkeiten im Vermitteln dieser Emotionalität haben, sollen die großen, runden Augen helfen, dem Publikum die Gefühle der Akteure näher zu bringen. Weitere in beiden Anime verwendete wirkungsverstärkende Mittel sind unter anderem zahlreiche Zu- und Wegfahrten auf die Gesichter der Charakteren, Groß- und Detailaufnahmen bestimmter Körperpartien und eine Vielzahl an cartoonesken Elementen wie Punkte, Striche, Tränen, Herze, etc. Sailor Moon himmelt beispielsweise einen jungen Mann an, wobei ihre Verliebtheit durch um ihren Kopf fliegende rosa Herze verdeutlicht wird, oder Son-Goku erschrickt beim Anblick eines plötzlich erscheinenden Gegners und kleine, ebenfalls um sein Gesicht drapierte, Punkte vermitteln dem Zuseher seine Überraschung. Anime bedienen sich demnach der aus Comic-Heften bekannten handlungsverstärkenden Bildsprache, um die Gedankengänge und Aktionen ihrer Helden und Heldinnen zu visualisieren.

Eine weitere, die formale Präsentation betreffende, Gemeinsamkeit zeigt sich in der klar erkennbaren szenenbedingten Variation der

---

[396] Diese sind in „*DragonBall*" häufiger als in „*Sailor Moon*" zu finden. Da in beiden Anime die Technik der Hintergrundanimation in der Regel ausschließlich bei Kämpfen verwendet wird ist dies auch nicht verwunderlich, da der Kampfanteil pro Folge in „*DragonBall*" um einiges höher ist als in der Mädchen-Serie.

Schnittfrequenz. Sehr schnell geschnittene aktionsgeladene Szenen werden von ruhigen, informationsorientierten Handlungsabschnitten abgelöst, in denen scheinbar wenig passiert und mindern so die sich stetig steigernde Spannung. Der Zuseher kann sich in diesen kleinen Entspannungspausen erholen und dem darauf folgenden Kampf- oder Actiongeschehen wieder konzentrierter folgen.

Sowohl „Sailor Moon" als auch „DragonBall" zeichnen sich durch eine komplex durchdachte Geschichte aus. Die einzelnen Episoden erzählen, abgesehen von den Folgenabenteuern, aneinandergereiht eine übergeordnete Geschichte, in deren Verlauf ununterbrochen für das Gesamtgerüst wichtige Detailinformationen gegeben werden. So ist es für den Zuseher schwierig innerhalb einer Staffel einzusteigen, da ihm das dafür nötige Hintergrundwissen fehlt. In den jeweiligen Episoden wird bis kurz vor Staffelende in der Regel ein abgeschlossenes Abenteuer erzählt, in welchem eine bestimmte Gefahr abgewendet, das darüber stehende, dafür verantwortliche Übel jedoch noch nicht besiegt werden konnte. So kehrt mit Abschluss einer Folge kurzfristig wieder ein idyllartiger Zustand ein, der Zuseher weiß jedoch genau, dass die Gefahr noch nicht gebannt ist. Das große Finale am sich abzeichnenden Ende einer Staffel zeigt sich durch die Verdichtung an gefährlichen, meist lebensbedrohlichen Situationen, die selbst am Episodenende nicht abgewendet werden können. Die Folgen schließen demnach mit einem Cliffhanger und erinnern damit stark an die Dramaturgie von „Daily Soaps", welche durch den Ausstieg am Spannungshöhepunkt das Interesse des Publikums zu halten versuchen, um sie am nächsten Tag erneut zum Einschalten zu bewegen. So kann auch nicht von einer sich durch die gesamte Serie ziehenden Dramaturgie gesprochen werden, da es einerseits jene Folgen gibt, die zu Beginn und am Episodenende eine Idylle zeigen, welche durch das Auftreten der Bösewichte zerstört und mit deren Vernichtung wieder hergestellt wird, die Serien andererseits jedoch auch Folgen ohne jegliche sogenannte Restaurationen des Guten aufweisen.

Beide Anime verbindet ihr sehr schnell geschnittener Vorspann mit lauter Technomusik, in dessen Verlauf die Haupthelden visuell und mittels des Titellieds vorgestellt werden. Dieser schwungvolle Einstieg wird in jeder Episode von einem Off-Sprecher abgelöst. Hier zeigen sich jedoch Unterschiede zwischen den Serien, da in „Sailor Moon" die Heldin mit einigen, die folgende Episode zusammenfassenden, Worten selbst ins Geschehen einführt und „*DragonBall*" mit einem neutralen männlichen Sprecher arbeitet, welcher zu Beginn die Ereignisse der letzten Folge(n) kurz erläutert und sich nach der etwa zwanzigminütigen Sendung erneut zu Wort meldet und damit sozusagen den dramaturgischen Rahmen spannt.

Eine weitere, im Grunde logisch nachvollziehbare, Eigenheit der beiden Anime stellt die Miteinbeziehung kultureller Gegebenheiten in den Abenteuern dar. So ist Sailor Mars etwa eine Priesterin in einem buddhistischen Tempel, wodurch etwa in einigen Episoden eine Reihe japanisch-religiöser Riten und Aberglauben humorvoll und mitunter ironisch dargestellt werden, viele Monster wurden in Anlehnung an bekannte Sagen- und Legendengestalten konstruiert und wichtige Feiertage[397] finden sich ebenfalls in einigen Folgen wieder. Doch auch die das alltägliche Leben betreffende Handlungen wie Teezeremonien, oder ausschließlich in Japan verwendete Gesten[398] gehören ebenso zu Anime wie ihre formalen Eigenheiten. Bestimmte im östlichen Kulturkreis als selbstverständlich erachtete Inhalte oder Darstellungen erregen im Westen ob seiner scheinbaren Obszönität und dem Unverständnis der europäischen oder amerikanischen Zuseher großes Aufsehen[399]. So finden sich sowohl in „*Sailor Moon*" als auch in „*DragonBall*" nackte Körper, Blut und Schrammen an Verletzten[400] oder alte, grabschende Lustgreise, denen beim Anblick junger Mädchen das Blut aus der Nase schießt[401]. Auch die Thematisierung des Todes findet sich in beiden Zeichentrickserien wieder[402], was mitunter darauf zurückzuführen ist, dass das Ableben und die damit verbundenen Ängste, Leiden und sonstigen Emotionen in Japan auf eine andere Art und Weise als im Westen behandelt werden. So wird etwa der Todestag eines Verstorbenen ähnlich wie sein Geburtstag gefeiert (vgl. Poitras 1999, S. 81).

---

[397] Kirschblütenfest, Bon (Fest zur Huldigung der Ahnen)
[398] So zeigt man jemandem seinen Respekt oder seine Zuneigung indem man ihn bedient oder demjenigen etwa sein Glas einschenkt (vgl. Poitras 1999, S. 25).
[399] vor allem bei Pädagogen, Erziehern und Eltern
[400] dies jedoch verstärkt in „*DragonBall*"
[401] was deren sexuelle Erregung zeigen soll
[402] Bösewichte aber auch Helden sterben, obwohl ihr Tod meist kein endgültiger ist, da sie entweder wieder ins Leben zurückgerufen werden können („*Sailor Moon*" und „*DragonBall*") oder sie im Jenseits weiterleben („*DragonBall*").

Ein sehr wichtiger inhaltlicher Aspekt ist die Humorisierung vieler Situationen. Kämpfe werden mit witzigen, verbalen Schlagabtäuschen verharmlost, die oft tollpatschig und ungewollt wirkenden Gesten, Mimiken und Handlungen der Figuren wirken amüsant und lockern dadurch viele Szenen auf. Im Grunde gefährliche und ernste Situationen verlieren dadurch ihre Härte.

Die Auseinandersetzung zwischen Gut und Böse hat in beiden Anime einen hohen Stellenwert und gehört zu den, in beinahe allen Episoden zu findenden, Grundkonflikten der Serien. Große Similarität lässt sich auch in der Darstellung der Charaktere[403] und ihren Beziehungen untereinander ausmachen. So sind die Haupthelden der Zeichentricks Kinder bzw. heranwachsende Jugendliche, welche im Laufe der verschiedenen Staffeln wachsen, viel an Erfahrungen dazulernen und sich langsam zu Erwachsenen entwickeln. Dieser Reifeprozess setzt jedoch voraus, dass die Helden und Heldinnen alles andere als vollkommen und perfekt sind. Jeder von ihnen hat Schwächen, Macken und Probleme, mit denen sie immer wieder konfrontiert werden und welche sie letztendlich durch ihr eigenes Zutun und die Hilfe ihrer Freunde bewältigen. Die Fehlbarkeit und Unvollkommenheit der Haupthelden und Hauptheldinnen spiegelt die Wirklichkeit realistischer wider, und ermöglicht dem kindlichen Rezipienten vielleicht sich besser mit den Figuren zu identifizieren, da es damit die eigenen Fehler erkennen und kompensieren kann. Eine erste Botschaft ist somit bereits zu erkennen: Man muss nicht perfekt sein, um ein Held sein zu können!

Beide Cartoons kennzeichnet ihre Menge an Heldenfiguren. Die speziell aufeinander angepassten Charaktere mit ihren unterschiedlichen Stärken und Schwächen liefern dem Zuseher verschiedene Typen zu Identifikationszwecken. Die Verschiedenheit der Helden ist auch für deren Beziehungsverhältnis ein maßgeblicher Faktor. Da jeder einzelne sich in gewissen Belangen von seinen Mitstreitern abhebt, in einer bestimmten Angelegenheit der bzw. die beste ist, und sie sich somit als Gruppe perfekt ergänzen, gibt es in ihrem freundschaftlichen Verhältnis keine hierarchische Strukturierung. Zusätzlich zu den periodisch auftretenden Haupthelden agieren zahlreiche Helfer und Nebenfiguren, deren Anzahl

---

[403] sei es gut, sei es böse

von Geschichte zu Geschichte variiert. Die Menge an Identifikationscharakteren ist demnach groß.

Bei der Darstellung und dem Auftreten der Bösewichte lassen sich ebenfalls Gemeinsamkeiten erkennen. So sind diese etwa in beiden Serien in ein klar erkennbares hierarchisches System eingebettet. Ein Ober-Bösewicht[404] befehligt eine kleine Gruppe von Handlangern, welche meist wiederum die Befehlsgewalt über zahlreiche Untergebene haben. Sowohl in „Sailor Moon" als auch in „DragonBall" müssen die Helden zuerst gegen schwächere Dämonen, Geister, Riesen, etc. kämpfen, um bis zum Ende der jeweiligen Staffel mit stetig stärkeren Gegner konfrontiert zu werden. So treten in den einzelnen Episoden einerseits immer dieselben, höhergestellten Bösewichte auf, andererseits müssen die Guten jedoch auch gegen neue Widersacher kämpfen, welche sie natürlich besiegen.

Ein wichtiger Aspekt in der Darstellung der bösen Charaktere ist, dass diese nicht durch und durch schlecht gezeichnet sind. Viele von ihnen haben nachvollziehbare Gründe für ihr Handeln[405]. Weiters werden die Bösewichte auch nicht grenzenlos grausam, kalt und unbesiegbar präsentiert. Sie haben wie auch die guten Helden ihrerseits Schwächen und Gefühle, und werden nicht selten etwas lächerlich und mit viel Ironie und Satire dargestellt. Somit wird ihre Bösartigkeit einerseits erklärt und andererseits durch die oftmals zu belächelnde Zurschaustellung ihrer Fehler abgeschwächt. Der Kontakt mit den Guten und deren Einfluss führt in der Folge nicht selten zur Bekehrung und zum Wechseln der Seiten, was die starre Grenze zwischen Gut und Böse verschwimmen lässt. Diese Läuterung geht meist mit einer physischen Veränderung einher, indem sich etwa das äußere Erscheinungsbild ehemaliger Widersacher verändert oder sich ihre Art zu sprechen wandelt[406].

Allen Bösewichten ist jedoch eines gemein: Sie begehen den Fehler ihre Gegner und deren Stärke maßlos zu unterschätzen, was auch meist der Grund dafür ist, dass sie letztendlich besiegt werden können.

---

[404] Frau oder Mann
[405] unerwiderte Liebe, Enttäuschung, Unterdrückung, Hass und Machtstreben aufgrund unerfahrener Zuneigung und Liebe, etc.
[406] Sie bekommen hellere Stimmen, sprechen kindlicher und naiver.

6.2.1.2 Unterschiede

Ein erster Kontrastpunkt zwischen „Sailor Moon" und „DragonBall" findet sich in der Geschlechteraufteilung. Während in „Sailor Moon" ausschließlich weibliche Hauptprotagonisten im Mittelpunkt stehen und das starke Geschlecht eine passive Rolle einnimmt, agieren in „DragonBall" männliche Helden, was aufgrund ihrer Zielgruppenspezifität logisch erscheint. Dieser erste Aspekt zwischen Shoujo- und Shonen-Anime kann als Basis für alle weiteren Unterscheidungsmerkmale betrachtet werden, da er in den meisten Fällen die Begründung für gegensätzliche formale und inhaltliche Präsentationen liefert[407].

Obwohl die Thematisierung des Konflikts zwischen Gut und Böse in beiden Zeichentrickserien zu finden ist, lässt sich erstens eine Reihe verschiedener anderer Inhalte in den beiden Cartoons finden, und grenzt sich zweitens die serienspezifische Darstellung von Helden und Widersachern in vielen Situationen stark voneinander ab.

Spielen in „Sailor Moon" neben der Bekämpfung des Bösen soziale Themen wie Freundschaft, Vertrauen, Selbstlosigkeit und vor allem die Liebe eine maßgebliche Rolle, so stehen in „DragonBall" Inhalte wie Abenteuer, Kampftrainings und Turniere an erster Stelle[408], was die Kombination mit der „Gut versus Böse-Thematik" erleichtert, wenn nicht sogar voraussetzt, da in der Regel keine Kämpfe und diesbezügliche Übungen ausgetragen werden können, wenn es keine Gegner gibt. „Sailor Moon" hebt sich von „DragonBall" demnach bezüglich der Kombination ihrer einerseits physischen, andererseits psychischen Konfliktbewältigung ab. Der Einsatz von Gewalt wird begründet, indem die Helden, ihre Schützlinge oder andere hilflose Opfer angegriffen werden. Sailor Moon und ihre Freunde würden niemals kämpfen, wenn sie nicht dazu gezwungen wären. Mit dem Konflikt zwischen Gut und Böse lässt sich in „Sailor Moon" auch immer eines der sozialorientierten Themen ausmachen, welches meist zur Rechtfertigung der Kampfattacken dient.

---

[407] Da Jungen und Mädchen unterschiedliche Vorlieben und Fernsehfavoriten haben, andere Inhalte bevorzugen und demnach speziell für eine der beiden Geschlechter konzipierte Serien auf diese Aspekte Rücksicht nehmen müssen um Erfolg zu haben werden in Jungen- und Mädchen-Cartoons unterschiedliche Themen behandelt.

[408] Die Liebe wird in all ihren Facetten in die Geschichte miteingebaut. So gibt es etwa auch lesbische und schwule Pärchen.

Die Helden lassen ihre Gegner kurz vor der darauf folgenden physischen Auseinandersetzung in prosaischen Sätzen wissen, dass und weshalb ihr Handeln unrecht ist. In *„DragonBall"* ist der Kampf an sich nichts Schlechtes. Die Helden kämpfen gerne und trainieren um ihre Fähigkeiten zu verbessern. Ernste Auseinandersetzungen mit anderen werden von vielen Hauptfiguren oftmals als willkommenes Training angesehen, das ihnen nicht selten Spaß und Freude bereitet. Im Gegensatz zum Mädchen-Anime ist der Konflikt mit einem Widersacher jedoch nicht unbedingt in jeder Folge vorzufinden, da sich die Helden etwa eine Episode lang nur ihrem Training widmen[409]. Andererseits bestehen andere Folgen wieder ausschließlich aus einem oder mehreren Kämpfen, was in *„Sailor Moon"* nie passiert, da die Sozialthematik in jeder Einzelgeschichte zeitlich ebenso lange behandelt wird wie der Konflikt zwischen Gut und Böse, und es zweitens immer nur einen Widersacher pro Episode zu besiegen gilt.

Aufgrund der unterschiedlichen Herangehensweise an die Konfrontationsdarstellung von Helden und Widersacher und den verschiedenen thematischen Schwerpunkten lassen sich auch in der Präsentation von physischen und psychischen Gewaltformen Gegensätze finden. Der körperliche Einsatz von Gewalt findet sich zwar in beiden Anime wider, doch wird er in *„Sailor Moon"* ausschließlich zur Verteidigung, zur Notwehr gegen das Böse verwendet, wogegen der körperbetonte Kampf und das Messen mit dem Gegner in *„DragonBall"* erklärtes Ziel der Helden ist, obgleich der Notwehr- und Gerechtigkeitsaspekt in vielen Fällen ebenso zum Tragen kommen. Die Konsequenzen der ausgeübten Gewalt werden ebenfalls unterschiedlich stark präsentiert. Die Helden und Bösewichte im Shonen-Anime bluten, sind klar sichtbar verwundet[410] und drücken dies sowohl gestisch, mimisch als auch verbal aus, und dies in beinahe allen Kämpfen, wohingegen die Verletzungen der Kämpfenden in *„Sailor Moon"* meist abgeschwächt dargestellt, nur angedeutet oder gar nicht gezeigt werden. Die Gewaltdarstellung hält sich alle Aspekte betrachtend in beiden Zeichentricks die Waage, da *„DragonBall"* zwar durch das Zeigen von Blut und Schrammen einerseits einen gewissen Realismus in die Kampfpräsentationen und die dahinter steckende Gewalt bringt, diese Ge-

---

[409] In welchem der Handlungshöhepunkt die Überwindung des eigenen Selbst und das Erreichen eines höheren Kampfniveaus darstellt.

[410] haben Schrammen, Schürfwunden oder sogar Knochenbrüche

walt jedoch andererseits zu einer Art Spiel oder Übung degradiert wird, da die Helden Spaß daran zu haben scheinen und sie mit Eifer in den Kampf gehen, um besser zu werden und ihr Kampflevel zu erhöhen. Außerdem finden sich speziell in diversen Kampfszenen bereits erwähnte, in beiden Anime verwendete, Effekte wie bewegte Hintergründe, Split Screens, oder Comic-Bildsprache, was wiederum dem realistischen Wirkungsgrad der Szenen entgegenwirkt, da der Cartooncharakter der Serie dadurch zusätzlich hervorgehoben wird. „Sailor Moon" verabsäumt es, verglichen dazu, auf der einen Seite in seinen Kampfszenen etwaige Konsequenzen aufzuzeigen, der Konflikt zwischen Gut und Böse ist jedoch andererseits sehr dramatisch gestaltet und vermittelt die Ernsthaftigkeit, welche hinter den Taten der Heldinnen steht[411], obwohl anzumerken ist, dass beide Anime ihre Kampf- und Gewaltszenen mit viel Humor anreichern, um sie für den Zuseher amüsanter und weniger brutal zu machen.

Was den verbalen Gewaltanteil der Serien betrifft, hat „DragonBall" einen deutlich rüderen Umgangston vorzuweisen. Obwohl sich Helden und Widersacher auch in „Sailor Moon" oftmals "in die Haare bekommen", finden sich im Jungen-Anime schlimmere Schimpfwörter[412], gehässigere Bemerkungen[413] und in manchen Fällen sogar handgreifliche Auseinandersetzungen zwischen Vertretern der gleichen Lager.

Zusätzlich zum Gewaltaspekt lassen sich sowohl in „Sailor Moon" als auch in „DragonBall" sexuelle Anspielungen bzw. Darstellungen ausmachen, die jedoch unterschiedlich präsentiert werden. Werden in der Jungen-Serie etwa lüsterne Tattergreise, Detailaufnahmen von Brüsten oder Poansätzen und viele verbale Zweideutigkeiten bezüglich Sex und Erotik eingebracht, kommt die Sexualisierung im Mädchen-Cartoon fast ausschließlich mittels der bildlichen Präsentation der Heldinnen zum Tragen. Ihre Körper stecken in superkurzen Miniröcken, ihre Figur ist überzogen perfektionalisiert, und während sie sich verwandeln sind sie kurze Zeit nackt[414] zu sehen.

---

[411] denn schließlich müssen sie in der Regel die Erde retten
[412] Im Mädchen-Cartoon sind Worte wie „blöde Kuh" oder „dumme Ziege" die schrecklichsten Schimpfwörter, wohingegen in „DragonBall" Bezeichnungen wie „Volltrottel" oder „Hirnschisser" keinen Seltenheitswert haben.
[413] „SailorMoon": „Du bist so blöd und kindisch!" „DragonBall": „Ich hasse dich!" oder „Dir hat wohl die Sonne das Gehirn versengt!"
[414] wenn auch shilouettenhaft

Ein weiterer Unterschied zwischen den Serien stellt die Welt dar, in welcher sich die Geschichten und Abenteuer zutragen. Leben die Heldinnen aus „Sailor Moon" etwa in einer, abgesehen von kulturellen Kontroversen, dem Publikum vertrauten Umgebung[415], wandern Son-Goku und seine Freunde durch eine utopische Landschaft. In ersterem gibt es zwar zusätzlich die fremden Dimensionen, außerirdische Wesen, Dämonen, Geister, vergangene und zukünftige Zeiten in merkwürdig aussehenden Gegenden, und etliches mehr, doch ist das Hauptgeschehen in der Gegenwart und somit in einer „normalen" Erdumgebung verankert, mit der sich der Zuseher identifizieren kann. Nur mit dem Einsatz ihrer Superkräfte ist es den Heldinnen möglich ihre Welt zu verlassen und in die fremden, meist gefährlichen Dimensionen einzudringen, da darin ihre Widersacher, die Bösewichte, hausen. In „DragonBall" befinden sich alle Figuren auf ein und derselben Ebene bzw. Dimension, wenn sie auch von unterschiedlichen Planeten kommen können.

Die Helden und Heldinnen betreffend kann festgestellt werden, dass in „Sailor Moon" die Schwächen der einzelnen Protagonistinnen stärker ausgeprägt sind als jene der Helden in „DragonBall". Schlussfolgernd spielt Teamwork und Gruppenzusammengehörigkeit in ersterem eine bedeutendere Rolle, da sie sich sehr viel häufiger gegenseitig retten und helfen müssen, um ihre Gegner zu besiegen. Die Helden aus „DragonBall" sind zwar auch Freunde, helfen einander, sind für den anderen da und haben Schwächen, doch nicht in dem Maße wie dies bei Sailor Moon und Co der Fall ist. Durch ihr Ziel sich selbst kämpferisch immer wieder zu verbessern, benötigen sie für das Besiegen des Gegners keine fremde Hilfe. Zudem lassen sich die Schwächen der Helden und Heldinnen in typisch weiblich und typisch männlich unterteilen, wobei jene der Männer nichtiger scheinen. Der Vergleich der Titelfiguren soll dies verdeutlichen: Sailor Moon ist ängstlich, eine Heulsuse, schusselig, tollpatschig und redet oft wirres Zeug. Dies alles macht sie jedoch mit ihrem guten Herzen und ihrer großen Liebesfähigkeit wieder wett. Son Gokus Fehler wirken hingegen viel weniger dramatisch. Er hat ständig Hunger und ist sehr naiv. Seine Stärken manifestieren sich in Kraft, Stärke, Mut und Willenskraft. Es

---

[415] Sie leben in einer Stadt (Tokio), gehen zur Schule, unternehmen Ausflüge in Allerweltsorte wie Eisdielen, Theater, Gärten, etc.

finden sich demnach eindeutig stereotype, westliche Geschlechterzuordnungen in den beiden Anime wider.

Ein letzter Unterschied zeigt sich im Vorhandensein etwaiger pädagogischer Botschaften. Durch die Miteinbeziehung einer großen Anzahl sozialer Themen versucht „Sailor Moon" sowohl in etlichen Episoden als auch in ganzen Staffeln moralisch bedeutende Ratschläge und Weisheiten an das Publikum weiterzugeben. Dazu zählen unter anderem das Anmerken der Bedeutsamkeit von Freundschaft, Vertrauen und Liebe, die Wichtigkeit des Erlangens von Selbstvertrauen, Selbstbewusstsein, einem Schulabschluss, etc., aber auch die Bedeutsamkeit für etwas zu kämpfen woran man glaubt oder was man liebt und niemals aufzugeben. Das Zeigen von Schwächen der Einzelnen wurde immer dazu verwendet den Helden und auch dem Zuseher etwas zu lernen. In „DragonBall" werden dem Publikum grundsätzlich nur zwei Botschaften vermittelt, obwohl nicht eindeutig erkennbar ist, ob die Produzenten mit der Serie tatsächlich bestimmte Intentionen verfolgten, die sie den Zuschauern mitteilen wollten. Zum einen stellt sie die Bedeutung und Wichtigkeit harter Arbeit und Disziplin in der Vordergrund, und zum anderen weist „DragonBall" mit der Aufhebung der starren Zweiteilung in Gut und Böse und der Möglichkeit sich zu verändern, darauf hin, dass unser Leben, unsere Beziehungen und unser Schicksal in unseren eigenen Händen liegen, wir sozusagen die Macht haben Dinge zu verändern.

6.2.2 Disney für Mädchen vs. Disney für Jungen

Der Name Disney hat sich im Laufe der Filmgeschichte zu einer monopolartigen Marke entwickelt, welche in den Köpfen der Menschen bestimmte Vorstellungen, Eigenschaften und auch Vorurteile weckt. Disney steht für kindgerechtes, leicht verständliches, universell einsetzbares, eine perfektionalisierte Welt präsentierendes, sogar erzieherisch wertvolles Fernsehen. Bei der Auseinandersetzung mit der Gattung Zeichentrick ist es unausweichlich sich auch mit den Werken von Walt Disney zu beschäftigen, da dieser die Entwicklung des Genres mitgeprägt und vorangetrieben hat. Amerikanischer Trickfilm stand lange Zeit synonym mit Disney, und obwohl sich in den letzten Jahren eine Reihe anderer großer Filmstudios in die Zeichentrickproduktion eingeklinkt haben und versuchten dem langjährigen Monopolhalter seinen Rang streitig zu machen, konnte sich der Disney-Konzern bis heute als Marktführer in Sachen amerikanischer Trickfilm behaupten.

Der Vergleich von „Arielle, die Meerjungfrau" und „Aladdin" soll zeigen, welche typischen inhaltlichen und formalen Stilmittel die Disney-Werke auszeichnet, ob die Serien tatsächlich so kindgerecht und erzieherisch wertvoll sind wie viele behaupten, und inwieweit sich Mädchen- und Jungen-Zeichentrick voneinander unterscheiden.

6.2.2.1 Gemeinsamkeiten

Eine grundlegende formale Eigenheit aller Disneyproduktionen, und somit auch eine von „Arielle, die Meerjungfrau" und „Aladdin", stellt die technische Produktionsweise der Serien und Film, die Vollanimation, dar. Die Figuren sind ununterbrochen in Bewegung, gestikulieren bei Gesprächen, etc. Das Bild kommt somit nie zum Stillstand, da sich immer etwas regt, egal ob Figuren oder Gegenstände. Wenig aktionsgeladene Handlungen wirken demzufolge auch in gewisser Weise dynamisch, da der Zuseher nicht unentwegt auf ein und dasselbe Bild starren muss, sondern seine Aufmerksamkeit auf sich verändernde Charaktere und Bildkulissen richten kann. Es muss jedoch angemerkt werden, dass sich diese Vollanimation ausschließlich auf die Akteure und von ihnen verwendete Gegenstände bezieht. Die Szenenhintergründe sind allesamt unbewegt und starr.

Die Vollanimation erleichtert das Zeigen von Emotionen der Helden und Bösewichte, da sie ihre Worte mit Gesten und Mimiken unterstreichen können. Dies zeigt sich auch in den Einstellungsgrößen, da Groß- oder Detailaufnahmen eher selten verwendet werden. Bei Gesprächen sind die Figuren meist in Halbgrößen zu sehen, damit ihre Hände und ihr Körper das Gesagte verstärken können. Totale und Halbtotale finden sich in etwa gleichem Maße wider, wodurch die Handlungen und Situationen mehr Dynamik bekommen, da aufgrund der Vollanimation dabei unzählige Bewegungsabläufe zu sehen sind. Ein anderes formales Merkmal, dessen Ursache ebenfalls aus der Produktionstechnik der Zeichentrickserien resultiert, besteht in den spärlich verwendeten Effekten. Eine Überladung der Szenen mit dynamikverstärkenden Mitteln würde den Zuseher überfordern, weshalb ausschließlich einige aus dem Realfilm bekannte Techniken wie Mit-, Zu- und Wegfahrten verwendet werden.

Ein weiteres Charakteristikum beider Serien ist die in etwa gleichbleibende Schnittfrequenz in allen Sequenzen. Unerheblich ob eine Szene spannungsgeladen oder ruhig ist, die Schnittgeschwindigkeit bleibt dieselbe. Somit wird der Schnitt nicht zu spannungssteigernden bzw. spannungslösenden Zwecken verwendet. Diese Funktion bleibt der ständig präsenten musikalischen Untermalung vorbehalten. Innerhalb einer gesamten Episode wird die Handlung ununterbrochen mittels romantischen, dramatischen, schnellen und langsamen Melodien sowie handlungsverstärkenden Tönen untermalt.

Die letzte formale Gemeinsamkeit stellt die Farbgebung der Trickserien dar. Sowohl „Arielle, die Meerjungfrau" als auch „Aladdin" sind schrill und bunt, in allen erdenklichen Farbschattierungen, gezeichnet.

Der inhaltliche und dramaturgische Aufbau der Disney-Serien gestaltet sich in etwa gleich. Beide Cartoons erzählen in jeder Episode in sich abgeschlossene Geschichten, wodurch die Reihenfolge ihrer Ausstrahlung unerheblich wird. Der strukturelle Rahmen der einzelnen Folgen zeigt zu Beginn jeder Erzählung einen idyllähnlichen Zustand, welcher durch das Auftauchen eines Problems oder eines Gegners zunichte gemacht wird. Die Haupthandlung besteht schließlich aus dem Suchen und Finden einer adequaten Lösung, wodurch letztendlich die Idylle wieder hergestellt werden kann. Abgesehen von den unterschiedlichen Konfliktlösungen in den beiden Serien und kleinen folgenspezifischen Dramaturgieänderungen sind „Arielle, die Meerjungfrau" und „Aladdin" nach ein und demselben (dramaturgischen) Muster gestrickt, welches sich interessanterweise bereits im Vorspann widerspiegelt. Nach dem Intro und dem Einblenden des Episodentitels steigen beide Serien sofort in das Geschehen ein, da aufgrund ihrer Abgeschlossenheit kein Off-Sprecher nötig ist, um etwa Vorkommnisse aus den vorangegangenen Folgen zusammenzufassen und der Einzelgeschichte damit einen zusätzlichen Einstieg bzw. Abschluss[416] zu geben.

Inhaltlich findet sich der Konflikt zwischen Gut und Böse in beiden Zeichentricks, obwohl sowohl seine inhaltlich als auch zeitliche Präsenz

---

[416] falls die Off-Stimme am Ende einer Episode aus dem Geschehen hinausleitet

dennoch unterschiedlich ist und auch die eigentlichen Hauptthemen von
„Arielle, die Meerjungfrau" und *„Aladdin"* stark voneinander abweichen.
Kommt es jedoch zu einem Disput, so stellen sich den Helden in beinahe
allen Folgen immer neue Gegner in den Weg. In beiden Serien treten nur
ein oder eine kleine Anzahl an immer widerkehrenden Bösewichten auf,
und die Unterscheidung zwischen Gut und Böse kann klar getroffen
werden. Inwieweit sich die Helden und ihre Gegenspieler voneinander
abgrenzen wird aber später noch genauer erläutert. Die mit der
Konfrontation von Held und Widersacher einhergehende Gewaltdarstellung
wird verharmlost, abgeschwächt und meist mit viel Humor gewürzt. So
sind etwa niemals Verletzte oder Tote zu sehen[417], da es ausschließlich zu
Gegenstandsschäden kommt, welche im Gegensatz zu Personenschäden in
der Regel schon gezeigt werden. Vor allem die Figur des Lampengeistes
Djinni wird in *„Aladdin"* sehr slapstickmäßig dargestellt, da er trotz
zahlreicher Angriffe auf seine Person niemals ernsthaft verletzt wird. Dies
liegt jedoch, für den Zuseher offensichtlich, an seinem Geisterdasein,
seiner magischen Herkunft.

Bevor nun näher auf die Akteure der Geschichten eingegangen wird, ist
noch ein weiterer wichtiger, die Serien verknüpfender Punkt anzuführen:
Sowohl *„Arielle, die Meerjungfrau"* als auch *„Aladdin"* spielen in einer
dem Zuschauer unbekannten, ja schon beinahe phantastischen Welt. Arielle
lebt in einem Schloss unter Wasser, und die exotisch arabische Heimat
Aladdins mit Lampengeistern, Sultanen, fliegenden Teppichen und
Magiern bettet sich auch nicht in westlich bekannte Alltagsvorstellungen
ein. Die Welt der Helden und Heldinnen stellt somit einen phantastischen
und dadurch interessanten Handlungsspielraum für das kindliche Publikum
dar, da sie aus ihrem gewöhnlichen Alltagsrahmen ausbrechen und mit
ihren Serienhelden gefährliche und spannende Abenteuer in einer anderen,
nicht per se existenten Welt erleben können.

Alle periodisch auftretenden Charaktere finden sich im Vorspann wieder,
wobei der Titelheld bzw. die Titelheldin besonders in Szene gesetzt wird.
Beide Serien bauen ihre Geschichte rund um einen alleinigen Helden auf,
der zwar von einer Reihe an Nebenfiguren begleitet wird, die jedoch

---

[417] Obwohl die Charaktere bei Kämpfen oder in anderen gefährlichen Situationen durchaus auch mal verletzt werden bzw. die zu sehende Handlung im wirklichen Leben eine Verletzung nach sich ziehen würde

niemals das Potential der Hauptfigur erreichen[418]. Die Titelfiguren Aladdin und Arielle verkörpern beide das perfekte „Gute". Neben einem makellosen Äußeren[419] brillieren sie zusätzlich mit allen nur erdenklichen, erstrebenswerten Eigenschaft wie Selbstlosigkeit, Vorurteilslosigkeit, Freundlichkeit, Aufgeschlossenheit, Hilfsbereitschaft, etc. Beide zeigen in ihren Wesenszügen keinerlei Anzeichen von charakterlichen Schwächen oder Mängel. Sie sind die überlegenen Über-Helden, denen niemand das Wasser reichen kann. Das Ziel der Zuseher kann demnach nur sein so zu werden wie diese Helden, da Arielle und Aladdin in ihrer Perfektion als Vorbilder fungieren. Interessant erscheint, dass beide Helden jedoch kein klar ersichtliches Ziel verfolgen. Sie helfen Freunden, retten Unschuldige und vollbringen viele lobenswerte Taten, doch ist über ihr Leben neben ihrem Heldendasein wenig bis gar nichts bekannt. Sie gehen nicht zur Schule, haben keinen Beruf und scheinen endlos Freizeit zu haben. Ihr Leben ist vollends mit ihren Abenteuern ausgefüllt. So ist es dem Zuseher möglich seinen Alltag zu vergessen und in eine Welt voll Phantasie und ohne jegliche Wirklichkeitsbezüge einzutauchen.

Aladdin und Arielle werden bei all ihren Abenteuern von ihren Freunden begleitet. Die Beziehung zwischen den einzelnen Charakteren ist innig und tief, und jeder würde für den anderen sein Leben geben. Diese Vertreter der guten Seite vertrauen und lieben einander, teilen Geheimnisse und schätzen sich gegenseitig sehr. So kommt es niemals zu ernsten Zwistigkeiten in der Gruppe, und falls tatsächlich Meinungsverschiedenheiten auftauchen sollten, werden diese in der Regel durch Gespräche am Ende einer Folge aus dem Weg geräumt. Mitunter fühlt sich der ein oder andere Freund des Titelhelden in bestimmten Situationen ungerecht behandelt, nicht verstanden und ist für kurze Zeit beleidigt, doch werden diese Missstimmungen schnell wieder vom Tisch gefegt. Niemals kommt es zu offenen verbalen oder körperlichen Schlagabtauschen.

Alle Nebenfiguren sind dadurch gekennzeichnet, dass sie kleinere oder größere Schwächen aufweisen, welche nicht selten zur Verschlimmerung

---

[418] Obwohl sie in manchen Folgen in den Handlungsmittelpunkt gerückt werden und dann sogenannte „Folgen-Haupthelden" sind.
[419] Arielle verkörpert mit stereotypen weiblichen Schönheitsmerkmalen wie großen Brüsten, schlanker Figur, lieblichem Gesicht die ideale Frau und Aladdin als schlaksiger, junger, gutaussehender Mann mit Kraft und Intelligenz den idealen Mann.

mancher Situationen führen. Doch da alle Handlungen und Taten der guten Charaktere, wenn sie auch des öfteren durch deren Fehler unnötig scheinen und die Lage in der Regel eher verschlimmern als verbessern, aus gutgemeinten Motiven heraus geschehen, werden ihnen diese kleinen Schwächen nicht übel genommen, da sich letztendlich immer alles zum Guten wendet. Außerdem wird die Unfehlbarkeit des perfekten Held bzw. der perfekten Heldin durch die offensichtliche Unvollkommenheit seiner bzw. ihrer Freunde noch zusätzlich hervorgehoben.

Ein weiteres Charakteristikum beider Disney-Werke ist die Miteinbeziehung einer sogenannten „lustigen Nebenfigur". Diese verleiht den Serien die nötige Brise Humor, da sie durch ihre meist sprühende Lebensfreude, ihrem Übereifer und ihren witzigen Bemerkungen der im Grunde langweiligen Figur des Haupthelden entgegenwirken. Bezaubert in „Aladdin" der Lampengeist Djinni mit seinen humoristischen verbalen Einlagen und seinen oft dubiosen magischen Verwandlungen[420], so glänzt in „Arielle, die Meerjungfrau" die Krabbe Sebastian mit seiner griesgrämigen, selbstüberschätzenden, liebenswürdigen Art unfreiwillig als Clown der Serie.

Die Darstellung der Frauen ist in beiden Serien auf den ersten Blick modern und emanzipiert, doch spiegelt sich auf den zweiten Blick die patriachale Ordnung wider. So werden Arielle und Jasmin, die einzig ständig präsente weibliche Protagonistin aus „Aladdin", mit einer Reihe von Eigenschaften und Freiheiten ausgestattet, welche ihre Selbstständigkeit und Gleichstellung mit dem männlichen Geschlecht assoziieren würden. Arielle durchlebt als Hauptheldin unzählige Abenteuer, meistert tapfer Gefahr um Gefahr und rettet in vielen Folgen schlussendlich Freunde oder andere, hilfsbedürftige Wesen. Doch ist sie etwa ihrem Vater, dem König der Meere, verpflichtet und muss ihm Rechenschaft über ihre Handlungen und ihr Verhalten ablegen. Gelangt Arielle oder eine andere Person in eine physische Notlage, so wird diese in vielen Fällen ebenfalls von einem männlichen Helden[421] abgewendet. Arielles Stärke liegt auf einer höheren, einer sozialeren Ebene. Sie tröstet ihre Freunde und Bekannten, hilft zwischenmenschliche Probleme zu lösen und besticht

---

[420] So spricht er etwa als Verwandelter unzählige verschiedene Akzente und Dialekte oder veräppelt sich gerne selbst und auch andere.
[421] König Triton oder andere männliche Helden

mehr durch psychische als durch physische Stärke. Jasmin ergeht es nicht anders, obwohl sie in der einen oder anderen Episode auch selbst zur Waffe greift falls es nötig ist. Beide Frauen sind gleichzeitig emanzipiert und gefangen in einer von Männern beherrschten Welt. Jasmin ist die Tochter des Sultans von Agrabah und Arielle die Tochter des Königs der Meere, was zur Folge hat, dass sie nicht die Freiheit genießen, die etwa ein männlicher Held für sich beansprucht. Arielle und Jasmin sind tough, intelligent, liebenswürdig, etc. und müssen dennoch oft von Freunden gerettet werden. Zudem bestechen alle guten weiblichen Figuren durch ein einheitliches Aussehen. Sie sind zierlich, gut gebaut, haben langes Haar und große Augen.

Die Bösewichte in *„Aladdin"* und *„Arielle, die Meerjungfrau"* weisen auch eine Reihe von Gemeinsamkeiten auf. So verfolgen sie mit ihren Handlungen in erster Linie ein bestimmtes Ziel, welches oftmals mit den Helden an und für sich nicht das Geringste zu tun hat[422]. Die Konfrontation erfolgt erst dann, wenn die Guten sich, ob der Unverantwortlichkeit der gegnerisch gesetzten Handlung, in das Geschehen involvieren und das Vorhaben ihrer Kontrahenten zu vereiteln versuchen. Somit rechtfertigt die ungerechte und als falsch entlarvte Aktion der Bösewichte das Verhalten der Guten.

Da die Grenze zwischen Gut und Böse klar gezogen werden kann, sind Vertreter beider Lager sofort als solche auszumachen. Bösewichte zeichnen sich in der Regel durch ein, verglichen mit den Haupthelden, äußerst hässlichem Äußeren[423] und ihren, durch Bemerkungen und Handlungen erkennbaren, schlechten Charaktereigenschaften aus. Auch wirken sie zu Beginn oft stärker als die Helden und kämpfen mit anderen Mitteln[424]. Sowohl die Bösewichte in *„Arielle, die Meerjungfrau"* als auch jene in *„Aladdin"* treten nie alleine auf. In der Regel begeht ein Oberschurke die Übeltaten und wird dabei von einem oder mehreren Handlangern unterstützt. Diese Untergebenen haben keinerlei Macht und sind ihrem Herrscher meist hilflos ausgeliefert. Es besteht sozusagen eine klar erkennbare strukturelle Machthierarchie zwischen den Bösewichten.

---

[422] Geld, die Herrschaft über eine Stadt, Ruhm und Ehre, etc.
[423] wie etwa die Hexe Ursula aus *„Arielle, die Meerjungfrau"*
[424] unfair, hinterlistig, mit schwarzer Magie, etc.

Im Gegensatz zu den Guten, welche ihre Gegner niemals unterschätzen, werden die Helden von ihren Widersachern meist belächelt. Sie sind sich ihres Sieges so sicher, dass sie schlussendlich immer wieder geschlagen werden können. Somit muss der Zuseher niemals um seinen Helden bangen, da dessen Sieg durch die Fehlbarkeit der Bösewichte und die Perfektheit der Guten offensichtlich ist.

Pädagogisch und moralisch wertvolle Botschaften und Ratschläge lassen sich in beiden Disneyserien finden. Neben der bereits erwähnten Vorbildfunktion der Haupthelden, werden inhaltlich anzustrebende Verhaltensweisen und Charaktereigenschaften behandelt. Dies wären unter anderem das Hervorheben der Freundschaft, das Festmachen der Unzulänglichkeit von Vorurteilen oder dem Lächerlichmachen anderer, Eigenschaften wie Neid, Egoismus und Kaltherzigkeit oder die Möglichkeit eigene Ängste zu überwinden.

6.2.2.2 Unterschiede

Wie bereits in den japanischen Anime differenzieren sich die Disneyserien in erster Linie über die Zielgruppe voneinander. So agiert in *„Aladdin"* ein männlicher und in *„Arielle, die Meerjungfrau"* eine weiblicher Held, was sich wiederum auf die Auswahl der Grundthematik auswirkt. Werden im Mädchen-Cartoon vordergründig soziale Themen behandelt und der Konflikt zwischen Gut und Böse auf ein Minimum reduziert, gestaltet sich der inhaltliche Aufbau im Jungen-Cartoon genau umgekehrt. Dies zeigt sich bereits im Vorspann, welcher in ersterem sehr idyllisch und romantisch gehalten wird, hingegen bei *„Aladdin"* schon den Action- und Abenteuercharakter der Serie erkennen lässt.

Sowohl der unterschiedliche Spannungsverlauf, das zeitlich versetzte Auftreten der Bösewichte und die sich voneinander abgrenzende Anzahl an Gewaltdarstellungen können ebenfalls auf diese inhaltliche Kontroverse zurückgeführt werden.

Die soziale Themen- und Problemausrichtung in *„Arielle"* bringt die Helden in sehr wenigen Momenten tatsächlich in Lebensgefahr. Sie schwelgen in Tagträumen über ihre größten Wünsche und Hoffnungen, belehren Freunde und Bekannte bezüglich deren Schwächen oder spielen am Meeresgrund bzw. an der Wasseroberfläche. Damit das Interesse der

Zuseher bei diesen an sich wenig dramatischen Handlungen erhalten bleibt, werden diese ruhigen Szenen in kontinuierlichen Zeitabständen von kurzen Spannungsmomenten unterbrochen. Diese wären etwa Verfolgungsjagden mit Haien oder anderen gefährlichen Wassertieren, das Aufeinandertreffen mit dubios aussehenden Figuren, etc. Der Spannungsverlauf in „Aladdin" läuft in die entgegengesetzte Richtung, da sich eine gefahrbringende Situation an die nächste reiht und die Spannung dadurch kontinuierlich in die Höhe getrieben wird. Um den Zuseher nicht zu überfordern, fungieren deshalb kurzzeitige Zwischensequenzen als Spannungspausen.

Da „Aladdin" mit der Konfrontation zwischen Held und Widersacher arbeitet, treten die Bösewichte bereits in den ersten Sequenzen auf, wohingegen der Mädchen-Cartoon in erster Instanz die Sozialproblematik und erst im Anschluss daran den Bedrohungsaspekt[425] einbringt.

Das Thema Gewalt und seine formale und inhaltliche Präsentation spielen im Jungen-Cartoon in Folge des Gut-vs.-Böse-Konflikts eine wesentlich größere Rolle als im Mädchen-Zeichentrick, und ist demzufolge auch stärker präsent. „Arielle, die Meerjungfrau" beinhaltet, wenn überhaupt, hauptsächlich psychische Gewalt, indem etwa Figuren ausgegrenzt, beleidigt oder ihr Selbstbewusstsein untergraben werden. Körperliche Übergriffe sind selten zu sehen, und wenn, dann werden sie in der Regel von den Bösewichten eingesetzt. Kämpfe finden demzufolge nicht statt. Interessant ist, dass sich nicht nur die Helden der beiden Serien geschlechtsspezifisch unterscheiden, sondern auch die Bösewichte diesbezüglich variieren. So stellt sich der Hauptheldin Arielle mit der Seehexe Ursula eine weibliche Widersacherin in den Weg, und Aladdin hat im Gegenzug in der Regel mit männlichen Kontrahenten zu kämpfen. In „Aladdin" kommen hingegen sowohl psychische[426] als auch physische[427] Gewaltakte zum Tragen, wobei sich das Verhältnis ihrer Präsentation in etwa die Waage hält. Auffällig ist, dass auf beiden Seiten, sei es gut, sei es böse, versucht wird den eigenen Machtstatus mittels physischer Gewaltdemonstrationen festzumachen. Verletzungen oder das Thema Tod stehen jedoch nie zur Debatte, da trotz zahlreicher Mordversuche der

---

[425] falls dieser überhaupt zum Tragen kommt, da einige Episoden ganz ohne die Konfliktbewältigung zwischen Gut und Böse auskommen.
[426] verbaler Schlagabtausch zwischen Held und Bösewicht
[427] Gewalt gegen Dinge und auch Personen, jedoch kommt niemand dabei zu Schaden, da die bösartigen Versuche einen der Helden zu vernichten immer fehlschlagen.

Bösewichte die Helden keinen Schaden nehmen. Dies geschieht nicht nur aufgrund der Unfähigkeit der Widersacher, sondern manifestiert sich als grundlegende Tatsache, da die Helden zwar Schläge einstecken müssen, von ihren Gegner in weiten Bögen durch die Luft geschleudert oder mit Feuer beschossen werden, dies jedoch alles unverletzt überstehen. Auch der Lampengeist Djinni wird in beinahe allen Episoden hart traktiert, setzt sich jedoch, ein flottes Sprüchlein auf den Lippen, sofort wieder selbst zusammen. Dieser speziell bei Gewaltaktionen einhergehende Einsatz von Humor ist kennzeichnend. So wirken die Szenen weniger brutal und gewalthaltig, sondern lustig und amüsant. Auch die Bösewichte werden mit oft lächerlich wirkenden Macken und Eigenschaften ausgestattet, die ihnen ihre Grausamkeit und Härte nehmen.

Zwischen den Haupthelden der beiden Serien lassen sich ebenfalls Unterschiede ausmachen. So agieren die beiden Charaktere aus gänzlich anderen Lebensverhältnissen heraus. Arielle ist die wohlbehütete Tochter des Meereskönigs, hat eine sie liebende Familie und ein sicheres Zuhause. Aladdin ist im Gegenzug als Vollwaise auf sich alleine gestellt, lebt in den Strassen von Agrabah und kann somit auf keine familiäre Stütze zurückgreifen, falls er Zuneigung und Verständnis braucht. Als Ausgleich dazu holt er sich die nötige Kraft von seiner Freundin Jasmin, mit welcher ihn ein zartes Band der Liebe verbindet.

Die unterschiedlichen, für die jeweiligen Geschlechter als ideal erachteten Charaktereigenschaften weichen, die Helden näher betrachtend, nicht vom westlichen Stereotyp ab. Arielle, als Verkörperung des perfekt Weiblichen, bezaubert mit ihrem großen Herz. Sie ist gütig, selbstlos, freundlich, hilfsbereit, etc. Arielle stellt sich mutig allen Gefahren, obwohl sie in vielen Situationen die Angst übermannt. Doch mit Hilfe ihrer Freunde, ihrem Vater und zahlreichen Bekannten meistert sie alle Hürden und gefährlichen Lagen spielend. Diese Charaktereigenschaften lassen sie sympathisch erscheinen und verleihen ihr die Stärke, die sie als wahre Heldin benötigt. Ihre Kraft resultiert demnach aus ihrer inneren Stärke. Im Gegensatz dazu ist Angst für Aladdin ein Fremdwort. Ihn zeichnen all jene Attribute aus, die ein wahrer männlicher Held zu haben hat: Kraft, Mut und Intelligenz. Natürlich ist er ebenfalls freundlich, hilfsbereit und selbstlos, doch stehen diese Wesenszüge nicht im Vordergrund. Somit kann die Schlussfolgerung gezogen werden, dass männliche und weibliche Helden gänzlich unterschiedliche Eigenschaften aufzuweisen haben, um ihrem Ideal gerecht zu werden.

6.2.3 Anime vs. US Cartoon

Wie die vorhergehenden Kapitel zeigen, lassen sich in den Zeichentrickserien eines Landes einerseits gewisse formale und inhaltliche Eigenheiten und genrespezifische Merkmale, andererseits jedoch auch von Trickfilm zu Trickfilm variierende Unterschiede ausmachen. Es soll nun in erster Linie versucht werden, die als typisch erachteten Eigenschaften der Anime mit jenen in Disney-Werken vorzufindenden Stereotypen zu vergleichen, um herauszufinden, inwieweit sich japanische und amerikanische Cartoons für Kinder tatsächlich voneinander unterscheiden.

6.2.3.1 Gemeinsamkeiten

Obwohl sich japanische Zeichentrickserien in starkem Maße von seinen amerikanischen Pendants unterscheiden, lassen sich doch eine kleine Anzahl an Merkmalen finden, die unabhängig von ihrer Herkunft, in allen untersuchten Cartoons zum Tragen kommen.

So sind, sowohl in Anime als auch in Disney-Serien, die Protagonisten der Serien in erster Linie Kinder und Jugendliche, wodurch die Identifikation mit den Helden und Heldinnen für die kindlichen Zuseher erleichtert wird. Die Bedeutung der Zielgruppe für die Konstruktion einer Trickserie lässt sich mit der Geschlechtsvergabe der Helden erörtern, da Jungen-Cartoons mit männlichen, Mädchen-Cartoons hingegen mit weiblichen Akteuren aufwarten, was wiederum aus Identifikationsgründen sinnvoll erscheint.

Die in Anime und amerikanischen Trickserien zu findenden inhaltlichen Schwerpunkte können ebenfalls auf interessensbedingte Unterschiede der verschiedenen Zielgruppen zurückgeführt werden. Behandeln Jungen-Serien vordergründig die Präsentation des „Gut vs. Böse-Konflikt", so kommen in Mädchen-Serien in erster Linie soziale Themen zum Tragen, „Sailor Moon" durch ihr großes Herz, ihre Selbstlosigkeit und alles in allem durch ihre innere Kraft, die Helden aus „DragonBall" und „Aladdin" vor allem durch ihre physischen Stärken sowie ihren Mut und ihre Intelligenz bestechen. Weibliche Serienfiguren verspüren schon mal

Furcht oder Angst, was bei männlichen Helden selten bis nie der Fall ist. Die typischen geschlechtsspezifischen Eigenschaftszuschreibungen sind demnach sowohl in japanischen als auch in amerikanischen Zeichentrickserien zu finden. Es scheinen somit die generellen inhaltlichen Vorlieben der Kinder unabhängig von Kultur und Land in etwa dieselben zu sein.

Eine weitere Gemeinsamkeit lässt sich im Aussehen der Helden und Heldinnen festmachen. Alle Kämpfer und Kämpferinnen für das Gute, haben sie menschliches Aussehen, entsprechen dem westlichen Schönheitsideal. Frauen sind schlank, gutaussehend, überdurchschnittlich gut gebaut[428], haben meist langes, in den verschiedensten Farben präsentes Haar[429], übergroße Augen und wirken sehr zierlich. Männer sind ebenfalls schlank, gutaussehend, in der Regel blond oder dunkelhaarig, haben eine schnittige Frisur und wirken sportlich muskulös. Wie schon oft erwähnt liegt der Grund dieser „Verwestlichung" der japanischen Zeichentrickfiguren in der teilanimierten Produktionstechnik von Anime.

Eine in US und japanischen Cartoons zu findende inhaltliche Nahtstelle ist der großzügig verwendete Einsatz von Humor. Einerseits wirken die Geschichten dadurch unterhaltsamer[430], andererseits werden durch witzige Handlungen oder Wortmeldungen gewalthaltige Situationen aufgelockert und verlieren somit ihre Brutalität. Doch Humor und Humor sind nicht dasselbe. Aufgrund unterschiedlicher kultureller Gegebenheiten werden in Anime Szenen oder Handlungen als amüsant präsentiert, welche im westlichen Kulturkreis entweder nicht verstanden oder schlichtweg abgelehnt werden[431].

---

[428] Die Heldinnen haben oft so lange Beine, dass das Proportionsverhältnis zum restlichen Körper niemals der Wirklichkeit entsprechen kann und sie somit stark idealisiert wirken.
[429] Die Farbpalette reicht von natürlich Blond-, Braun,- Schwarz- und Rottönen bis hin zu, jedoch ausschließlich in Anime zu findenden, phantastischen Haarfarben wie blau, türkis, rosa oder lila.
[430] Und Kinder wollen schließlich laut einschlägigen Studien in erster Linie unterhalten werden (vgl. Marzok 2001, S. 163).
[431] Oft kritisiert wird in diesem Zusammenhang etwa die Darstellung des Herrn der Schildkröten aus „DragonBall", welcher als greiser Lüstling jungen Mädchen nachsteigt, und nicht selten für sein dreistes Benehmen eine Ohrfeige, einen Kinnhaken oder sonstiges einstecken muss.

Die größte Gemeinsamkeit stellt die Darstellung der Bösewichte dar. Sie sind dem Publikum sofort nach ihrem erstmaligen Auftreten als solche ersichtlich, da sie anders aussehen[432], anders sprechen[433] und anders handeln[434]. In der Regel stehen die Helden nicht einem alleinigen Gegenspieler gegenüber, sondern haben es mit mehreren Bösewichten zu tun, wobei diese jedoch in ein hierarchisches Machtsystem eingebettet sind. Ober-Schurken befehligen ihre Handlanger, welche sich den Vertretern der guten Seite als erste gegenüberstellen oder deren Pläne auszuhorchen haben. Letztlich ist den Dunkelgeistern aller Serien gemein, dass sie ihre Gegner grundsätzlich unterschätzen, wodurch ihnen der Sieg immer wieder verwehrt bleibt.

Ein, in beiden Zeichentricktypen zu findender Angelpunkt findet sich in ihrer kulturellen Einbindung. Disney lässt etwa alte Mythen und Märchen neu aufleben, verbindet sie mit amerikanischen Idealen und kreiert somit sein weltweit bekanntes familientaugliches Disney-Schema. Da einem westlichen Zuseher die Handlungen und Geschehnisse der Protagonisten und darauf zurückzuführende kulturelle Ereignisse, Wertvorstellungen und vielleicht sogar Gestiken bzw. Mimiken geläufig sind, ist ihm dies jedoch oft nicht bewusst. Auch Anime verarbeiten in ihren Geschichten landesgeschichtliche Gegebenheiten, Legenden, Aberglauben, spezielle Riten und Handlungsweisen. Aufgrund der unterschiedlichen kulturellen Gegebenheiten können viele Aussagen in japanischen Serien, die Motive der Handlungsträger und ihr oftmals bizarr erscheinendes Verhalten vom westlichen Publikum nicht verstanden werden.

Der letzte Gemeinsamkeiten betreffende Punkt behandelt die Zielsetzung der Serien, und stellt somit die Frage nach etwaigen pädagogisch wertvollen Botschaften, die dem kindlichen Publikum vermittelt werden sollen. Fest steht, dass jede Serie, unwesentlich wie groß und stark ihr

---

[432] Viele von ihnen haben schmale, geschlitzte, böse und gemein funkelnde Augen, wobei ihre sonstige Statur stark von Schurke zu Schurke variiert. Sehen sie das eine Mal sehr stattlich aus und ähneln somit den Helden, die sie bekämpfen, sind sie ein anderes Mal hässliche, klein geratene Zwerge, Gnome, etc.
[433] Ihre Stimme wirkt verschlagen, und zeugt bereits von ihrer Hinterhältigkeit. Bösewichte beleidigen mehr, sprechen Drohungen aus und ihr Lachen ist sehr oft unheimlich.
[434] Sie agieren egoistisch, fügen anderen Schmerzen zu und verfolgen meist ein niederträchtiges Ziel.

Unterhaltungswert bzw. -ziel ist, dem Zuseher in jeder Episode[435] für wertvoll erachtete Ratschläge oder Verhaltensnormen präsentiert. Die Disney-Werke oktruieren meist typisch konservative Wertvorstellungen wie die Darstellung der Familie als hohes Gut oder das Besinnen auf „Mittelklasse-Tugenden". So haben die Helden ein beschauliches Zuhause, das ihnen den nötigen Rückhalt gibt[436], und erreichen durch Vertrauen in sich selbst, Fleiß und Mut immer ihr Ziel. Nicht zuletzt verwirklichen die Serienhelden ihren amerikanischen Traum und erfüllen sich ihre größten Wünsche. In den Anime variieren die Botschaften von Serie zu Serie. Werden in „Sailor Moon" Tugenden wie Nächstenliebe, Vertrauen in sich selbst und andere sowie Teamgeist großgeschrieben, so setzt „DragonBall" auf Disziplin, harte Arbeit und Spaß am eigenen Tun.

6.2.3.2 Unterschiede

Der erste große Unterscheidungspunkt betrifft die Produktionsart von Anime bzw. amerikanischen Trickserien. Anime arbeiten mit der Technik der Teilanimation, wohingegen US Cartoons das Prinzip der Vollanimation verwenden. Dies hat zur Folge, dass verschiedene formale Mittel zur Erzeugung von Dynamik eingesetzt werden, die jedoch in Summe zum selben Ergebnis führen. So benötigen vollanimierte Serien aufgrund ihres ununterbrochenen Bewegungsflusses keine in Anime so oft gesehenen Hilfsmittel wie Kameraeffekte, bewegte Hintergründe, Comic-Bildsprache, etc. um Wirkung zu erzielen. Anime wirken dadurch in vielerlei Hinsicht cartoonesker und weniger realistisch als amerikanische Serien, doch ist dies den Zeichnern bekannt, und das animierte Geschehen wird oft betont slapstickhaft und skizziert dargestellt. Somit obliegt es dem Auge des Zusehers und wahrscheinlich auch seinen medialen Gewohnheiten, welche der Techniken er favorisiert.

Ein weiterer großer Kontrast findet sich in den jeweiligen Handlungsstrukturen wider. Japanische Trickserien zeichnen sich im Gegensatz zu US Cartoons durch ihre komplexen und meist komplizierten

---

[435] oder am Ende einer Staffel
[436] Und auch in „Aladdin" wird der Wert der Familie hochgeschrieben, vielleicht sogar noch mehr als in „Arielle", da Aladdin keine eigene Familie mehr besitzt, und somit auf der Suche nach einem neuen Halt in seinem Leben ist, den er bei Jasmin und seinen Freunden findet.

Geschichten aus. Ihre Handlungsstruktur ist in mehrere Dimensionen geteilt, wobei auf der einen Seite Episode für Episode in sich abgeschlossene Einzelabenteuer erzählt werden, diese jedoch andererseits zusammengesetzt eine Über-Geschichte bilden[437], deren finaler Höhepunkt in den letzten Folgen einer Staffel ersichtlich wird[438]. Da sowohl „Sailor Moon" als auch „DragonBall" aus mehreren Staffeln bestehen, kommt des weiteren eine Art Über-Über-Geschichte zum Tragen, welche den Serien einen bogenspannenden Rahmen gibt. Diese komplexe Handlungsstruktur erschwert den Zusehern einerseits die Rezeption, da der Geschichte nach einigen verpassten Episoden vielleicht nicht mehr gefolgt werden kann, gestaltet sie jedoch andererseits gerade aufgrund der damit verbundenen Schwierigkeiten für die Kinder interessanter. Disney-Serien sind alle nach demselben, relativ einfachen Muster gestrickt. Sie erzählen in jeder Episode ein neues, in sich abgeschlossenes Abenteuer, in welchem ausschließlich die Haupthelden und ihre periodisch auftretenden Nebenfiguren und Helfer dieselben bleiben. Die jeweiligen Folgen grenzen sich demnach voneinander ab.

Da jedoch nicht nur die Handlungsstruktur der Anime komplexer angelegt ist, sondern auch die Charaktere selbst vielschichtiger konzipiert sind als jene der amerikanischen Zeichentrickserien, ergeben sich bezüglich Heldendarstellung und deren Beziehungen mit Freunden, Bekannten und Bösewichten Unterschiede. Arielle und Aladdin haben spezielle Wesenszüge und Eigenschaften, die im Laufe der Serie immer dieselben bleiben. Sie verkörpern das perfekte Gute, haben keine klar ersichtlichen Schwächen und sind somit immer dieselben. Im Gegensatz dazu entwickeln sich die Helden aus „Sailor Moon" und „DragonBall", was wiederum voraussetzt, dass sie neben ihrer guten Merkmale auch Schwächen oder Macken aufweisen. Sie lernen sozusagen durch ihre Umwelt, ihre eigenen Erfahrungen und durch das Reiferwerden dazu und entwickeln sich von Fehler machenden Kindern oder Teenagern langsam zu Erwachsenen. Kinder können sich so vielleicht besser mit den Helden und Heldinnen identifizieren, da sie greifbarer und realistischer sind. Zudem werden in Anime immer eine Reihe von Identifikationsfiguren geboten, da es meist mehr als nur einen wirklichen Haupthelden gibt. Die

---

[437] eine Staffel
[438] Aus diesem Grund leitet in meisten Folgen ein Off-Sprecher in das Geschehen ein, indem er kurz Revue passieren lässt.

einzelnen Personen verkörpern immer gänzlich unterschiedliche Typen, wodurch es für den Rezipienten leichter ist sich eine für ihn passende Bezugsfigur auszusuchen. Disney bietet dem Zuseher verglichen dazu nur eine einzige Heldenfigur, diese ist jedoch perfekt.

Neben den Helden sind in japanischen Trickserien auch ihre Widersacher vielschichtiger charakterisiert als die Bösewichte bei Disney, welcher klar zwischen Gut und Böse unterscheidet. Figuren sind demnach immer in eines der Lager einzuordnen. In *„Sailor Moon"* und *„DragonBall"* gestaltet sich die Abgrenzung schwieriger, da Bösewichte einerseits mit einer Reihe von Charaktereigenschaften ausgestattet werden, die sie sympathisch oder sympathischer erscheinen lassen. Ihren Handlungen gehen immer verständliche Motive voraus, welche ihr Tun begründen und in gewisser Weise rechtfertigen[439]. Außerdem geschieht es nicht selten, dass sie von den Helden bekehrt werden, sie einsehen dass ihr Handeln falsch war und demzufolge die Seite wechseln. Somit verschwimmt die Grenze zwischen Gut und Böse in Anime aufgrund der Charakterdiversität von Helden und ihren Gegenspielern.

Gewalt wird in amerikanischen Trickserien ebenfalls ganz anders präsentiert als in Anime. Die Frage nach der unterschiedlichen Darstellungsform in Mädchen- bzw. Jungen-Cartoons beiseite schiebend, kann allgemein besagt werden, dass die Disney-Werke Gewalt und ihre Folgen konsequent verharmlost und verniedlicht. Dies geschieht in der Regel in Form von Konsequenzlosigkeit[440] und Humorisierung[441]. Konträr dazu zeigen Anime die Folgen physischer Angriffe. So spritzt Blut, und Charaktere werden verletzt oder sterben. Der auf den ersten Blick größere Realismus der japanischen Zeichentrickserien, verliert sich jedoch bei genauerer Betrachtung, da verstorbene Figuren etwa im Jenseits weiterleben oder sie sogar wiedergeboren werden. Zudem wirkt vor allem die cartooneske Darstellung von Kämpfen und anderen gewaltbeinhaltenden Szenen[442] stark realitätsmindernd. Somit ist

---

[439] Sie haben einen geliebten Menschen verloren, sind verliebt und wurden zurückgewiesen, wurden beleidigt oder missverstanden, etc.
[440] Die Personen erleiden keinerlei Schaden
[441] Die gewalthaltigen Szenen werden mit zahlreichen humorvollen Gags angereichert (ob nun in Form von Wortwitzen oder Handlungen).
[442] durch Effekte und bewegte Hintergründe zur Dynamisierung der Handlungssituation

abzuwägen, ob physische Gewaltpräsentationen in Anime wirklichkeitsnäher wirken als jene in US Cartoons.

Doch nicht nur die körperliche, sondern auch die verbale Darstellungen von Gewalt betreffend, können amerikanische Trickserien nicht mit ihren japanischen Pendants Schritt halten. Vor allem die Konfrontation zwischen Helden und Widersachern gestaltet sich in Anime oft stark beleidigend. Derbe Schimpfwörter, hasstriefende Anschuldigungen und verletzende Bemerkungen oder Beleidigungen sind gang und gäbe, wobei nicht nur die Widersacher, sondern auch die Guten ihren Teil verbaler Gewaltattacken austeilen. Doch gepaart mit Humor in Form von ironischen oder sarkastischen Bemerkungen werden auch diese Gewaltinhalte abgeschwächt. In Disney-Serien lassen sich zwar ebenfalls eine beträchtliche Anzahl an physischen Angriffen finden, doch gehen diese in erster Linie von den Bösewichten aus, da die Helden der Geschichten viel zu perfekt sind, als dass sie andere verbal oder auch körperlich verletzen würden.

Bezüglich der Darstellung der Geschlechter ist festzuhalten, dass Frauen in amerikanischen Trickserien einerseits emanzipiert und stark wirken, sie jedoch andererseits immer noch in ein patriachales Wertesystem eingebettet sind. Sie brillieren vor allem durch ihre innere Stärke, ihr Herz und ihre Liebenswürdigkeit, wodurch sie in physischen Gefahren immer wieder Hilfe von starken, mutigen Männern benötigen. Die dargestellten Frauen müssen sich in der Regel für ihr Verhalten irgendeinem männlichen Wesen verantworten. So haben Arielle[443] und Jasmin[444] ihrem Vater zu gehorchen und ihm für ihr Handeln Rechenschaft abzulegen. Für männliche Helden wäre dies undenkbar. Frauen in Anime werden diesbezüglich doch auf eine andere Art und Weise dargestellt, da die Spannbreite ihrer Rollen höchst vielfältig ist, wobei ihre Fähigkeit sich zu verwandeln ein immer wieder gern aufgegriffenes Themengebiet ist. Ihr Spektrum reicht von mütterlich[445] über roboterhaft bis hin zu vollkommen (vgl. Rogers 2001). Auch in „*Sailor Moon*" oder „*DragonBall*" ist dies, wenn auch nicht in vollem Ausmaß[446], zu erkennen. Die Gruppe rund um Sailor Moon hat die Fähigkeit sich in starke Kriegerinnen zu verwandeln,

---

[443] aus „*Arielle, die Meerjungfrau*"
[444] aus „*Aladdin*"
[445] und trotzdem sexy
[446] schließlich sind die Zeichentrickserien für Kinder konzipiert

wodurch ihnen enorme physische Kräfte zur Verfügung stehen. Andererseits haben sie als „ganz normale" Mädchen mit den Problemen des Alltags zu kämpfen[447]. Durch die unterschiedlichen Mädchen-Typen, die in der Serie agieren, werden ebenso unterschiedliche Frauenbilder dargestellt. Hier gibt es etwa die labile, oftmals hilfsbedürftige Frau, die kluge Außenseiterin, den unerschrockenen Hitzkopf, die Einsame, die sanfte Mitläuferin, etc. Ihnen allein ist jedoch gemein, dass sie im Zweifelsfall über ihre Schwächen hinauswachsen und etwaige Gefahren, und dies ist hervorzuheben, ohne männliche Hilfe meistern. Sie bestechen somit mit nur durch ihre inneren Stärken, sondern auch durch ihre physischen Kräften. Ihr Verhältnis zum männlichen Geschlecht steht somit nicht auf einem unausgeglichenen Fundament, da die Frauen ebenso große Kräfte und Stärken besitzen wie die Männer. Im Falle „Sailor Moon" dreht sich das Balanceverhältnis zwischen Mann und Frau gegenüber der stereotyp gehandelten männlichen Vormachtstellung schon beinahe. Die Macht Sailor Moons ist größer als jene ihres Geliebten, und seine Stärken liegen hauptsächlich darin, seine Herzensdame so weit es ihm physisch wie psychisch möglich ist zu unterstützen.

In „DragonBall" stehen vor allem männliche Helden im Mittelpunkt der Geschichte, doch werden die wenigen Mädchen- bzw. Frauenfiguren als ebenso starke und selbstständige Personen in Szene gesetzt wie ihre männlichen Pendants. So führt etwa Bulma die Gruppe der DragonBall-Suchenden an, gibt ihren physisch stärkeren Weggefährten, unbeeindruckt von deren Kraft und Können, Befehle und stellt sich ihren Gegnern furchtlos entgegen. Die weiblichen Protagonisten japanischer Jungen-Cartoons stehen zwar nicht im Mittelpunkt der Geschichten, werden jedoch im Gegensatz zu amerikanischen Zeichentrickserien auch nicht zu bloßen Schaustücken, zu Effektstützen der männlichen Helden oder zu armen, schutzbedürftigen Stafetten degradiert.

---

[447] Schule, Liebe, Streit mit Freunden, etc.

6.3 Fazit

Es gilt nun schlussendlich, noch mit Hilfe der Ergebnisse der vergleichenden Analysen die aufgestellten Forschungsfragen zu beantworten.

- *Wird Gewalt in japanischen Zeichentrickserien für Kinder realitätsnäher präsentiert als in US Cartoons?*

Gewalt lässt sich, wie die Analyse zeigt, in beinahe allen Zeichentrickserien finden. Um nun die Frage nach der Realitätsnähe der dargestellten Gewalt zu beantworten, muss der Fokus auf die Präsenz von physischen Aggressions- und Gewaltinhalten gerichtet werden. Ihr Wirkungspotential auf den Zuseher außer acht lassend, kann eindeutig festgestellt werden, dass der Einsatz von Gewalt und seine daraus resultierenden Folgen in Anime realistischer gezeichnet ist als in US Cartoons. So werden Charaktere etwa bei Kämpfen und Auseinandersetzungen verletzt oder sterben. Amerikanische Serien verharmlosen in der Regel jegliche körperliche Gewaltformen, indem sie konsequenzlos bleiben. Wie jedoch bereits erörtert wurde, wirken japanische Trickfilme durch ihre cartoonesken Stilmittel allgemein wenig realistisch, wodurch ihr animierter Ursprung jederzeit als solcher offensichtlich ist. Somit stehen sich an die Wirklichkeit angelehnte Animationen mit verharmlosenden Gewaltaktionen und klar als Cartoons skizzierte jedoch Gewaltkonsequenzen zeigende Serien gegenüber. Es bleibt abzuwägen, welche der beiden Präsentationsformen beim kindlichen Zuseher größere negative Wirkung erzielt.

- *Gibt es sowohl im japanischen als auch im amerikanischen Zeichentrick klar definierte Grenzen zwischen „Gut" und „Böse"?*

Eine Reihe von Studien zum Thema Zeichentrick[448] konnten belegen, dass es spezieller inhaltlicher und formaler Charakteristika innerhalb einer Serie bedarf, um die Rezeptionsweise von Kindern voll und ganz zu unterstützen. Eines dieser Merkmale liegt in der klaren Abgrenzung von Gut und Böse. Diese Tatsache berücksichtigend, könnte angenommen werden, dass die Schaffer von Trickserien für Kinder daran interessiert sind, ihre

---
[448] Becker et al. 1991/ Theunert 1996

Produktionen kindgerecht aufzuarbeiten. Somit sollte die Frage, ob es in Zeichentrickserien klar definierte Grenzen zwischen Gut und Böse gibt, im Grunde mit „Ja" beantwortet werden. Die Ergebnisse der Analyse zu Rate ziehend ist dem jedoch nicht so. Anime zeichnet im Gegensatz zu amerikanischen Zeichentricks ein komplexes Netz an Charakterausprägungen der verschiedenen Helden und Bösewichte aus. Jede der Figuren hat Stärken und Schwächen, wobei natürlich die Stärken der Helden bzw. die Schwächen der Bösewichte dominieren. Nichtsdestotrotz verschwimmen im japanischen Trickfilm die Grenzen zwischen Gut und Böse. Dies manifestiert sich in erster Linie dadurch, dass Widersacher von den Helden geläutert werden können und plötzlich die Seite wechseln, oder Helden für kurze Zeit von ihren Schwächen dominiert werden und demnach gegen ihre früheren Freunde kämpfen. Bei Disney stellt sich hingegen niemals die Frage, ob eine Person gut oder böse ist, da seine Zuordnung immer vollkommen offensichtlich ist, und auch bestehen bleibt. Hier muss jedoch erwähnt werden, dass sowohl „Sailor Moon" als auch „DragonBall" in ihrem Herkunftsland für eine jugendliche Zielgruppe ab zwölf Jahren konzipiert und die Disney-Serien ohne Altersbeschränkung freigegeben wurden. Dies erklärt natürlich sowohl den Grad ihrer Komplexheit als auch den stärkeren Realitätsbezug in Sachen Gewaltpräsentation. Ältere Kinder denken vernetzter, sind erfahrener, weiter entwickelt und können somit den Geschichten besser folgen als Jüngere.

- *Werden Frauen und Männer in Anime gleichwertiger dargestellt als in US Cartoons? Und dominiert im US Cartoon das männliche Geschlecht als Helden- und Leitfigur?*

Die Beantwortung dieser Frage ist nicht einfach, da die Geschlechterdarstellung von Serie zu Serie variiert. Grundsätzlich kann festgestellt werden, dass beide Zeichentricktypen einerseits gewisse stereotype Eigenschaften beinhalten[449], sie sich jedoch andererseits doch in sehr starkem Maße voneinander unterscheiden. Die Präsentation von Frau und Mann hängt in erster Linie von der Zielgruppenspezifität der Serien ab. Cartoons für Mädchen, egal aus welchem Land sie stammen, bieten dem Zuseher etwa eine weibliche Heldenfigur, wohingegen Jungen-Trickserien

---

[449] vor allem was das Aussehen der Akteure betrifft.

einen männlichen Helden in Szene setzen. Da jedoch die Frauen in amerikanischen Cartoons, egal ob Helden- oder Nebenfiguren, in der Regel schwächer erscheinen und eingeschränkter agieren[450] als ihre männlichen Pendants, was sich vor allem in physischen Belangen und als schwach erachteten Wesenszügen[451] zeigt, so kann doch schlussgefolgert werden, dass amerikanische Zeichentrickserien einen männlichen Helden präferieren. Im Gegensatz zur Frauendarstellung in den Disney-Serien verfügen weibliche Protagonisten in den Anime eindeutig über mehr Freiheit und vor allem über ein größeres Maß an physischer Kraft. Agieren sie als Haupthelden einer Serie gibt es keinen männlichen Helden, der ihnen bezüglich Kraft und Macht das Wasser reichen kann. Sie vereinen innere und äußere Stärke, wobei das Verhältnis zwischen Frau und Mann dem stereotypen westlichen Bild entgegenwirkt. So mimt der Mann etwa den Schwächeren der beiden und muss nicht selten von seiner Herzdame gerettet werden. In Shonen-Anime treten die männlichen Figuren als Hauptprotagonisten auf, wobei jedoch die spärlich vorhandenen Frauen nicht unterdrückt oder unterwürfig, sondern trotz fehlender physischer Kräfte in etwa gleichwertig dargestellt werden. Verglichen mit amerikanischen Trickserien scheint das Verhältnis zwischen Frau und Mann in japanischen Cartoons ausgeglichener zu sein.

- *Werden in amerikanischen und in japanischen Cartoons Gefühle als Zeichen von Schwäche verstanden und werden diese verstärkt den weiblichen Protagonisten zugeschrieben?*

Gefühle wie Angst, Furcht, Liebe, Hass, Neid, etc. finden sich in allen analysierten Serien wieder. In den meisten Trickfilmen werden solche Emotionen tatsächlich Frauen oder fehlerbehafteten Nebenfiguren zugeschrieben. Der männliche Held besticht durch Mut, Kraft und Intelligenz. Weibliche Helden zeigen im Gegensatz zu ihren männlichen Pendants Gefühle, und müssen in der Folge auch das ein oder andere Mal aus ausweglosen Situationen gerettet werden. Die generelle Gleichsetzung von Gefühlsregungen und Schwäche ist jedoch falsch, da vor allem in den

---

[450] So müssen sie sich meist für ihr Handeln und Verhalten gegenüber einem männlichen Wesen verantworten und ihre Rollen decken bei weitem nicht die Variationsbreite, die sich bei männlichen Protagonisten findet.
[451] Heldinnen haben etwa Angst vor etwas oder jemandem.

Anime[452] die Stärken der Heldenfiguren aus ihrer Fähigkeit emotional zu handeln resultiert. SailorMoons Kraft kommt aus ihrem Inneren. Durch ihre Liebe zu ihren Freunden und dem Mann ihres Herzens rettet sie schlussendlich die Welt. Zusammenfassend kann bemerkt werden, dass US Cartoons Gefühle in der Regel schon mit Schwäche assoziieren, welche hauptsächlich weiblichen und anderen fehlbaren Personen zugeschrieben werden, hingegen diese Pauschalisierung in Anime nicht gemacht werden kann, da es Serien gibt, in denen Gefühle auch als Zeichen von Stärke verstanden werden.

- *Versuchen Zeichentrickserien für Kinder bestimmte (pädagogische) Botschaften zu vermitteln?*

Es kann klar festgemacht werden, dass alle untersuchten Serien versuchen, auf die eine oder andere Weise ihren Zusehern Ratschläge, Botschaften oder ähnliches zu vermitteln. Binden die Disney-Werke in ihre typisch konservativen Weltanschauungsvorstellungen von Familie, Fleiß und Mut die Grundpfeiler des „amerikanischen Traums" mitein und verankern somit ihr kulturelles Gut in den Geschichten, so versuchen die Japaner ebenfalls ihre wichtigsten Normen und Werte an das Publikum weiterzugeben. Die Helden vertrauen auf die Macht der Gruppe, das Vertrauen, welches in sie gesetzt werden muss, den eigenen Glauben und die Liebe in all ihren Facetten, ohne die der Mensch nur ein halber wäre. Weiters unterstreichen sie die Wichtigkeit von harter Arbeit, Disziplin, aber auch von Spaß am eigenen Tun. Somit werden Kinder durch die Rezeption fremdländischer Zeichentrickserien nicht nur unterhalten, sondern können mitunter viel über andere Kulturen und Lebensformen lernen.

Der Anime grenzt sich zusammenfassend betrachtet sowohl inhaltlich als auch formal in hohem Maße vom amerikanischen Zeichentrick ab, wobei die meisten, vor allem inhaltlichen Unterschiede, kulturell begründet werden können. Kritiker und Gegner japanischer Trickfilmen und Trickserien verurteilen oftmals vorschnell, postulieren den ostasiatischen Populärkulturgütern nur allzu gerne untragbare Zurschaustellung von Gewalt oder Frauenfeindlichkeit in der Darstellung der Geschlechter. Fakt ist, dass Anime einen gänzlich anderen Zugang zum Thema Zeichentrick bieten, da sie nicht nur für Kinder, sondern auch für eine ältere Zielgruppe

---

[452] und hier vor allem in den Mädchen-Cartoons

produziert werden. Dies muss neben dem kulturellen Aspekt der Andersartigkeit mitberücksichtigt werden, wenn man daran geht den japanischen Zeichentrick zu kritisieren.

Das Hauptproblem liegt mit großer Sicherheit darin, dass sich westliche Medienunternehmen beim Kauf der Lizenzen für Anime darüber nicht im Klaren sind. Die Trickserien werden billig erworben und im Kinderprogramm ausgestrahlt, ohne sie einer näheren Untersuchung zu unterziehen, da Zeichentrick in unseren Kreisen synonym für Kinderunterhaltung steht. Mit den enormen wirtschaftlichen Erfolgen von „Pokémon", „Sailor Moon" und der aktuellen Hysterie um „DragonBall Z" wurden jedoch nun auch kritische Stimmen laut, welche dazu beitrugen, dass die Medienbetreibenden nicht mehr die Augen vor diesem interkulturellen Problem verschließen können. So werden etwa wissenschaftliche Gutachten über spezielle, besonders im Blickpunkt der Kritik stehende, Sendungen in Auftrag gegeben, um deren Tragfähigkeit zu prüfen und aktuelle Rezeptionsstudien versuchen die Wirkung von japanischen Zeichentrickserien und Zeichentrickfilmen auf das kindliche Publikum zu erörtern.

Es bleibt abzuwarten, inwieweit diese etwas anderen Trickanimationen weiterhin den westlichen Medienmarkt überschwemmen, welchen Effekt sie tatsächlich auf die jungen Rezipienten haben, und ob es vielleicht in Folge sogar zu einer Zielgruppenerweiterung sprich zur Entdeckung des Erwachsenenmarktes für Zeichentrickproduktionen in Europa und Amerika kommt.

7 Anhang

Zeichenerklärung für Sequenzprotokoll:

Kamerabewegungen:

ZF	Zufahrt
WF	Wegfahrt

Einstellungsgrößen:

T	Totale (Handlungsraum, in der der Mensch untergeordnet ist)
HAT	Halbtotale (die Person ist von Kopf bis Fuß zu sehen)
HN	Halbnah (die Person ist von der Hüfte weg aufwärts zu sehen. Diese Einstellung ermöglicht auch Aussagen über die unmittelbare Umgebung)
N	Nah (die Person ist von Kopf bis zur Mitte des Oberkörpers zu sehen)
G	Groß (Bildausschnitt konzentriert sich auf den Kopf des Abgebildeten)
D	Detail (Gesichter oder Gegenständen sind nur ausschnittsweise zu sehen)

Kameraperspektive:

FP	Froschperspektive (Aufnahme von unten)
VP	Vogelperspektive (Aufnahme von oben)
A	Augenhöhe

8 Literaturverzeichnis

Albus, M. (1994): Programmauftrag: Leben lernen. Gute und schlechte Sendungen aus der Sicht des öffentlich-rechtlichen Kinderprogramms. In: Deutsches Jugendinstitut (Hrsg.) (1994): Handbuch

Antoni, K. (2000): Kulturgeschichte und traditionelles Wertesystem Japans. In: http://www.unituebingen.de/JAPSEM/ka_kultur.htm

Apenname, M. (1999): Anime vs American Animation. In: http://digitalessays.com/essays/misc/misc_0001.shtml

Bachmair, B. (1997): Qualitätsfernsehen für Kinder. Argumente in einer kulturellen Übergangssituation. In: Medien Praktisch, 1997, Vol. 2, S. 48-52

Bachmair, B. (1998): Lernen mit dem Kinderfernsehen: Wunsch oder Wirklichkeit? In: TelevIZIon, 1998, Vol. 11, S. 4-20

Bachmair, B. et al. (2001) : Bestandsaufnahme zum Kinderfernsehen. Ein pädagogischer Blick auf das Fernsehangebot und die Nutzung durch die Kinder. In: Medien Praktisch, 2001, Vol. 2, S. 23-28

Baker, B. (1979): Max and Dave Fleischer. In: Film Dope, 1979, Nr. 16, S. 35

Balzer, J. (2001): Letztes Gefecht gegen die Neuzeit.
In: http://www.berlinonline.de/wissen/berliner_zeitung/archiv/2001/0419/feuilleton/0002.index.html

Banz, D. (1999): Zeichentrick. In: http://www2.inf.fh-rhein-sieg.de/mi/lv/mf/ws98/stud/fg/zeichentrick/index.html

Baranyi, A. (2001): Wimps from Outer Space.
In: http://www.tomobiki.com/articles/baranyi2.htm

Barrier, M. (1988): Die phantastische Welt der Disney-Zeichentrickfilme. In: Strysz, Knigge et al (1988): Disney von Innen. Gespräche über das Imperium der Maus. Berlin. S. 21-41

Barthe, A. G. (1996): Anime Infos. In: http://www.barthe.net/a_info.htm

Bartlo, Ch. (2001): The American Stereotype.
In: http://www.mediastudies.pomona.edu/49/bartlo/The big test.html

Bauer, A. (2001): Von Mäusen und Menschen. Disney Videos für die Familie. In: http://www.ettl.co.at/n_persp/54/txt07.htm

Bauer, R. (2001): Tom und Jerry. In: http://www.trickfilmwelt.de/tomjerry.htm

Bause, U./Rullmann, A./Welke, O. (1991): Von Märchen und anderen Geschichten zur theoretischen Basis und Methode der Analyse. In: Paus-Haase, I. (Hrsg.) (1991): Neue Helden für die Kleinen. Münster: LIT Verlag

Beauty, Sally (1999a): Kids are glued to violent japanese cartoon shows.
In: http://dbzuncensored.dbzoa.net/graphics/WSJ1.jpg

Beauty, Sally (1999b): Kids are glued to violent japanese cartoon shows.
In: http://dbzuncensored.dbzoa.net/graphics/WSJ2.jpg

Becker, B./Janßen, S./Rullmann, A./Schneider, B. (1991): Die neuen Zeichentrickserien: Immer wieder Action. In: Paus-Haase, I. (Hrsg.) (1991): Neue Helden für die Kleinen. Das (un)heimliche Kinderprogramm des Fernsehens. Münster: LIT-Verlag. S. 152-154

Bernauer, J./ Deutsch, C./ Eckstein, K. (2001): Kampf für Liebe und Gerechtigkeit. Sailor Moon – ein Action-Cartoon für Mädchen. In: Paus-Haase, I. et al. (2001): Kinder- und Jugendmedien in Österreich: Traummännlein – Teletubbies – Talkshows. Wien: öbv und hpt

Berque, A. (1986): Das Verhältnis der Ökonomie zu Raum und Zeit in der japanischen Kultur. In: von Barloewen, C./Werhahn-Mees, K. (Hg.): Japan und der Westen. Bd. 1. Philosophie, Geistesgeschichte, Anthropologie. Frankfurt: Fischer

Boje, D.M. (1995): Stories of the Storytelling Organization. A postmodern analysis of Disney als "Tamara-Land". In: Academy of Management Journal, 1995, August Vol. 38 (4), S. 997-1035.
Oder:http://cbae.nmsu.edu/~dboje/papers/DisneyTamaraland.html

Brad, A. (2001a): Walt Disney Biography.
In: http://www.justdisney.com/walt_disney/biography/long_bio.html

Brad, A. (2001b): Walt Disney Biography Continued.
In: http://www.justdisney.com/walt_disney/biography/long_bio02.html

Breger, R.A. (1990): Myth and Stereotype. Images of Japan in the German Press and in Japanese Self-Presentation. Dissertation, Bochum

Brophy, P. (1994): Ocular Excess: A Semiotic Morphology of Cartoon Eyes.
In: KABOOM! Explosive Animation from America & Japan. Sydney. Oder:
In: http://mediaarts.rmit.edu/au/Phil_Brophy/KBMartcls/OcularExcess.html

Brosche, M. (1996): Anime. In: http://sun1.rrzn.uni-hannover.de/
~zzhibros/anime.htm

Bryman, A. (1995): Disney and his worlds. London/New York: Routledge

Buch, St. T. (2000): Disney.
In: http://www.hausarbeiten.de/archiv/anglistik/angl-disney-angl-disney.shtml

Buckingham, D. (1997): Dissin' Disney: critical perspectives on children's media culture. In: Media, Culture and Society, 1997, Vol. 19, Nr. 2, S. 285-294

Bündgens, M. (2000a): Legende.
In: http://www.dbz.4players.de:1094/information/facts/legende/php3

Bündgens, Martin (2000b): Ende.
In: http://www.dbz.4players.de:1094/information/facts/final/php3

Bündgens, Martin (2000c): Facts.
In: http://www.dbz.4players.de:1094/support/faq.php3

Canemaker, J. (1975): Grim Natwick. In: Film Comment, 1975, Vol. 11, Nr. 1, S. 58-59

Carbaga, L. (1976): The Fleischer Story. New York: Nostalgia.

Carow, R. (1997): Anime – Eine Einführung.
In: http://www.amichan.de/anime.html

Charlton, M./Neumann-Braun, K. (1992): Medienkindheit – Medienjugend: Eine Einführung in die aktuelle kommunikationswissenschaftliche Forschung. München: Quintessenz Verlag

Chennavasin, T. (1999): Anime aesthetic.
In: http://anime.sprocketworks.com/aesthetic/aesthetic.html

Corliss, R. (1999): Amazing Anime. In: Time 154, 22. November 1999, S. 94

Coulmas, F. (1993): Das Land der rituellen Harmonie. Japan: Gesellschaft mit beschränkter Haftung. Frankfurt/New York: Campus

Crandol, M. E. (1999): The History of Animation: Advantages and Disadvantages of the Studio System in the Production of an Art Form.
In: http://www.animationshistory.com/History/history.html

Cybulski, K./ Valentine, D. (2000): Animation Timeline.
In: http://www.bergen.org/AAST/ComputerAnimation/Hist_Timeline.html

De Marchi, S./Amiot, R. (1974): Alles über den Zeichentrick- und Animationsfilm. Fünfte Auflage. Winterthur/München: Foto + Schmalfilm-Verlag

Deneroff, H. (2000): Max Fleischer – The thin blank line.
In: http://www.bfi.org.uk/sightandsound/archive/innovators/fleischer.html

Derks, K. (2001): Mickey neue Kleider. In: Salzburger Nachrichten, 07. Mai 2001

Dijck, B. van (1999): Successful International Co-operation in the Promoting Godd Practise in Gender Portrayal Project.
In: http://www.yle.fi/gender/diffus1998.html

Dimayuga, M.-A. (2000): Nationalism in Manga and Anime.
In: http://gwu.edu/~koulikom/japanpaper.htm

Dirks, T. (2000): Animated Films.
In: http://www.filmsite.org/animatedfilms.html

Eliot, M. (1993): Walt Disney. Genie im Zwielicht. München: Wilhelm Heyne Verlag

Eßer, K. (1995): Von Null auf Hundert: Das Zeichentrickangebot im deutschen (Kinder)Fernsehen - Ein historischer Abriss. In: Erlinger, H. D. u.a. (Hrsg.) (1995): Handbuch des Kinderfernsehens. Konstanz: Universitäts-Verlag Konstanz

Everschor, F. (2000): Trickfilme werden erwachsen. Animationsfilme auf dem Vorstoß in neue Dimensionen. In: Film-Dienst, hrsg. vom Katholischen Institut für Medieninformation, 2000, Vol. 53, Nr. 16, S. 48-49

Field, S./ Märthesheimer, P./ Längsfeld, W. et al. (1990): Drehbuchschreiben für Fernsehen und Film. Ein Handbuch für Ausbildung und Praxis. München

Flakk, A. (2001): A Brief History of Anime.
In: http://www.zealot.com/features/archives/animehistory.php3 (heruntergeladen am 11. April 2001)

Flückinger, Ch. (2001): Frisches Blut.
In: http://www.facts.ch/stories/0010_kul_disney.htm (heruntergeladen am 04. April 2001)

Fuchs, W. J. (1991): Merchandising. Das Geschäft der Medienindustrie mit den Kindern. In: medien + erziehung, 1991, Nr. 3, S. 207-214

Fuchs W. J. (1998): Das Disney-Imperium. Wie ein Name zum Markenzeichen wurde. In: medien + erziehung, 1998, Nr. 4, S. 219-226

Furniss, M. (2001a): Animation. In : http://encarta.msn.com

Furniss, M. (2001b): The Fleischer Studio and Modeling.
In: http://www.afionline.org/cinema/archive/alice/koko.html

Furniss, M. (2001c): Walt Disney and the Alice Comedies.
In: http://www.afionline.org/cinema/archive/alice/alice2.html

Gafron, G. (1998): Disney entdeckt die Erotik. In: http://www.bz-berlin.de/bz/kino/arch/disneysex.htm

Galtung, J. (1971): Gewalt, Frieden und Friedensforschung. In: Senghaas, D. (Hrsg.) (1971): Kritische Friedensforschung. Frankfurt

Gauntlett, D. (2001): Gender and sexuality in Japanese Anime.
In: http://www.theory.org.uk/etr-rol4.htm

Geh, Ch.-K. (1998): Manga and Anime.
In: http://www.ecr.mu.oz.au/~ckgeh/anime.html

George, Ch. (2001): Special Feature: The Magic of Disney and the Fantasy of Musical Film. In: http://www.musicalstages.co.uk/news/disney-musicalfilm.htm

Giez, D. (2001): Walt Disney Television and Feature Film Animation.
In: http://www.jps.net/xephyr/dzone/hoozoo/dta.html#AL

Giroux, H.A. (1995): Animating Youth: The Disnification of Children's Culture. In: http://www.gseis.ucla.edu/courses/ed253a/Giroux/Giroux2.html

Götz, M. (2000): Männer sind die Helden. Geschlechterverhältnisse im Kinderfernsehen. In: http://www.br-online.de/jugend/izi/text/mayaheld.htm

Groebel, J./Gleich, U. (1993): Gewaltprofil des deutschen Fernsehprogramms. Eine Analyse des Angebots privater und öffentlich-rechtlicher Sender. Schriftreihe Medienforschung der Landesanstalt für Rundfunk, Band 6. Opladen: Leske und Budrich.

Gros, X. E. (1997) : Understanding the Japanese Society through Mangas. In: http://www.iac.co.jp/~sdsk/SDSK/Newsletter/30/manga.html

Haberland, J. (1997): Animiertes für alle Arten Animierte. In: Die Welt, 28.1.1997

Hammann, E. (1999a): Cells. In: http://www.jasms.de/d_bank/cell01.html

Hammann, E. (1999b): Kurzer Überblick über die japanische Geschichte. In: http://www.jasms.de/j_kurs/j_gesch01.html

Hammond, P. (1999): The Mystification of Culture. Western Perspectives of Japan. In: Gazette, 1999, Vol. 61 (3-4), S. 311-325

Heidtmann, H. (1998): Herrscher des Waldes und König der Löwen. Die Märchenfilme der Walt-Disney-Company. In: TausendundeinBuch. Das österreichische Magazin für Kinder- und Jugendliteratur. Heft 4, 1998, S. 23-30

Heinemann, M. (2000): Walt(er Elias) Disney. In: http://www.onestopenglish.com/Culture/art/people/disney.htm

Hellriegel, I. (1990): Die Kinder- und Familienfilme der Walt-Disney-Company. In: Informationen Jugendliteratur und Medien, 1990, Vol. 2, S. 61-76

Hickethier, K. (2001[3]): Film- und Fernsehanalyse. Stuttgart/Weimar: Verlag J.B. Metzler

Hinson, H. (1994): The Lion King. In: Washington Post, 24. Juni 1994.

Höhl, T. (1998): Von „Schneewittchen" bis „Die Schöne und das Biest". Ein Einblick in die Entwicklung des Zeichentrickfilms. In: http://www.sftv.ch/hoehl/dis-sch.htm

Hoisington, D. (1996): Disney's World – The Art of Exclusion. In: http://www.his.com/~ajp/

Holzschneider, A. (2001): Historische Entwicklung und aktuelle Gesellschaftsposition japanischer Populärkultur. Manga – Die Dokumentation. In: http://home.snafu.de/organx/manga/ (heruntergeladen am 20. Juni 2001)

Iwao, S. (1986): Die japanische Familie. In: von Barloewen, C./Werhahn-Mees, K. (Hg.): Japan und der Westen. Bd. 3. Politik, Kultur, Gesellschaft. Frankfurt: Fischer

Izawa, E. (1995): What are Manga and Anime? In: http://www.mit.edu:8001/afs/athena/user/r/e/rei/www/Expl.html

Izawa, E. (1997a): The Romantic, Passionate Japanese in Anime: A Look at the Hidden Japanese Soul. Japanese Pop Culture Conference. University of Victoria. Oder: In: http://www.mit.edu:8001/afs/athena/user/r/e/rei/www/manga-romanticism.html

Izawa, E. (1997b): Gender and Gender Relations in Manga and Anime. In: http://www.mit.edu:8001/afs/athena/r/e/rei/www/manga-gender.html

Izawa, E. (2000a): The Versatility and Variety of Anime. In: http://www.angelfire.com/oh/missrei/paper.html

Izawa, E. (2000b): the new stereotypes of anime and manga. In: http://www.ex:org/2.8/45essay_stereotypes.html

James, P. (1997): History of Animation. The Early Years: Before Disney. In: http://www-iz.tamu.edu/courses/viza615/97spring/pjames/-history/main.html

Jarvis, J. (2001): Animation Techniques. In: http://www.filmeducation.org/primary/archive/animation.pdf

Jöckel, A. (1998): Siegeszug des Trickfilms. Unendliche Möglichkeiten für die Phantasie. In: http://rhein-zeitung.de/old/98/11/10/topnews/mickfilm.html

Johnson. C. (1999): Reconciling, Anime and Feminism. In: http://animeworld.com/essays/feminism.html

Kalkofe, O et al. (1991): Action-Serien – Anatomie eines Genres. Von Cowboys, Cops und Detektiven – Wie die Action auf den Bildschirm kam. In: Paus-Haase, Ingrid (Hrsg.) (1991): Neue Helden für die Kleinen. Münster: LIT

Kaneko, M. (1997): Angriffe der nationalistischen Kräfte auf die Schulerziehung. Beobachtungen zur gegenwärtigen Geschichtsbildkontroverse in Japan. In: Minikomi, 1997, Nr. 2

Kim, M. (1996): Japanese Animation. In: http://www.imsa.edu/~leda/anime/

Kinsella, S. (1999): Pro-establishment manga: pop-culture and the balance of power in Japan. In: Media, Culture and Society, 1999, Vol. 21, Nr. 4, S. 567-572

Kölling, M. (1996): Der Medientyp Animation. In: Boles, D. (1998): Multimedia-Systeme. Begleitbuch zur Vorlesung. Oldenburg: Carl von Ossietzky Universität. Zu finden unter: http://www-is.informatik.uni-magdeburg.de/~dibo/teaching/pg-mpig/zwischenbericht-b/node164.htm

Kohlschmidt, T. (2001): „Mondstein, flieg und sieg!"
In: http://www.autorenforum.de/rubriken/schreibkurs/Sailor%20Moon.html

Korte, H. (2001): Einführung in die systematische Filmanalyse. Berlin: Erich Schmidt

Klose, A. (2001): Anime. In: http://www.otakuworld.de/animerev.html (heruntergeladen am 24. März 2001)

Knorren, R. (1999): Wie erfahren Japaner die Globalisierung? Japaner im Ausland – Ausländer in Japan. In: http://userpage.fu-berlin.de/~spyra/japonet/j-impressionen.html

Kohlmann, S. (2001): Was sind Anime und Manga eigentlich? In: http://home.germany.net/101-240188/anime/wasanime.htm

Kothenschulte, D. (2001): Aus dem Schatten der Niedlichkeit. In: Die Welt (Online), 15. März 2001. Oder: http://www.welt.de/daten/2001/03/15/0315kfi240493.htx

Krüger, U.M. (1996): Gewalt in von Kindern genutzten Fernsehsendungen. In: Media Perspektiven, 1996, Vol. 3, S. 114-133

Kubo, M. (2000): Why Pokémon Was Successful in Amerika. In: Japan Echo, 2000, Vol. 27, Nr. 2

Kunczik, M. (1983): Wirkungen von Gewaltdarstellungen in Zeichentrickfilmen. In: Media Perspektiven, 1983, Vol. 5, S. 338-342

Kunczik, M. (1994): Gewalt und Medien. Köln/Weimar/Wien: Böhlau Verlag

Kunsanagi, S. (2000): Lexikon des Manga und Anime. In: http://www.manga-world.de/lexikon.htm

Langer, M. (1992): The Disney Fleischer Dilemma. Product Differentiation and Technological Innovation. In: Screen, 1992, Vol. 33, Nr. 4, S. 343-360

Langer, M. (1993): The Fleischer Rotoscope Patent. In: Animation Journal, 1993, Vol 1, Nr. 2

Langer, M. (2001): Out of the Inkwell. Die Zeichentrickfilme von Max und Dave Fleischer. In: Blimp, Winter 1993, Nr. 26, S. 4-11

Larson, C. (2000): Your Comments – Anime.
In: http://www.crossroad.to/text/responses/Anime1.htm

Levi, A. (1996): Samurai from Outer Space. Understanding Japanese Animation. Chicago / La Salle: Open Court

Lorenz, P. (2001): Simulation und Animation. In: http://isgwww.cs.uni-magdeburg.de/~pelo/s1g/sa1/sa13.shtml

Lorenz, U. (2000): Printmedien in Japan.
In: http://home.t-online.de/home/ullrich.lorenz/hendrix/printmedien.htm (heruntergeladen am 11. April 2001)

MacIntire, D. (2001): History of Animation.
In:
http://classes.monterey.edu/CST/CST33101/world/Mat/history_animation.htm
(heruntergeladen am 14. Mai 2001)

Marzok, E.M. (2001): Auf der Suche nach Qualität im Kinderfernsehen. In: medien + erziehung, 2001, Vol. 3, S. 161-166

Maltin, L. (1987): Of Mice and Magic. A History of American Animated Cartoons. revised edition. New York: Plume

Mana, D. (1992): A Short and Biased History of Anime and Manga in Italy. In: http://www.fortunecity.com/tattooine/zenith/134/zero.htm

Marzok, E.-M. (2001): Auf der Suche nach Qualität im Kinderfernsehen. Entsprechende Kriterien sind jedoch schwierig zu finden. In: medien+erziehung, 2001, Vol. 4, S. 161-165

McCarthy, J. (2000): Warner Brothers Cartoon Chronology.
In: http://www.nonstick.com/wdocs/chronology.html

McIntire, St. (1997): The Creative Process. In:
http://www.scaryguys.com/process.htm

Mikos, L. (1996): Bilderfaszination und Kommunikation. Struktur-funktionale Film- und Fernsehanalyse Teil 1. In: Medien Praktisch, 1996, Vol. 3, S. 52-56

Murray, N. M. (2000): The Evolution of Anime.
In: http://www.mediastudies.ponoma.edu/49/bartlo/evo.html

Myers, P. (1999): History.
In: http://www.fi.edu/fellows/fellow5/may99/History/history.html

Neufeld, B. (1996): Anthropomorphism in „The Lion King".
In: http://www.gate.net/~bneufeld/lionking.html (heruntergeladen am 11. April 2001)

Neumann, K. (1991): In Japan ist alles anders. Vom Leben in einem fast unbekannten Land. Freiburg/Basel/Wien: Herder

Newitz, A. (1994): Anime Otaku. Japanese Animation Fans Outside Japan.
In: Bad Subjects, 1994, Vol. 13. Oder: In: http://eserver.org/bs/13/Newitz.html

Newitz, A. (1995): Magical girls and atomic bomb sperm. Japanese animation in America. In: Film Quarterly, 1995, Vol. 49, Nr. 1. Oder:
In. http://members.aol.com/penac312/private/anime/magical_girls.htm

Noack, U. (2001): Manga-Grafiken. In: http://www.noack-oschatz.de

O'Connell, M. (1999): A Brief History of Anime.
In: http://gwu.edu/~koulikom/history.html

Paus-Haase, I. (Hrsg.) (1991): Neue Helden für die Kleinen. Münster: LIT

Paus-Haase, I./Claashen, H./Gabele, I./Weimann, H. (1997): Qualitätskriterien für Kinderfernsehen. Überlegungen zu Eckpunkten einer Diskussion über Qualität. In: Medien Praktisch, 1997, Vol. 2, S. 53-56

Pfaffenberger, B. (1999): Anime, Animé, Japanimation.
In: http://www.abcb.com/ency/a/anime.htm

Pohl, M. (2001): Japan auf dem Weg ins 21. Jahrhundert.
In: http://www.bpb.de/infofranzis/html

Poitras, G. (1999): The Anime Companion. What's Japanese in Japanese Animation? Berkeley/ California: Stone Bridge Press

Poitras, G. (2001): Anime Essentials. Every Thing A Fan Needs To Know. Berkeley/ California: Stone Bridge Press

Polsson, K. (2000): Chronology of Walt Disney.
In: http://www.islandnet.com/~kpolsson/disnehis/

Price, Ch. E. (2001): The history of movie animation.
In: http://wywy.essortment.com/movieanimation_reuo.htm

Prokop, D. (1980): Medienprodukte – Zugänge, Verfahren, Kritik. Tübingen

Raffaelli, L. (1998): Disney, Warner Bros. And Japanese Animation. Three world views. In: http://www.mediamaster.org/kendro/luca's.html

Reitz, J.D. (1997): American Release Japanese Anime Witz Transgendered Themes. In: http://otakuworld.com/toys/themes.html

Reuscher, D. (1997): Die Geschichte des Landes der aufgehenden Sonne.
In: http://www.gzg.fn.bw.schule.de/lexikon/referate/japan.htm

Rogers, A. (1997): Zwischen Cyborg und Schulmädchen: Die Frau im japanischen Zeichentrickfilm.
In:http://www.stern.de/nerve/rogers/japanimation
/japanimation.html (heruntergeladen am 2. Mai 2001)

Satô, K. (1997): More Animated than Life. A Critical Overview of Japanese Animated Films. In: JAPAN ECHO, 1997, Vol. 24, Nr. 5., S. 1-6

Saul, S. (2000a): Animation Timeline.
In: http://www.multiliteracy.com/persist/welcome2.html

Saul, S. (2000b): Computers, Animations and Cinema.
In: http://www.multiliteracy.com/persist/comanim.html

Saul, S. (2000c): Production Cycle. In:
http://www.multiliteracy.com/persist/stages.html

Saul, S. (2000d): Animation Methods.
In: http://www.multiliteracy.com/persist/animtypes.html

Schauwecker, St. (2001): Die Geschichte Japans. In: http://www.japan-guide.com/d/d2126.html

Schein, E.H. (1985): Organizational Culture and Leadership. San Francisco: Jossey-Bass

Schindlmayr, A. (2000): Die Anfänge der Modernisierung in Japan.
In: http://www.geschi.de/artikel/japan.shtml

Schneider, B. (1995): Cowabunga. Zur Darstellung von Konflikten und ihren Lösungen in Zeichentrickserien. Münster/New York

Seesslen, G. (1998): Die Maus als Anarchist und als Angepaßter. Mickey Mouse zum siebzigsten Geburtstag. In: medien + erziehung, 1998, Nr. 4, S. 211-218

Sheppard, J. (2000): The Storyboard.
In: http://www.thestoryboardartist.com/tutorial.html

Simmon, S. (2001): Notes on the Origins of American Animation. 1900-1921.
In: http://lcweb2.loc.gov/ammem/oahtml/oapres.html

Singer, K. (1991): Spiegel, Schwert und Edelstein. Strukturen des japanischen Lebens. Frankfurt: Suhrkamp

Snyder, N.H./Dowd, J.J./Houghton, D.M. (1994): Vision, Values and Courage. Leadership for Quality Management. New York: Free Press

Stack, P. (1999): Japanese anime cartoons find an eager U.S. audience – and it's not just kids. In: San Francisco Chronicle, 13. Jänner 1999. Oder: In: http://www.sfgate.com/cgibin/article.cgi?file=/chronicle/archive/1999/01/13/DD30910.DTL

Tausend, S. und T. (1998): Die bisher erschienenen Disney-Zeichentrickfilme.
In: http://dlpfan.org/alldisfi.htm

Theunert, H./Schorb, B. (Hrsg.) (1996): Begleiter der Kindheit. Zeichentrick und die Rezeption durch Kinder. Müchen: BLM

Theunert, H. (1996): Nicht gar so ernst – Zeichentrickgewalt in Kinderaugen. In: Theunert, H./Schorb, B. (Hrsg.) (1996): Begleiter der Kindheit. Zeichentrick und die Rezeption durch Kinder. München: BLM, S. 101-142

Thomas, B. (1986): Walt Disney. München

Thomas, B. (1991): Art of Animation. From Mickey Mouse to Beauty and the Beast. New York: Hyperion

Thomas, F./Johnson, O. (1981): Walt Disney: An American Original. New York: Simon & Schuster

Thorn, M. (1995): Shoujo Manga. Comics by Women for Girls of All Ages. In: EPIC WORLD, 1995, Vol. 9. Oder: In: http://www.matt thorn.com/what_are_shoujo_manga.html

Thorn, M. (1996): Shoujo Manga. A History of Manga.
In: http://www.ky.xaxon.ne.jp/~matt/history.html (heruntergeladen am 24. April 2001)

Townsend, E. (1999): Anime breaks through.
In: http://cottongrass.com/tomo/print/u19991120SANIME.html

Tracy, J. (2001): Ub Iwerks: The Disney Years.
In: http://www.digitalmediafx.com/Features/ubiwerksp.html

Troy, P. (1998): The Genius of Tex Avery.
In: http://www.troy33.freeserve.co.uk/index.htm

Tschiedert, M. (2000): Gertie, Micky und Co.
In:http://morgenpost.berlin1.de/archiv2000/000629/feuilleton/story74341.html
(heruntergeladen am 09. April 2001)

Urban, Ch./Bündgens, M. (2001): Story Guide.
In: http://www.dragonballz.de/information/story/

Vockrodt, St. (2000): Transformations In The Cartoons Kingdom.
In: http://www.futureframe.de/science/000612-animovies.htm

Ward, P. (2000): Defining "Animation". The Animated Film and the Emergence of the Film Bill. Nottingham.
In: http://www.nottingham.ac.uk/film/journal/articles/defining-animation.htm

Weber, S. (1998): Wie, was und warum Kinder fernsehen. In: Kindergarten Heute, 1998, Vol. 11/12, S. 34-39

Weiderer, M.(1993): Das Frauen- und Männerbild im deutschen Fernsehen – Eine inhaltsanalytische Untersuchung der Programme von ARD, ZDF und RTLplus. Regensburg: S. Roeder Verlag

Weiderer, M./Komorek-Magin, A. (1994): Frau/Mann – Mädchen/Jungen in Kindersendungen des deutschen Fernsehens. In: TelevIZIon, 1994, Vol. 7, S. 31-36

Weidner, M. (1998a): Anime.
In: http://www.stanford.edu/~maggieaw/anime/research/2eastwestset.html

Weidner, M. (1998b): Manga. In:
http://www.stanford.edu/~maggieaw/anime/research/1onemantext.html
(heruntergeladen am 19. April 2001)

Weinicke, R. (1998): Japanisches als Zeitgeschmack. Beispiele aus der alltäglichen Medienunterhaltung. In: medien + erziehung, 1998, Nr. 5, S. 314-320

Wenner, R. (1999): Möglichkeiten der Szenengestaltung in Film und Comic. Ausarbeitung für die Vorlesung Filmgestaltung. FH Rhein-Sieg.
In: http://www2.inf.fh-rhein-sieg.de/mi/lv/mf/ws98/stud/fg/szenen/szenen.htm

Williams, B. et al. (2001): Polyglott APA Guide Japan. Berlin/München: Langenscheidt KG

Worth, St. (1998): The Warner Brothers Cartoon Companion A.
In: http://www.spumco.com/magazine/eowbcc/eowbcc-a.html

Yamamoto, S. (1986): Ursprünge der japanischen Arbeitsethik. In: von Barloewen, C./Werhahn-Mees, K. (Gg.): Japan und der Westen. Bd. 1. Philosophie, Geistesgeschichte, Antrhopologie. Frankfurt: Fischer

Unvollständige Internetliteratur

N.N. (1997): The Tragic Kingdom's Fall From Grace.
In: http://www.cwfa.org/library/family/1997-10-15_pp_disney.shtml

N.N. (1997): Walter Elias Disney und die Disney Company. In: Videoplay, 1997, Ausgabe 3/4, S. 42ff. Oder: http://archiv.andyk.com/d/disney/info.html

N.N. (1998): DragonBall – Die TV-Serie. In: http://www.stud.uni-hamburg.de/users/greg/dbtv.html

N.N. (1999): A mouse started Disney's kingdom.
In: http://www.abilene2000.com/icons/1013.html

N.N. (1999): Dubbing vs Subbing. In:
http://scythe.net/archen/info/anime/sub.html

N.N. (1999): History. Learn about the events that led to today's animation. Timeline.
In: http://library.thinkquest.org/28234/no-frames/history/timeline.html

N.N. (1999): The Culture of Japan. In:
http://www.explorejapan.com/jculture.htm

N.N. (1999): The Land. In: http://www.explorejapan.com/land.htm

N.N. (2000): MGM animation shorts.
In: http://www.geocities.com/mgmshorts/characters/tomjer.htm

N.N. (2000): The History of Animation. In:
http://www.bbc.co.uk/h2g2/guide/A414730

N.N. (2001) : A Tribute to Betty Boop. In:
http://www.geocities.com/hollywood/6773/

N.N. (2001): A Brief History of Warner Bros. Animation.
In: http://www.animationusa.com/wbmore.html

N.N. (2001): Anime Censorship in America.
In: http://www.gurlpages.com/starsenshi/animecensorship.html

N.N. (2001): Dragonball. In:
http://www.dragonball.de/index2.php?seite=dragonball

N.N. (2001): Hanna-Barbera. In: http://animationusa.com/hbmore.html

N.N. (2001): Studio History.
In: http://disney.go.com/studiooperations/welcome/history.html

N.N. (o.J.): Animation Production Tour.
In: http://www.art.uiuk.edu/local/anle/ANIMATION/
ANIMATIONTGAL.html (heruntergeladen am 11. Juni 2001)

N.N. (o.J.): Basic Sailormoon Informations.
In: http://members.nbci.com/_XMCM/ahndrayha/SM/Basicinf.htm
(heruntergeladen am 30. April 2001)

N.N. (o.J.): Mythology.
In: http://members.nbci.com/_XMCM/ahndrayha/SM/mythology.htm
(heruntergeladen am 30. April 2001)

The Art Market (o.J.): Animation Dictionary.
In: http://www.artmarketplace.com/dictionary.html (heruntergeladen am 11. Mai 2001)

TV-Spielfilm Online-Special (o.J.): Geschichte und Technik 1-7.
In: http://www.tvspielfilm.de/specials/zeichentrick/geschichte/
(heruntergeladen am 30. März 2001)

Bilderquellen

Abb. 1: http://www.multiliteracy.com/persist/welcome2.html (heruntergeladen am 14. Mai 2001)

Abb. 2: http://www.multiliteracy.com/persist/welcome2.html (heruntergeladen am 14. Mai 2001)

Abb. 3: http://www.multiliteracy.com/persist/welcome2.html (heruntergeladen am 14. Mai 2001)

Abb. 4: http://www.multiliteracy.com/persist/welcome2.html (heruntergeladen am 14. Mai 2001)

Abb. 5: http://www.multiliteracy.com/persist/welcome2.html (heruntergeladen am 14. Mai 2001)

Abb. 6: http://www.digitalmediafx.com/Features/ubiwerksp.html (heruntergeladen am 17. Juli 2001)

Abb. 7: http://dlpfan.org/alldisfi.htm (heruntergeladen am 21. Aug. 2001)

Abb. 8: http://www.geocities.com/hollywood/6773/ (heruntergeladen am 1. Juli 2002)

Abb. 9: http://www.nonstick.com/wdocs/chronology.html (heruntergeladen am 9. Sept. 2001)

Abb. 10: http://www.nonstick.com/wdocs/chronology.html (heruntergeladen am 9. Sept. 2001)

Abb. 11: http://www.dragonballz.de/cgi-bin/pictures/ (heruntergeladen am 10. Juni 2002)

Abb. 12: http://www.manga.li/gallery/nice01/html/amg7.html (heruntergeladen am 10. Juni 2002)

Abb. 13: http://www.animepott.de/gallery/yohko/yohko4.jpg (heruntergeladen am 28. Mai 2002)

Abb. 14: http://www.animepott.de/gallery/bgc2032/bgc32.jpg (heruntergeladen am 28. Mai 2002)

Abb. 15: http://www.animeinn.com/gallery/B/Blueseed/pages/index018.shtml (heruntergeladen am 9. Juni 2002)

www.ingramcontent.com/pod-product-compliance
Lightning Source LLC
Chambersburg PA
CBHW030439300426
44112CB00009B/1069